Kontaktadresse nach EU-Produktsicherheitsverordnung:
produktsicherheit@fischerverlage.de

›Das Tagebuch der Hertha Nathorff‹ ist eines der bedeutendsten Erinnerungswerke der Zeitgeschichte. Es wurde 1986 vom Herausgeber in New York entdeckt und erstmals 1987 der Öffentlichkeit vorgelegt.
Das Tagebuch beginnt mit dem Tag der Machtübernahme durch die Nationalsozialisten am 30. Januar 1933. Hertha Nathorff berichtet aus ihrer Sicht als Berliner Ärztin und schildert die entscheidenden Lebensveränderungen bis hin zu ihrer Emigration nach der so genannten Reichskristallnacht im November 1938. Über London wandert sie gemeinsam mit ihrem Mann nach New York aus. Die Eintragungen enden im August 1945. Das Tagebuch enthält nicht nur ein Protokoll des jüdischen Alltags in Deutschland – ein Protokoll von Diskriminierung und Entrechtung, vom verzweifelten Kampf ums nackte Überleben bis hin zur Flucht aus der geliebten Heimat. Es zeigt auch, dass mit der schließlich geglückten Abreise die Sorgen nicht zu Ende waren und die berufliche Karriere nicht fortgesetzt werden konnte. Das Tagebuch beleuchtet somit auch den Emigrantenalltag mit seinen Nöten wie Armut, Sprachproblemen und entnervender Jobsuche. Für einen Teil ihrer Tagebuchaufzeichnungen erhielt Hertha Nathorff 1949 einen Preis der Harvard University. Das Manuskript wurde zwar nicht gedruckt, dafür durfte sie aber im deutschsprachigen Radio in New York regelmäßig sprechen. Die ganze Emigrantenkolonie hört sie (Oskar Maria Graf begrüßt sie als eine Kollegin, auch wenn er ihre Gedichte nicht gut findet), sie schreibt für deutsch-amerikanische Zeitungen und Zeitschriften, kümmert sich um neu eingewanderte Frauen und unterweist sie in Säuglings- und Krankenpflege. Erst nach dem Tod ihres Mannes, in dessen Praxis sie jahrelang als Krankenschwester geholfen hat, wagte sie den Sprung in eine neue berufliche Existenz: als Psychotherapeutin am New Yorker Alfred Adler-Institut.

Hertha Nathorff (geb. Einstein), geboren 1895 in Laupheim/Württemberg, studierte in Heidelberg, München und Freiburg Medizin, war leitende Ärztin am DRK-Frauen- und Kinderheim Berlin-Lichtenberg, außerdem leitend in einer Frauen- und Eheberatungsstelle tätig, war als einzige Frau Vorstandsmitglied der Berliner Ärztekammer. 1933 wurde sie aus ihren Ämtern entlassen, und anschließend wurde ihr die Approbation entzogen. 1939 Emigration über London nach New York, wo sie 1993 gestorben ist.

Das Tagebuch der Hertha Nathorff

Berlin – New York
Aufzeichnungen 1933 bis 1945

Herausgegeben und eingeleitet
von Wolfgang Benz

FISCHER Taschenbuch

Die Zeit des Nationalsozialismus
Eine Buchreihe
Herausgegeben von Walter H. Pehle

Das Erscheinen des Buches wurde gefördert von der Gesellschaft für Geschichte und Gedenken e. V. Laupheim und vom Deutschen Auswandererhaus, Bremerhaven.

Gesellschaft für Geschichte und
Gedenken e. V. Laupheim

www.ggg-laupheim.de
info@ggg-laupheim.de

Deutsches Auswandererhaus
German Emigration Center
Bremerhaven

Columbusstraße 65, 27568 Bremerhaven
T + 49 (0) 4 71/9 02 20-0
F + 49 (0) 4 71/9 02 20-22
info@dah-bremerhaven.de
www.dah-bremerhaven.de

7. Auflage

Dank an Patrick Hörl für die Fotos im Bildteil

Printed in Germany
ISBN 978-3-596-18375-3

Vorwort zur Neuauflage

Das Tagebuch der Hertha Nathorff, das 1987 erstmals in der Schriftenreihe der „Vierteljahrshefte für Zeitgeschichte" erschien und seit 1988 als Fischer Taschenbuch immer neue Leser findet, hat inzwischen seine eigene Rezeptionsgeschichte. Leser suchten den Kontakt zur Autorin, die in zunehmender Einsamkeit und Verbitterung bis zu ihrem Tod am 10. Juni 1993, fünf Tage nach ihrem 98. Geburtstag, in der New Yorker Wohnung lebte. Dort war 1988, während eines Besuches bei ihr, der geliebte Sohn an einem Herzinfarkt gestorben. Das war das letzte Unglück ihres Lebens, das am Ende von Krankheit überschattet war.

Hertha Nathorffs Schicksal war exemplarisch für das vieler Exilanten aus Hitlerdeutschland. Das findet nicht nur im Deutschen Auswandererhaus Bremerhaven Ausdruck, wo der Besucher mit ihrer Vita konfrontiert wird. Auch im Museum zur Geschichte von Christen und Juden in ihrer Heimatstadt Laupheim findet man ihre Spuren.

1993, im Jahr ihres Todes, wurde der Fernsehfilm „Traumspuren: Die Emigration der Hertha Einstein-Nathorff" von Patrick Hörl und Miriam Friedmann ausgestrahlt, Künstler haben sich durch das Tagebuch inspirieren lassen und einige biographische Skizzen über Hertha Nathorff sind erschienen. Dabei haben sich auch Korrekturen ergeben. Der Nachlass ging zwar, wie in der Einleitung zur Erstausgabe angekündigt, an das Institut für Zeitgeschichte nach München, befindet sich aber jetzt im Exilarchiv in der Deutschen Bibliothek Frankfurt a.M. (Eine Sammlung biographischer Unterlagen existiert auch im Zentrum für Antisemitismusforschung der TU Berlin). Die Exilforschung hat am Bild, das Hertha Nathorff von sich überlieferte, Facetten verändert: Die Verwandtschaft zum Physiker Albert Einstein war wie die zum Musikforscher Alfred Einstein weitläufiger, als Hertha Nathorff nahelegt, und auch der Filmproduzent Carl Laemmle aus Laupheim (zu dem es eine neue Biographie von Udo Bayer gibt) war wohl nur ein Nenn-Onkel und Schulkamerad ihres Vaters.

Hertha Nathorff hat das Unglück ihres Exils viel längere Zeit gelebt als sie den Erfolg ihrer Karriere als Ärztin genießen konnte. Ihr Leben ist beispielhaft für die Geschichte einer Frau, die früher als viele andere emanzipiert war und die diese Emanzipation als deutsche Jüdin in Hitlerdeutschland und dann als Vertriebene in New York verlor. Das Schicksal der Hertha Nathorff ist ein Paradigma für die Frauen des Exils.

Wolfgang Benz
Berlin im September 2013

Einleitung

I

Im Mai 1985 gratulierte der „Aufbau", die Zeitung der aus Deutschland vertriebenen Juden in New York, einer langjährigen Mitarbeiterin zum bevorstehenden 90. Geburtstag. Hertha Nathorff, geborene Einstein, habe „eine ungewöhnlich interessante und vielseitige Laufbahn hinter sich, die an der Lateinschule in Laupheim, ihrem Geburtsort, begann und sie ans Gymnasium in Ulm führte, dem sich das Studium der Medizin und Assistentenjahre an den Universitäten Heidelberg, München, Freiburg und Berlin anschlossen". Ein knapper Absatz über Dr. Nathorffs Tätigkeit in Berlin folgte, ihre Berufung zur Leitenden Ärztin am Entbindungs- und Säuglingsheim des Deutschen Roten Kreuzes wurde erwähnt, ebenso die Errichtung der ersten Familien- und Eheberatungsstelle am Charlottenburger Krankenhaus, und nicht vergessen waren Funktionen und Mitgliedschaften in ärztlichen Standesorganisationen wie der Medizinischen Gesellschaft, der Berliner Ärztekammer, dem Gesamtausschuß der Ärzte, dem nur eine einzige Frau, eben Hertha Nathorff damals angehört hatte.

Ohne nennenswerte Probleme scheint sich der Erfolg der jungen Medizinerin fortgesetzt zu haben, denn es hieß weiter: „1940 kam sie mit ihrem Mann Dr. Erich Nathorff (der 1954 hier starb) nach New York und hat sich mit der ihr eigenen Tatkraft der seelischen Nöte der Einwanderer, vor allem der Frauen, angenommen. Im Rahmen des New World Club organisierte sie Kurse für Kranken- und Säuglingspflege, erteilte Rat und Hilfe, so daß viele ihrer ‚Schülerinnen' gute Stellungen finden konnten. Dann gründete sie die Frauengruppe des New World Club ...", und weitere soziale Aktivitäten – eine Jugendgruppe, ein „Open house" für über 55jährige Frauen – wurden vermerkt. Die Ärztin hatte sich, unter dem Eindruck der Neuen Welt?, offenbar zur Sozialarbeiterin gewandelt.

Bis zum Tod ihres Mannes sei sie auch dessen treue Mitarbeiterin in der Praxis gewesen, „überdies war sie in New York als lizenzierte Psychologin tätig, gehörte zum Stab der Alfred Adler Mental Hygiene Clinic und war Mitglied der Virchow Medical

Society sowie der Association for the Advancement of Psychotherapy." Die Aufzählung der Meriten und Erfolge wurde fortgeführt: „Daneben hat sie viele Vorträge über medizinische Probleme, u.a. auch im deutschen Rundfunk, gehalten, hat medizinisch-psychologische Aufsätze, vor allem aber viele Gedichte geschrieben, die in mehreren deutschen Anthologien veröffentlicht wurden." Die Würdigung mündete schließlich in der Apotheose: „Alles in allem hat die Jubilarin ein reiches Leben geführt und kann mit Befriedigung auf die vielen Jahre ihrer Arbeit auf zwei Kontinenten zurückblicken, während derer sie viel Gutes für Menschen getan hat, die Hilfe brauchten."[1]

Man könnte den Artikel lesen als die Beschreibung einer Bilderbuchkarriere oder als Lehrstück vom Erfolg der emanzipierten Frau. Kein Hinweis auf Schwierigkeiten oder Brüche im Lebensplan der Gefeierten findet sich dort, und über politische Zustände und Entwicklungen, die möglicherweise Einfluß auf die Biographie der Hertha Nathorff hatten, ist in der Geburtstagsnotiz nichts zu lesen.

Die Leser des „Aufbau" benötigten freilich keine besondere Aufklärung darüber, weshalb die Karriere der Dr. med. Hertha Nathorff auf dem alten Kontinent unterbrochen und in New York auf einer anderen, viel bescheideneren Ebene fortgesetzt wurde. Solches oder ganz ähnliches Geschick teilten die meisten Aufbau-Leser mit der Jubilarin. Andeutungen oder Schilderungen der Ursachen für die Auswanderung der Berliner Ärztin erübrigten sich, denn das hatten sie gemeinsam erlebt. Es begann mit noch nicht ernst genommenen Drohungen, die dem Machtantritt der Nationalsozialistischen Deutschen Arbeiterpartei Adolf Hitlers am 30. Januar 1933 vorangingen und die bald zum Alltag gehörten, die aber, weil sie so monströs und infantil-großmäulig klangen, als antisemitisches Propagandagetöse abgetan wurden. Aber rasch folgten Aktionen: Mißhandlungen einzelner Juden durch siegestrunkenen SA-Pöbel, ein offiziell inszenierter Boykott jüdischer Geschäfte im ganzen Deutschen Reich am 1. April

[1] Hertha Nathorff zum 90. Geburtstag, Aufbau, New York, 24.5.1985.

1933 (zwei Monate nach der Installierung des neuen Regimes), zwei Jahre später die Nürnberger Gesetze, die einen ersten Höhepunkt der unaufhaltsamen Entrechtung und Diskriminierung der deutschen Juden und auch schon die Wende zum Schlimmsten markierten.

Der zynisch angeordnete Pogrom im November 1938 – sein Regisseur war der Reichsminister für Volksaufklärung und Propaganda Dr. Joseph Goebbels und irgendwer prägte dafür das niedlicher klingende Schlagwort „Reichskristallnacht" – machte dann auch im Ausland deutlich, daß nicht nur die materielle Existenz des deutschen Judentums bedroht war. Die physische Vernichtung der Juden stand wenig später, nach dem von Hitler-Deutschland verursachten Beginn des Zweiten Weltkriegs auf dem Programm. Der vollkommenen Entrechtung folgte ab 1941 die Deportation ins Ghetto Theresienstadt und in die Vernichtungslager im Osten, wobei im Einzelfall der Unterschied zwischen der einen und der anderen Version des Infernos eher unerheblich war: Die Überlebenschancen für einen alten, kränklichen, gedemütigten und verzweifelten Menschen in Theresienstadt waren kaum höher als die Möglichkeiten des Davonkommens in Auschwitz, die sich dort den jüngeren und (zunächst) in besserer körperlicher Verfassung Ankommenden boten.

Die Ermordung in den Lagern im besetzten Polen war allen Juden zugedacht, die nicht rechtzeitig ausgewandert waren. „Rechtzeitig" bedeutete (oder hätte für viele bedeutet), je eher desto besser. Die bis 1935 Auswandernden konnten in der Regel noch einen Teil ihres Vermögens retten und fanden in einigen Ländern wohl auch noch bessere Startbedingungen. Die nach dem Novemberpogrom 1938 Emigrierenden waren durch „Reichsfluchtsteuer", „Arisierung", „Sühneabgabe", Schmuckablieferung und andere staatliche Maßnahmen ausgeplündert, das Letzte raubten ihnen oft genug Funktionäre und Mandatsträger auf eigene Rechnung, aber auch Nachbarn und Bekannte erpreßten und bestahlen die rechtlos gewordenen jüdischen ehemaligen Mitbürger.

Nur für wenige gab es einen ebenso gefährlichen wie schwer zu ertragenden dritten Weg, das Leben im Untergrund. Etwa 5000 Juden waren in Berlin untergetaucht, in geringerer Zahl verbargen sich auch in Wien und in anderen großen Städten Juden, die das Ende des NS-Regimes unter kläglichen Bedingungen abwarteten; ohne Lebensmittelkarten und andere Beweise bürgerlicher Existenz waren sie auf nichtjüdische Helfer angewiesen und lebten in ständiger Furcht vor Denunziation und Entdeckung.

Die Emigration, auch wenn sie unter Verlust der Habe und aller Mittel und zu später Zeit, also mit größeren psychischen Lasten im Gepäck, erfolgte, war fraglos ein Privileg, das denen, die es in Anspruch nehmen konnten, mindestens die nackte Existenz rettete. Verglichen mit Auschwitz verdiente natürlich der erbärmlichste Neubeginn im Exil noch den Vorzug. Den Geretteten war dies, auch weil sie sich dem äußersten Maß an Gefährdung, dem sie ausgesetzt gewesen waren, oft nicht (oder zum Zeitpunkt des Abschieds von Deutschland noch nicht) bewußt waren, kein sehr großer Trost. Das Abwägen zwischen den elenden materiellen Bedingungen im Aufnahmeland, die aber in Freiheit genossen werden konnten, und der Diskriminierung in der alten Heimat, die für viele auch synonym war mit bürgerlicher Behaglichkeit, gewissem Wohlstand und geordneten, nicht improvisierten Lebensverhältnissen im privaten Umkreis – diese Ambivalenz machte das Leben im Exil bitter, und viele sind daran, an dem Konvolut aus Verlust, Kränkung, Heimweh, Zweifel an der eigenen Identität, zerbrochen.

Solche Überlegungen mußten also im Geburtstagsartikel für Hertha Nathorff nicht eigens angestellt werden bzw. sie waren für alle, die es anging, enthalten in der Formulierung „1940 kam sie nach New York“.

II

Am 5. Juni 1895 wurde sie im oberschwäbischen Städtchen Laupheim geboren. Die Eltern, Arthur und Mathilde Einstein, waren angesehene Leute, die in dem behaglichen Wohlstand lebten, den die Zigarrenfabrik Emil Einstein Co. ermöglichte. Die Einsteins gehörten zu den bekannten jüdischen Familien in Württemberg, der berühmteste Verwandte war der Nobelpreisträger und Pazifist Albert Einstein, ein anderer Onkel war der Musikwissenschaftler Alfred Einstein. Der Bruder der Mutter war Bankier in Ulm, hochangesehen und reich und ein feinsinniger Kunstsammler. Zur klassischen Bildung im Elternhaus fügte sich die Musik ganz selbstverständlich. Hertha Einstein genoß Gesangs- und Klavierunterricht, der über den bei höheren Töchtern gewöhnlich erwarteten Erfolg hinausging. Sie musizierte auch in späteren Jahren und hat es in der Emigration bedauert, nicht Sängerin geworden zu sein, möglicherweise wäre ihr die Ausübung des künstlerischen Berufs im Exil eher ermöglicht worden als das ärztliche Praktizieren.

Der erfolgreichste Verwandte, ein Cousin des Vaters, war Carl Laemmle (1867-1939), der bekannte Filmproduzent, der 1884 aus Laupheim in die Vereinigten Staaten ausgewandert war und in Hollywood sein Glück gemacht hatte. 1912, mit der Gründung der Universal Pictures (die Stroheims erste Filme produzierte), war er bereits einer der ganz wichtigen Manager im amerikanischen Filmgeschäft. Dieser Onkel, der philanthropische Neigungen hatte und der als einer der wenigen Hollywoodgewaltigen gerühmt wurde, an die man sich auch mit Zuneigung erinnerte[2], war es, der den Nathorffs die Bürgschaft leistete und ihnen dadurch die Emigration in die USA ermöglichte. In den Tagebucheintragungen vom 20. August 1934, Ostern 1937, 5. August 1938 ist er gemeint. Die Tristesse des mittellosen Ankommens in New York hätte wohl weniger bedrückend sein können, wäre Carl Laemmle nicht kurz vorher gestorben.

Hertha Nathorff hatte zwei jüngere Schwestern, Sophie Marie und Elsbeth, beide konnten ebenfalls nach Amerika emigrieren, Sophie lebte in New York, Elsbeth in Philadelphia. Den Eltern Einstein, die Laupheim nicht verließen, war das Äußerste, De-

[2] John Drinkwater, The Life and Adventures of Carl Laemmle, London 1931.

portation und Ermordung in einem Ghetto oder Vernichtungslager im Osten, erspart geblieben. Sie starben, beide fünfundsiebzigjährig, 1940 wenigstens noch in der Heimat.

Sieben Träger des Namens Einstein aus Laupheim erfuhren den in Politik umgesetzten Haß gegenüber den Juden bis zur bitteren letzten Konsequenz. In den nüchternen Daten des Gedenkbuchs für die Opfer der nationalsozialistischen Judenverfolgung in Baden-Württemberg liest sich das auf folgende Weise:
Hedwig, Helena, Irma und Julius Einstein wurden am 1. Dezember 1941 nach Riga deportiert. Hedwig war 62 Jahre alt und, ebenso wie Irma (53), vier Tage nach der Ankunft tot. Helena (53) wurde später für tot erklärt, und Julius (54) galt amtlich als „verschollen". Rosa und Mina Einstein wurden am 22. August 1942 nach Theresienstadt deportiert, die 70jährige Mina stirbt dort am 8. November 1942, die 81jährige Rosa am 26. Dezember 1942. Selma Einstein, 64 Jahre alt, wurde am 26. April 1942 nach Izbica verschleppt, bei ihrem Namen steht wiederum der Vermerk „verschollen". Die Liste ließe sich erweitern durch die Namen der Einsteins aus Heilbronn und Stuttgart, Buchau und Öhringen und aus anderen schwäbischen Orten; sie endeten in Auschwitz und Riga, in Izbica und Gurs, den Stätten der nationalsozialistischen Ausrottungspolitik[3].

Die Familie Nathorff konnte wenigstens in Freiheit Deutschland verlassen. Die Geschichte der jüdischen Arztfamilie in Berlin von der Machtübernahme der Nationalsozialisten bis zum Frühjahr 1939, bis zum Vorspiel des Zweiten Weltkriegs erzählt das Tagebuch. Dieser Teil endet auf dem Schiff nach England. Zurück blieb die elegante Wohnung im Berliner Westen in der Spichernstraße 15 an der Ecke Hohenzollerndamm und (damals) Kaiserallee, zurück blieben eine zerstörte Karriere und der materielle Besitz.

Über die folgenden Monate schweigt die Chronik, die erst wieder im Februar 1940 mit der Ankunft in New York einsetzt. Aus

[3] Die Opfer der nationalsozialistischen Judenverfolgung in Baden-Württemberg 1933-1945. Ein Gedenkbuch. Hrsg. von der Archivdirektion Stuttgart, Stuttgart 1969, S. 59 f.

einem Erinnerungsfragment, niedergeschrieben beim Ordnen der Tagebuchblätter im Januar 1940 in einer dürftigen Kammer in einer Vorstadt von London, erfahren wir, wie es nach der Abreise aus Deutschland weiterging. Die Tage bestehen aus Warten auf die Visa nach den USA, die für Mitte August 1939 in Aussicht gestellt waren: „Seit Anfang Mai sitzen wir so und warten, mein Mann und ich – stumm, zerquält und verzweifelnd. Dieses Wartenmüssen, es hat uns um alles gebracht, alles, was wir an irdischen Gütern noch besessen hatten. Unsere Schiffskarten sind verfallen, unser Geld in Deutschland ist nicht transferiert worden, unser Lift in Holland ist verloren, weil wir jetzt den Transport in Devisen ein zweites Mal zu bezahlen hätten, da die Nazi-Räuber auch dieses Geld nicht transferiert haben. Auf fremde Hilfe und Güte sind wir angewiesen für unser kärgliches Essen und Wohnen. Doch eines habe ich gerettet: lose, zerrissene Blätter aus meinem Tagebuch, das ich trotz Angst und Gefahr immer noch zu führen wagte. Halbe Blätter, die ich jetzt mühsam zusammensuche und die bekunden, in schlichter, ungefälschter Wahrheit, wie ich aus beglückendem Leben in Arbeit und Frieden gequält, verfolgt, bedroht und langsam zu Grunde gerichtet wurde, wie ich vertrieben wurde mit Mann und Kind. Eine von den vielen, die nichts anderes verbrochen, keine andere Schuld auf sich geladen hat, als daß sie lebt, geboren aus jüdischem Blute."[4]

Diese Tagebuchblätter, die mit der Eintragung vom 28. April 1939 und dem Bekenntnis „Ich will mir eine neue Heimat verdienen!" enden, reichte Hertha Nathorff bei einem Manuskript-Wettbewerb ein, den die Harvard University 1940 unter dem Motto „Mein Leben in Deutschland" veranstaltete. Die Aufzeichnungen, unmittelbar nach der Ankunft in USA in Form gebracht, wurden mit einem Preis gekrönt und verschwanden im Archiv der berühmten Universität. Niemand ging auf die (freilich nicht sehr energisch vorgebrachten) Vorschläge der Autorin, es zu publizieren, ein. Das mangelnde Interesse hat auch die Anläufe, die Aufzeichnungen zum großen Bericht zusammenzufassen, behindert. Die öffentliche Wirkung Hertha Nathorffs blieb auf

[4] Typoskript, NL Nathorff, im Institut für Zeitgeschichte.

ihre Vorträge, hauptsächlich über die deutschsprachige Radiostation WBMX New York und im „Literarischen Verein zur Pflege der Deutschen Sprache" – dort referierte sie 1984 zum letzten Mal – und auf ihre Zeitungsartikel beschränkt. Sie schrieb für viele der auch nach dem Zweiten Weltkrieg teilweise noch existierenden deutschen Blätter, etwa für die „New Yorker Staatszeitung und Herold" oder für „Die Welt", die mit dem Untertitel erschien „Deutschsprachige Monatsschrift für das amerikanische Heim". Eher noch wichtiger waren freilich ihre caritativen Bemühungen, die Kurse für neu eingewanderte Frauen in Krankenpflege und schließlich ihre Tätigkeit als Psychotherapeutin.

Das letztere ist erstaunlich genug, daß Hertha Nathorff nämlich, nun schon Ende fünfzig, nach dem Tod des Mannes (der 1954 einem Herzschlag erlag) diesen Schock und das Trauma des verlorenen Arztberufs überwindet und als Psychotherapeutin noch einmal neu beginnt.

Die tristen Anfänge, die Enttäuschungen und Kränkungen in der Neuen Welt sind im Tagebuch festgehalten, die Eintragungen sind sporadischer als in Berlin. Sie berichten vom Emigrantenalltag, vom Existenzkampf, von Armut und seelischen Zerstörungen. Hertha Nathorffs Tagebuch endet nicht am 13. August 1945, der letzten Notiz, die in diesem Buch publiziert wird. Die Nachricht von der Kapitulation Japans, die das Ende des Zweiten Weltkriegs bedeutete, schien jedoch die geeignete Zäsur für das, was aus dem Leben der Hertha Nathorff öffentlich mitgeteilt werden muß, als Vermächtnis einer, „der der Himmel schon vor der Geburt das doppelte Mißgeschick auferlegt hat: deutsch zu sein und Jüdin zugleich. Eine, die weiß und bekennt: mein Herz ist ein Archiv deutschen Gefühls, doch mit dem Deutschland von heute habe ich nichts mehr zu tun. Sie haben meine Seele verbrannt, mein Leben zerstört, meine Jugend, meinen Frohsinn, mein ganzes Ich ausgelöscht wie der Sturm ein brennendes Licht, wie das geschah: Meine Blätter mögen es erzählen."

Die zitierten Sätze stammen wiederum aus dem Bruchstück des in London geschriebenen Prologs zum Tagebuch 1933-1939, aber sie gelten mindestens ebenso für die Jahre der Emigration, und die

Mitteilungen über Hertha Nathorffs Leben wären nicht vollständig, wenn die eine oder die andere Zeit fehlte.

Und das bestätigt auch ein Epilog, datiert 13. Januar 1980, der mit den Worten beginnt: „An diesem stillen Sonntag habe ich die alten Blätter hervorgeholt und noch einmal gelesen. Sie haben so vieles aufgewühlt, und die nun 40 Jahre in Amerika haben meine Gefühle nicht geändert. Es scheint wieder ein anderes Deutschland zu geben, ich lese es, weiß es von den alten Patienten und Freunden, die Treue gehalten über die Zeit des erzwungenen Schweigens und mit denen mich eine rege Korrespondenz, mit einigen sogar ein Wiedersehen in New York verbindet." (Das Weitere paraphrasiert die Kümmernis der Existenz im Exil.) Selbst ist sie trotz der Sehnsucht nach den Stätten der Kindheit und Jugend nie mehr nach Deutschland gereist. Sie hat sich in Amerika nie richtig eingelebt. Das Heimweh blieb beständig.

Die Autorin lebt, während dieses Buch erscheint, in keineswegs rosigen Verhältnissen in New York, immer noch in der Wohnung, die die Familie Nathorff 1942 bezog, in der auch die Praxis ihres Mannes war. 1967 hat sie das Bundesverdienstkreuz am Bande erhalten, „für ihre sozialen und kulturellen Aktivitäten in Deutschland und USA und für ihr Wirken zur Verständigung der beiden Kontinente".

III

Berichte, Erinnerungen, Tagebuchaufzeichnungen aus der Zeit der nationalsozialistischen Herrschaft gibt es in großer Zahl, und viele davon haben auch literarische Qualitäten. Aus der Perspektive der Verfolgten entstanden etwa Luise Rinsers Gefängnistagebuch, Nico Rosts „Goethe in Dachau", Primo Levis Erinnerungen an Auschwitz oder Isa Vermehrens Schilderung der Odyssee von Ravensbrück über Dachau bis zur Befreiung in den Dolomiten[5]. Es gibt die Berichte aus dem Widerstand wie Schlabrendorffs Buch „Offiziere gegen Hitler“, Reflexionen aus der inneren Emigration, wie sie Jochen Klepper in seinen Tagebüchern angestellt hat[6], oder die Darstellung des Lebens im Exil bis hin zu Thomas Manns Diarien. Das sind prominente Beispiele.

Am berühmtesten wurden freilich die Aufzeichnungen des jüdischen Mädchens Anne Frank, das an seinem 13. Geburtstag, am 12. Juni 1942, beginnt, kurz bevor Anne mit der Familie in den Untergrund ging. Zwei Jahre war sie in einem Amsterdamer Hinterhaus verborgen, bis sie denunziert und ins KZ verschleppt wurde, wo sie im März 1945 umkam. Das Schicksal dieses Mädchens hat viele berührt, größere Resonanz und mehr Leser fand kein anderes Selbstzeugnis aus dieser Zeit[7]. Das ist von den Umständen her – ein sehr junges Mädchen in extremer Situation, das sich und diese Situation glänzend darstellt – erklärlich. Ihr Schicksal war aber nicht exemplarisch, es war typisch nur für wenige.

Darin liegt der wichtige Unterschied nicht nur zwischen Anne Franks Tagebuch und dem der Hertha Nathorff, sondern auch zwischen diesem und fast allen der bekannten bisher publizierten Aufzeichnungen aus der NS-Zeit: Hertha Nathorffs Leben ist exemplarisch, und sie protokollierte mit ihrem Alltag die Situation aller Juden in Deutschland, die einzelnen Stufen der Diskriminierung bis zur Entrechtung, bis zum Kampf ums nackte Überleben durch die Flucht aus der Heimat. Die andere, nicht minder para-

[5] Luise Rinser, Gefängnistagebuch, München 1946; Nico Rost, Goethe in Dachau, Berlin 1948; Primo Levi, Ist das ein Mensch? Erinnerungen an Auschwitz, Frankfurt 1961; Isa Vermehren, Reise durch den letzten Akt. Ravensbrück, Buchenwald, Dachau: eine Frau berichtet, Hamburg 1946; sämtliche Titel sind in neueren Auflagen und als Taschenbuch greifbar.

[6] Fabian von Schlabrendorff, Offiziere gegen Hitler, Zürich 1946 (und spätere Taschenbuchauflagen); Jochen Klepper, Unter dem Schatten Deiner Flügel. Aus den Tagebüchern der Jahre 1932-1942, Stuttgart 1956 (und spätere Taschenbuchauflagen).

[7] Das Tagebuch der Anne Frank. 12. Juni 1942 – 1. August 1944, Heidelberg 1949; als Fischer Taschenbuch erschienen im Juli 1986 das 2116.-2145. Tausend.

digmatische Bedeutung dieses Tagebuchs liegt darin, daß dokumentiert wird, wie der Kampf ums Überleben nach dem Überschreiten der deutschen Grenzen weiterging. Viele andere Schilderungen setzen erst mit dem Ende der Normalität – mit der Flucht, der Verhaftung, der Deportation – ein und zeigen damit nur einen Ausschnitt, der zu Fehldeutungen Anlaß geben mag – entweder daß es bis 1938 für jüdische Menschen in Deutschland noch ganz erträglich war oder daß nur im Ghetto oder im KZ Extremsituationen erlebt wurden oder, wieder ein anderer falscher Schluß, daß mit der geglückten Abreise ins Exil alle Not ihr Ende gefunden hätte.

Hertha Nathorff legt in der durchaus subjektiven Beschreibung ihrer Erlebnisse und Erfahrungen von 1933 bis 1945 die Zusammenhänge von Ablösung und Neubeginn, Zusammenbruch der Existenz und Fortdauer so vieler Bindungen offen, daher ist ihr Tagebuch singulär und über seinen literarischen Wert hinaus eine historische Quelle hohen Ranges. Das läßt sich auch, im Vergleich mit zwei bekannten Texten, anhand Ruth Andreas-Friedrichs „Schauplatz Berlin" und Ursula von Kardorffs „Berliner Aufzeichnungen" demonstrieren. Die Journalistin Andreas-Friedrich führte ihr Tagebuch in der Absicht, es am Ende der Hitlerzeit zu publizieren als Protokoll der Zeit und der Zustände, vor allem aber zum Beweis, daß nicht alle Deutschen Nazis gewesen waren. Als „Zeugenaussage am Tage X" waren ihre Notizen gedacht, und folglich sandte sie das Tagebuch am Kriegsende nach Amerika, wo es von einem besseren Deutschland künden sollte[8]. Ursula von Kardorffs „Berliner Aufzeichnungen aus den Jahren 1942 bis 1945" beschreiben ebenfalls die Geschichte der anständig Gebliebenen in Deutschland. Sie war mit vielen aus dem Widerstandskreis des 20. Juli (ohne in deren Pläne eingeweiht zu sein) befreundet und nach dem gescheiterten Attentat gefährdet. Kardorffs Journal fixiert die Schrecken des Krieges, die Leiden der

[8] Ruth Andreas Friedrich, Schauplatz Berlin, Reinbek 1964, erschien zuerst 1946 in New York und London unter dem Titel „Berlin Underground" und 1947 („Der Schattenmann") in Frankfurt am Main. Die Ausgaben sind nicht identisch.

Frauen in Berlin als Pendant zum Fronterlebnis der Männer, aber auch, und das in erster Linie, den Haß der besseren Deutschen auf das NS-Regime und seine Vertreter.

In der Eintragung vom 3. März 1943 etwa, in der Ursula von Kardorff vom Ende der Frau Liebermann, der Witwe des Malers, berichtet, die 85jährig noch auf der Bahre in den Osten deportiert werden sollte, weil sie Jüdin war. Unter dem Datum des 21. August 1943 Rückblick und Rechenschaft: ob sie Nazi war, wie so viele kurz nach der „Machtergreifung" Hitlers? Abgestoßen war sie dann aber durch den Judenboykott 1933, weil die Familie mit so vielen prominenten Juden befreundet war, mit S. Fischer und Max Liebermann, Rathenau, Cassirer, Alfred Kerr. Aber 1936, als die Olympiade so schön in Szene gesetzt war, als die Ausländer Hitlerdeutschland bewunderten, erschienen auch ihr die Zustände erfreulich, das Vaterland liebenswert. Dann kam der Novemberpogrom. Die junge Volontärin bei der Redaktion der Deutschen Allgemeinen Zeitung ging in den Westen Berlins, ging durch die Straßen, in denen auch Hertha Nathorff mit Entsetzen gesehen hatte, was passiert war. Ursula von Kardorff: „Etwas schnürte mir die Kehle zu, ich dachte, ich müßte ersticken. Ich rannte fort. ... Etwas Kostbares, für die meisten Menschen anderer Nationen Selbstverständliches, ging damals in mir genauso klirrend entzwei wie die Scherben draußen. Ich konnte dieses Land, in dem ich geboren bin und in dem meine Vorfahren seit achthundert Jahren leben, nicht mehr lieben. Das hat Hitler fertiggebracht. Seitdem hasse ich ihn mehr als alle Feinde."[9]

Und Ruth Andreas-Friedrich schreibt im Oktober 1939: „Wir schämen uns vor unseren jüdischen Freunden. Und weil wir uns schämen, finden wir uns immer öfter bei ihnen ein."[10]

In der Folgezeit bilden sie und ihre Freunde ein Widerstandsnest gegen die Nationalsozialisten; sie streuen Flugzettel und schreiben „Nein" an die Wände, vor allem aber helfen sie untergetauchten Juden mit Obdach und Lebensmitteln, mit gefälschten

[9] Ursula von Kardorff, Berliner Aufzeichnungen aus den Jahren 1942 bis 1945, München 1962, S. 67 f.

[10] Schauplatz Berlin, S. 46.

Ausweisen und anderen Hilfsmitteln zum Überleben. Sie gehören zu denen, die sich auch im nationalsozialistischen Deutschland verantwortlich fühlen für die im tiefsten Elend lebenden Juden, die mittellos sind und rechtlos, die keine Gelegenheit zur Auswanderung haben, denen die Deportation als letzter Weg bestimmt ist.

Es gibt Schnittpunkte, an denen deutlich wird, daß das nationalsozialistische Unrecht nicht an die Orte des deutschen Herrschaftsbereichs gebunden blieb. Im Herbst 1941, fast exakt an dem Tag, als Hertha Nathorffs Kummer um die verlorene Existenz den Zenit erreicht hat (sie notiert das am 18. September), berichtet Ruth Andreas-Friedrich von der Einführung der Judenkennzeichnung in Deutschland: „Es ist soweit. Die Juden sind vogelfrei. Als Ausgestoßene gekennzeichnet durch einen gelben Davidstern, den jeder von ihnen auf der linken Brustseite tragen muß. Wir möchten laut um Hilfe schreien."[11]

Nach der amtlichen Statistik von 1925 hatten 173000 Juden in Berlin gelebt, das war ein knappes Drittel der deutschen Juden überhaupt. Etwa 135000 sind zwischen 1933 und 1945, viele von ihnen auf Umwegen, in die Vereinigten Staaten eingewandert, die Hälfte davon blieb in New York. Sie nahmen ihren Wohnsitz vor allem in drei Gegenden, zwischen der 70. und der 100. Straße westlich des Central Park, zwischen der 60. und der 85. Straße Eastside (dem deutschen Traditionsviertel Yorkville) und in Washington Heights im nördlichen Manhattan. Hier leben noch viele Alte und Einsame, deutsche Patrioten jüdischer Herkunft, auf die Schattenseite des Lebens geraten, gerettet zwar vor der physischen Vernichtung, aber Opfer des NS-Regimes, obwohl man sie in der Regel nicht dazu rechnet. Sie leben von Entschädigungsleistungen und „Wiedergutmachung" aus der Bundesrepublik und trotzdem oft genug in Armut[12].

[11] Schauplatz Berlin, S. 58.

[12] Eindrucksvolle Belege dafür in: Henri Jacob Hempel (Hrsg.), „Wenn ich schon ein Fremder sein muß ..." Deutsch-jüdische Emigranten in New York, Frankfurt, Berlin 1983; ebenfalls aus mündlichen Berichten zusammengestellt: Thomas Hartwig, Achim Roscher, Die verheißene Stadt. Deutsch-jüdische Emigranten in New York. Gespräche, Eindrücke und Bilder, Berlin 1986.

IV

Hertha Nathorff, stets bereit, sich mitzuteilen – in Briefen und Gedichten, in Vorträgen, Kursen und im Gespräch – betrachtete ihr Tagebuch letztendlich als eine Vorstufe zum großen Buch, zur Geschichte ihres Lebens. Mehrere Versuche, die Aufzeichnungen des Tages zu verdichten, in eine größere Form zu bringen, hat sie unternommen, und die Zustimmung zur Veröffentlichung dieses Buches gab sie im Jahr 1986 zwar freudig, aber doch auch mit dem leisen Vorbehalt, sie sei ja doch noch nicht fertig mit dem Schreiben, mit ihrer Erinnerungsarbeit.

Den von ihr allein zu verantwortenden literarisch geschlossenen Lebensbericht hätte sie als Ergebnis ihrer Rückschau wohl einer Publikation vorgezogen, die unter der Patenschaft des Historikers den spröden Charakter der Quellenedition mit erläuternden Fußnoten und textkritischen Bemerkungen des Herausgebers annehmen mußte. Die Kräfte der Autorin reichten zur Umformung des Stoffs aber nicht mehr aus. Die Erinnerungen hätten „Nur ein Mädel – Nur eine Frau“ heißen sollen mit dem Untertitel „Die wahre Geschichte meines Lebens“. Der Titel war Programm, von der Absicht wurde ein kleines Stück verwirklicht. Die folgende Passage, in der auf wenigen Seiten die ganze Spanne von der Kindheit über Studentenzeit und erste berufliche Erfolge, Eheschließung und Mutterglück bis zum Ende der Weimarer Republik zusammengefaßt ist, gibt einen Eindruck, wie die Memoiren der Hertha Nathorff ihre endgültige Gestalt gefunden hätten[13].

Die Autorin hat den Text, gleichsam als Prolog, dem Manuskript ihres Tagebuchs vorangestellt. Er folgt hier im Wortlaut:

Die lichte Weite meiner süddeutschen Heimat, die innere Harmonie eines altangesehenen, wohlhabenden Elternhauses prägten meinem Wesen den Stempel auf: immer war ich sonnig und heiter, und die Herzen der Menschen flogen mir zu. Eine tiefe Liebe zu Mensch und Tier, ein fanatischer Gerechtigkeitssinn, Empfindsamkeit für alles, was wahr, schön und gut, Empfindsamkeit bis zur

[13] Verschiedene Fragmente und Versionen im Institut für Zeitgeschichte.

Empfindlichkeit, ja Überempfindlichkeit, haben in mein Leben viel Schönheit und inneren Reichtum, aber auch viel bitteren Kampf, manche Enttäuschung und frühes Leid gebracht.

Eine meiner tiefsten Kindheitserinnerungen – ich war damals viereinhalb Jahre alt – ist die Feier der Jahrhundertwende in meinem Elternhaus, und ich sehe noch heute den festlich geschmückten Tisch, die leuchtenden Kerzen, sehe meine schöne, gütige Mutter am Klavier sitzen, den Vater daneben, mich auf dem Schoße haltend mit einer Puppe fast ebenso groß wie ich – erinnere mich der Freunde und Verwandten, aus allen Konfessionen sich zusammensetzend – eine Rassenfrage existierte ja damals noch nicht – sie kamen, im Hause meiner Eltern froh und glücklich und hoffnungsvoll den Beginn des Jahres 1900, den Anfang des 20. Jahrhunderts zu feiern. Diesen Silvesterabend beging auch ein aus Berlin zu Besuch weilender Bruder meines Vaters mit uns, und er erinnerte mich später noch oft daran, daß ich an jenem Neujahrsmorgen beim ersten Spaziergang meinen geliebten kleinen Hund aus einer Horde von fünf zähnefletschenden Schlächterhunden herausgehauen und herausgetragen habe. Ihm sei beinahe das Blut in den Adern erstarrt, mein Vater aber habe in alle Ruhe gesagt: „Keine Angst, ihr wird schon nichts passieren."

Mein Vater, der in mir immer Ersatz für den vom Schicksal versagten Sohn sah – nur zwei jüngere Schwestern haben später das Elternhaus noch mit Glück und Lachen erfüllt –, hatte für mich seine eigenen Erziehungsgrundsätze: „frei und ungeziert sollte ich aufwachsen und lernen, soviel ich nur Lust hatte". Selbst der gütigen Duldsamkeit meiner Mutter, die an traditionsgebundener Etikette klebte, war es darum fast zuviel, als schon in frühester Jugend mein Weg in neuartige Bahnen gelenkt wurde und mein Vater – veranlaßt und unterstützt von einem Freunde, einem Lehrer der Lateinschule – mich, das einzige Mädel, in die Lateinschule schickte. Dieses Aufsehen erregende Ereignis stellte mich plötzlich in den Mittelpunkt sämtlicher Gesprächsstoffe, weniger bei den üblichen Mütter-Kaffeeklatschen als bei den Bier- und Skatabenden sämtlicher ehrenwerter Männer meiner kleinen Heimatstadt. Ja, selbst die Geistlichkeit mischte sich ein, den frommen Katholiken erschien es unmöglich, daß ein Mädel allein mit den Jungens zusammen in die Schule ging, und hitzige Kämpfe für und wider die Koedukation wurden sogar in der Presse ausgetragen! So große Sorgen erfüllten damals die Herzen und Gemüter! Es ging den Leuten gut, ihr Vermögen war beständig, ihre Geschäfte blühten, ihre Familien gediehen. Für Ruhe und Ordnung sorgte der Staat, seine politische Meinung konnte ein jeder haben, ohne daß es den anderen sehr interessiert oder gar gestört hätte.

Unser Württemberger Land galt von jeher, dank eines einsichtsvollen Königs, für demokratisch. In unserer Gegend hatte das Zentrum eine große Mehrheit und Macht, und es war für unseren Pfarrer bei all seiner persönlichen Sympathie für mein Elternhaus doch eine gewisse Niederlage, daß ich auf der Jungensschule verblieb und, nachdem ich in der Heimat mit den Jungens tapfer Schritt gehalten hatte, im Jahr 1910 nach Ulm übersiedeln durfte, um dort das Gymnasium weiter zu besuchen.

„Das Mädel, das in die Jungensschule geht", so war ich bald in der ganzen Stadt bekannt, und dazu hatte meine Mutter sich noch ausbedungen, daß ich „wenigstens in eine feine Pension kam", die sich im Hause einer jüngeren Offizierswitwe auch gefunden hatte. Hier bekam ich zum erstenmal Einblick in deutsche Offizierskreise, die sich damals als „etwas Besonderes" fühlten, hier habe ich hineingesehen in den Reichtum, Dünkel und in die starre Tradition alter Ulmer Kaufleute. Alle Türen öffneten sich mir, und neben ernster Schularbeit, neben Büffeln über lateinischen und griechischen Arbeiten gab es Tanzstunde, bunte Geselligkeit und gediegene, harmlose Fröhlichkeit. Eine meiner schönsten Erinnerungen war die Begegnung mit dem Grafen Zeppelin. Sein Neffe, mein Klassenkamerad, hatte mich mitgenommen, ihn in Manzell zu besuchen. Wie stolz war ich, als der Graf nach meinen langen Zöpfen faßte und neckend zu mir sagte: „Du blonder Racker, aus Dir wird einmal etwas."

Wie selig war ich, als ich im Jahr 1913 anläßlich einer Theateraufführung zum Jubiläum der Völkerschlacht bei Leipzig als Rose Blank in Heyses „Ölberg" auf den Brettern, die die Welt bedeuten, stehen durfte und ein dankbares Publikum mir zujubelte.

Niemals hatte ich in all diesen Jahren zu spüren bekommen, daß ich etwa nicht dazu gehörte oder weniger galt als die anderen, weil ich Jüdin war – in meiner Klasse waren sonst keine jüdischen Schüler, am Gymnasium sind überhaupt nicht sehr viele – und der damalige Kampf zwischen katholischen und protestantischen Schülern berührte mich persönlich nicht. Ich erinnere mich nur, daß an katholischen Feiertagen, an denen die Katholiken vom Unterricht dispensiert waren, diese mir sagten: „Du tust uns leid, daß Du heute bei denen bleiben mußt", während die protestantischen Kameraden mir zuflüsterten: „Heute ist es fein, heute sind wir ganz unter uns." Ich gehörte zu allen in selbstverständlicher Kameradschaft, und mit Stolz denke ich daran, daß sie in einer Kneipzeitung schrieben: „Anaxagoras sagte, die Sonne ist ein Stein, hätte er unsere Herthel gekannt, so hätte er gesagt, die Einstein ist eine Sonne."

So waren meine schönsten Jugendtage sonnig, heiter, unbeschwert. Und dann habe ich doch einmal zu fühlen bekommen, daß ich nicht ganz zu ihnen gehörte. Eine tiefe Freundschaft zu einem Kameraden etliche Klassen über mir, die mir die Tanzstunden besonders freudig gestaltet hatte, erblühte zu einer zarten, jungen Liebe. Mein junger Freund war, wie es in seiner Familie üblich war, Offizier geworden, trotz des oft zitierten Ausspruchs unseres verehrten, alten Rektors: „Warum soll der Bub denn Offizier werden, er ist doch so begabt?"

Für viele Leute, auch für die Kreise meiner Eltern, galt der junge Offizier damals als lebenslustig, oberflächlich, leichtsinnig, darauf aus, reich zu heiraten, was bestimmt nur für einen ganz geringen Prozentsatz junger Leutnants zutraf, jedenfalls mein junger Freund, ein ernster, kluger, tief philosophisch veranlagter Mann, sprach es offen aus: nach dem Abitur mußte ich seine Frau werden. Nur, ich mußte mich taufen lassen, sonst müßte er den bunten Rock ausziehen, und er hing an seinem Berufe, ein Offizier konnte unmöglich eine Jüdin heiraten. Nun war es gesagt, mich aber traf es wie ein Keulenschlag. Damals habe ich erste Bitternis empfunden über ein Vorurteil, das auch meine Persönlichkeit nicht überwinden konnte, über den Dünkel einer Kaste, eines Volkes, das nicht einfach den Menschen wertete, und damals stand es innerlich bei mir fest – es war im Mai 1914 – nach dem Abitur gehe ich nach Amerika, um nichts zu sein als ein freier Mensch unter freien Menschen.

Um alles, was in der großen Welt geschah, kümmerten wir Schüler uns damals wenig. Wir hatten unsere eigenen Sorgen: das Abiturexamen. Und so traf es uns wie ein Blitz, ein Mord war geschehen, am 28. Juni 1914, der Mord in Sarajewo, und dunkle Wolken zogen am politischen Horizont herauf. Wir rüsteten zur Abiturientenfeier – Mobilmachung, Kriegserklärung – das war der Abschied von der Schule.

„Jetzt siehst Du, daß Du nur ein Mädel bist", sagte mir ein Klassenkamerad, der schon des Kaisers Rock trug – alle haben sich sofort freiwillig zum Dienst gemeldet – und ich?"

In der kleinen Garnisonstadt erlebte ich, wie ein Volk aufstand, eines Sinnes und eines Herzens: Die Heimat zu schützen. Des Kaisers Worte: „Ich kenne keine Parteien mehr, ich kenne nur noch Deutsche", drangen in mein Herz, waren Balsam für meinen jungen Schmerz. Ich war deutsch, deutsch und nichts anderes, welcher Religion ich auch angehörte, so dachte und fühlte ich damals. Mit wehem Herzen nahm ich Abschied von den Kameraden und Freunden, die nun hinauszogen, mit brennenden Augen Abschied von dem, dem mein ganzes Herz entgegenschlug und der nicht wieder gekommen ist aus dem großen Krieg. Aber ich war stolz und erfüllt von heißem Wollen, nun mitzuhelfen in des Vaterlandes Not! Nicht mehr an Amerika dachte ich, nicht an Kunst und Musik, wo tiefe Neigung mich hinwies, helfen wollte ich, nur helfen!

Und überall wurde ich abgewiesen, es war ja damals ein Überschuß an Schwestern und Helferinnen, die „gelernt" hatten, die älter waren als ich; so blieb ich eben fürs erste in meiner kleinen Heimatstadt und versuchte, mich dort so nützlich wie möglich zu machen. Schon im September 1914 traf der erste Transport von Verwundeten ein. Ich war dabei, wie sie beim Empfang die armen, müden jungen Burschen überhäuften mit Reden und sinnlos verschwendetem Essen und Trinken, während sie sich nach nichts sehnten als nach Ruhe und Schlaf und einem gütigen Arzt, der ihre Notverbände in Ordnung brachte. Ich habe mich sehr mißliebig gemacht, als ich ausrief: „Bringt sie doch lieber ins Bett, statt daß ihr sie mit Essen quält." Damals habe ich erkannt: Sinnlose Hilfe ist keine Hilfe, und nun wußte ich, warum ich das Abitur gemacht hatte, das mir die Tore der Universität erschloß. Helfen wollte ich, richtig helfen, den Gedanken, mit dem ich oft heimlich gespielt, ich mußte ihn verwirklichen: Ärztin mußte ich werden, um jeden Preis.

Nach manchen Kämpfen mit meiner guten Mutter, Vaters Einwilligung hatte ich ja schnell erhalten, bekam ich die Erlaubnis, im Oktober 1914 nach Heidelberg zu gehen als Studentin der Medizin!

In Heidelberg fand ich schnell einen Kreis gleichgestimmter Freunde, mit denen mich bis zum heutigen Tage eine herzliche Freundschaft verbindet – viele von ihnen haben bis heute die erprobte Treue der „Jüdin“ mit ebensolcher Treue vergolten, und das geistige und seelische Band zwischen uns ist auch im Dritten Reich nicht zerrissen. Wir waren keine Studenten „feuchtfröhlicher Burschenherrlichkeit“, so jung wir auch waren. Ernste Gedanken und ernste Arbeit einte uns. Wohl feierten wir in den goldenen Herbsttagen 1914 noch „deutsche Siege“ und zogen mit den anderen durch die flaggengeschmückten Straßen und Gassen Alt-Heidelbergs. Wir hofften auf baldigen Frieden, aber schon hörten wir, daß jener gefallen, dieser in den nächsten Tagen ins Feld mußte. Immer wieder galt es, Abschiede zu nehmen, ich selbst, die von der herrschenden Schwesternknappheit gehört hatte, habe damals mich sofort als „Nachtwache“ in der Chirurgischen Universitätsklinik zur Verfügung gestellt – es war ein bißchen viel: am Tage Kollegs und Präparierübungen in der Anatomie und Nacht für Nacht Dienst bei den Schwerverwundeten. Einmal in der Woche, meist sonntags, konnte ich mich ausschlafen. Bald habe ich hier die ganzen Greuel des Krieges kennengelernt. Wie grausam dieses Morden und Verwunden war, habe ich es zu früh gesehen, früher als viele meiner Kameraden, die sich noch immer nur an Siegesnachrichten betäuben konnten?

Als ich dann nach München ging, wo ich bald an der Inneren Klinik arbeitete, wo ich abends noch Kurse für Arbeiter in Lesen und Schreiben abhielt, da Lehrkräfte mangelten, war es genau der gleiche Eindruck wie in Heidelberg. Die Fortdauer des Krieges, die vielen Opfer an blühenden Menschenleben, die Verstümmelung junger, kräftiger Menschen, die Verknappung der Lebensmittel, die Verzweiflung der Frauen und Mütter, all das warf trübe Schatten auf meine Studienzeit, besonders als ich dann wieder in Heidelberg in einen verantwortungsvollen Pflichtenkreis gestellt wurde, als Hilfsärztin der Chirurgischen und Universitätsfrauenklinik. Mit Grauen denke ich zurück an die nächtlichen Fliegerangriffe auf das nahe Ludwigshafen, wenn nachts die Sirenen heulten und ich, als jüngste Assistentin, eine kleine Taschenlampe als einzig erlaubte Beleuchtung in der Hand, die armen, nervösen Hausschwangeren aus ihren Dachstübchen über winklige Treppen in den Keller geleitete. Mit Schauder denke ich an die furchtbare Grippeepidemie, der so viele Frauen zum Opfer fielen, deren neugeborene Kinder in meinen Armen weinten. Ich denke an die Zeit, während der ich mich mit ein paar Kolleginnen zum Staatsexamen vorbereitete, wo wir in dicke Mäntel und Decken gehüllt in kalten Stuben eng aneinander gekauert saßen – Kohlenkarten hatten wir wohl, aber es gab keine Kohlen, so wenig wie Butter und Fleisch in einigermaßen ausreichender Menge – aber ich denke daran, wie wir selbst im Staatsexamen in kalten Zimmern saßen und es uns nicht möglich war, im pathologischen Institut die Microtomschnitte anzufertigen, weil es zu kalt war! Ich sah und fühlte auch die Erbitterung im Volke, ich spürte, wie dieses belogen und betrogen wurde.

„Wenn Ihr glaubt, daß Eure goldenen Uhren und kupfernen Kessel noch helfen können, so opfert sie auf dem Altar des Vaterlandes", schrieb ich in bitterer Ironie an meine Eltern, „wenn Ihr aber das Haus verkauft (wozu gemeine Spekulanten meinen Vater zu überreden versuchten), dann – komme ich nie mehr nach Hause!" So habe ich damals das Haus meiner Kindheit gerettet. Das Ende des Krieges, ich habe es in Heidelberg noch erlebt, die Flucht des Kaisers, ich fand sie schamlos, die Rückkehr der aufgeriebenen und verzweifelten Truppen, denen wilde Horden die Orden und Ehrenzeichen abgerissen hatten, sie griff mir ans Herz. „Nie wieder darf solch grausames Morden geschehen", stand heiß und klar vor meiner Seele – aber wie es verhindern? Pazifistische Ideen, sie erstanden von selbst in meinem Herzen, und als ich nach beendetem Staatsexamen wenige Monate später in Freiburg durch Zufall die erste pazifistische Rede hörte, glaubte ich wieder an die Kultur und Humanität des 20. Jahrhunderts.

In Freiburg war ich Praktikantin an der Universitätsfrauenklinik. Hier hatte mich das Leben plötzlich in eine Hochburg des deutschnationalen Gedankens und des Antisemitismus geführt! Die Kollegen grüßten mich nicht, beachteten mich nicht – sie lasen ihre Hugenbergzeitung vor dem Kolleg und schauten nicht auf, wenn ich mich pflichtgemäß dazugesellte. „Daß Sie Einstein heißen, ist hier keine Empfehlung für Sie", sagte mir der Geheimrat, als er mich zum erstenmal sah. Auf meine Frage, warum er mich denn habe kommen lassen, brummte er, „ich habe gehört, daß Sie tüchtig sind". Könnte ich doch wieder weg, war mein einziges Denken. Aber wohin? Stellen, selbst völlig unbezahlt, wie ich sie hatte, waren seit der Rückkehr der Männer aus dem Kriege selten frei und knapp. So gab es nur eins für mich: meine Arbeit, meine Patienten und Schweigen und Aushalten.

Doch bald war der Bann gebrochen, bald bat mich ein Kollege um eine Gefälligkeit, bald sagte mir ein anderer: „Sie sind ein verdammt anständiger Kerl", und bald nahm mich der Geheimrat als seine Privatassistentin. Als ich später nach Berlin ging, sagte er mir: „Ich beurlaube Sie, aber kommen Sie wieder, ich mache etwas aus Ihnen, Sie werden sich bei mir habilitieren können." „Trotz meines Namens?" fragte ich ihn. Ich konnte mir das damals ruhig erlauben, und er schlug mir lachend auf die Schulter: „Also, Sie haben mir DAS noch immer nicht verziehen? Aber ich weiß, daß es auch sehr anständige, feine Juden gibt, und Sie gehören dazu." Besuchsweise war ich dann noch einmal in Freiburg bei ihm als Gast an der Klinik – aber die Liebe zog mich wieder nach Berlin, an das Krankenhaus, an dem ich einst meinem damaligen Oberarzt und jetzigen Mann erklärt hatte, daß ich es keine 14 Tage dort aushalten werde. Hatten sie schon in Freiburg mich selber die „kleine Demokratin" in ihrer politischen Einseitigkeit nicht ernst genommen, hatten sie dort gelacht über einen Mann, dessen Namen immer wieder auftauchte, der bereits im Jahr 1920 sein Parteiprogramm verkündigte, Hitler, den hergelaufenen Anstreicher, den Vagabunden, den Narren, den Mystiker, wie sie ihn mit verächtlichem Achselzucken nannten ... So kam ich im

November 1920 in Berlin an dem großen Krankenhaus in einen Kreis, der mich aufs neue verwirrte und mir einen ganz anderen Ideenkreis erschloß.

Welcher Kontrast zwischen Freiburg und Berlin! Bisher elegante Patientinnen auf der geheimärztlichen Privatstation, biedere Schwarzwälderinnen auf der allgemeinen Abteilung – aristokratische antisemitische Kollegen – jetzt ein Krankenhaus voll jüdischer Assistenten, die mich, die Süddeutsche überhaupt als störend, als Fremdkörper in ihrem Kreis betrachteten. Politische Meinungen und Gegensätze, die oftmals zu heftigen Debatten führten. Die Patienten, Proletarier aus dem Norden Berlins, – ich verstand kaum, was sie sprachen, eine mir völlig fremde Mentalität, dazu häufig Streiks, kein Licht, kein Gas, kein Wasser, schlechtes Essen – Umzüge von Kommunisten, Sozialdemokraten, Verteuerung der immer spärlicher werdenden Lebensmittel, ein unzufriedenes, murrendes Volk.

Auf den einzelnen Stationen des Krankenhauses verteilten sie Flugblätter – mich fragten die Patienten um meinen Rat, meine Meinung, mich, die nichts war, nichts sein wollte als Ärztin, Ärztin für jeden, ob Christ oder Jude, ob Demokrat oder Kommunist, ich war verzweifelt, aber, ich habe gelacht und mich in meine Arbeit, meinen Beruf gestürzt; und so war ich erfüllt von meinen Pflichten, von meiner Arbeit, die mich restlos ausfüllte, zumal als ich dann von der Inneren auf die Chirurgische Abteilung kam, als einzige weibliche Assistentin unter vielen Kollegen, bei einem Chef, der unerhörte Anforderungen an uns stellte, der aber selbst uns allen ein leuchtendes Vorbild an Tüchtigkeit, Gewissenhaftigkeit und Hingabe an seinen hohen Beruf bedeutete. Wie glücklich war diese Zeit, wie manche Nacht haben wir durchoperiert, ohne am Tage Müdigkeit zu spüren – sonnig, lachend, strahlend war ich bei meiner Tätigkeit. Und ich habe hineingelauscht in Leben und Menschenleben – wieviel Not habe ich in dieser Zeit gesehen: die ganzen Qualen eines gedemütigten, guten Bürgertums, die verschämte Armut alter Offiziere und Adliger, die tiefe Not des Proletariats, das Hochkommen schlechter Elemente, die sich an der Konjunktur zu bereichern wußten, mit eigenen Augen hab' ich es gesehen, und mir blutete das Herz. Wo war ein Mann, der dieses schöne Land wieder zum Blühen brachte, wo einer, der dieses zerrissene Volk wieder einte?

In Deutschlands bitterster Notzeit wurde ich zur leitenden Ärztin eines Entbindungs- und Säuglingsheims vom Roten Kreuz gewählt. „Freilich wollen Sie mir fast ein bißchen jung sein", sagte mir die Dezernentin des Heims – die bekannte Sozialistin Adele Schreiber. „Dieser Fehler wird ja mit jedem Tag besser", gab ich ihr zur Antwort und begann meine Tätigkeit voller Begeisterung am 1. April 1923. Ein Heim, zwei hübsche Villen in einem ausgedehnten alten Park mit 30 Frauen und Säuglingsbetten, Oberschwester, Hebamme, 8 Schwestern und einige Helferinnen unterstanden mir nun, und ich war mir meiner Verantwortung bewußt.

Ich darf heute wohl sagen, daß meiner Pflichterfüllung an das Heim in vielen Jahren nichts Abbruch getan hat, nicht einmal meine damals veröffentlichte Verlobung mit meinem damaligen Oberarzt, der im Oktober 1923 die Eheschließung folgte.

Meine Verlobung war damals eine Sensation. Niemand im Krankenhaus hatte etwas geahnt, und daß ich heiratete und gar den ernsten Oberarzt – sie wollten es nicht glauben.

Meine Brautzeit war wohl anders, als ich sie mir als Backfisch in meinem romantischen Köpfchen einst erträumt hatte. Immer kannte ich nur Arbeit und Pflicht, und ernste Gespräche über berufliche Fragen und Zukunft ließen nicht viel Zeit für Brautvisiten und ähnliche Dinge.

Die Einführung in die Familie meines Verlobten, der Einblick in einen ganz neuen Kreis, er gab mir manche Nuß zu knacken. Mein Schwiegervater, ein alter bekannter Arzt, Geheimrat mit vielen geheimrätlichen Freunden – Menschen voller Geist, Kultur und Tradition – Menschen, aus einer, wie mir schien, vergangenen Epoche, die sich in der Welt von heute nicht mehr zurechtfanden, nicht zurechtfinden konnten – sie lebten von der Erinnerung, hielten sich fern von Politik und Neureichen, auf die sie mit tiefer Verachtung herunterblickten. Sie wollten ihr Leben weiterleben, ihre Träume weiterspinnen und nicht sehen, daß ihr Vermögen dahinschmolz, bis die Inflation ihnen fast das Letzte nahm. Ich aber, ich stand mitten im lebendigen Geschehen. Meine Klinik wuchs, die Nachfrage wurde immer größer – da sollte sie, wenige Wochen vor meiner Hochzeit, geschlossen werden – aus wirtschaftlichen Gründen. Mütter und Kinder sollten anderswo untergebracht, das Personal entlassen werden. Das nannten sie „sozial" in einer Zeit der größten Arbeitslosigkeit und Not. Ich rannte in den Reichstag und ließ Frau Schreiber dringend aus einer Sitzung ihrer Partei herausholen. – Flammenden Auges stand ich vor ihr: „Was wollen Sie tun, das Heim schließen und die Frauen in die Winterkälte hinaustreiben?" Sie starrte mich fassungslos an: „Fräulein Doktor, wenn Sie das Heim halten können, machen Sie, was Sie wollen. Ich gebe Ihnen völlig freie Hand – mich braucht man jetzt im Reichstag." Mit diesen Worten ließ sie mich stehen, ich aber eilte zu meiner Oberschwester, wir rechneten und brüteten und – es mußte gehen – und ich habe es gehalten, mein Heim. Freilich manche Nacht saß ich zitternd, woher das Geld nehmen für Milch und Brot und den nächsten Tag?

Und ich hab' es geschafft. Bald hatte ich 40, 50, nein 150 Betten für Mütter und Kinder – die Wohlfahrtsämter halfen mir, so weit es ging – und ich war glücklich in all meinen Sorgen.

Damals hörte ich wohl von dem Hitlerputsch in München, von Göring, dem ehemaligen Fliegeroffizier, der sich mit ihm verbunden, aber es kümmerte mich wenig. Meine Klinik füllte mich aus, meine Klinik, mein Heim, in das ich die politische Gereiztheit und Spannung so wenig wie möglich eindringen lassen wollte – ein Heim für alle wollte ich haben.

Und doch ließen sich die Unruhen nicht vermeiden. Streiks, Umzüge immer wieder. Beim Schein einer armseligen Kerze habe ich manche operative Entbindung durchführen müssen – allein, ohne Hilfe als die meiner allerdings sehr geschickten Hebamme. Hätte sie nicht damals einen kommunistischen Rappel gehabt, wie ich es scherzend meinte, ich hätte sie sicher gehalten, als das Rote Kreuz sie entließ – dafür ist sie auch eine eifrige Nationalsozialistin geworden, wie ich weiß.

Meine Hochzeit im Oktober 1923 war ein schöner Festtag im Hause meiner Schwiegereltern. Unsere sogenannte Hochzeitsreise war freilich teilweise getrübt durch das ewige „Rechnenmüssen", ob unser Geld ausreichte – wir hatten einige Dollars als Hochzeitsgeschenk erhalten. Dollar, das Zauberwort der Inflation – doch weh uns, wenn wir sie zu früh einwechselten! Was abends noch der Preis für ein großes Brot, am nächsten Tage war es noch ausreichend, ein kleines Brötchen zu kaufen. In dieser Zeit habe ich wirtschaften gelernt! Ich, die von zu Hause aus den Wert des Geldes nie richtig kennengelernt hatte, weil eben immer genug davon da war.

Aber ich habe alles mit gutem Humor mit den anderen gemeinsam getragen, und ich war glücklich in meinem Beruf, glücklich in meiner jungen Häuslichkeit, da es uns gelungen war, unter großen Geldopfern vom Magistrat eine kleine, hübsche Wohnung, nicht allzuweit von der Klinik entfernt, zugebilligt zu bekommen!

Hier in einer stillen Seitenstraße im Osten Berlins habe ich dann bald meine Praxis begonnen, eine Praxis, die mir viel Freude und Erfolg, freilich keine großen Honorare einbrachte!

Aber Geld? Wir hatten genug für unser tägliches Leben. Mein Mann hatte seine Stellung im Krankenhaus beibehalten, ich verdiente dazu. Bald konnten wir zu sparen beginnen für unser Kind, das im Jahre 1925 in meiner Klinik die Augen aufschlug. Bis zum letzten Tage hatte ich gearbeitet, war ich in der Klinik, und, nun waren sie alle stolz und glücklich mit mir und kamen, „Fräulein Doktors" Kind zu bewundern!

In dieser Zeit wühlte Eberts Tod die Masse auf – der Wahlkampf tobte erbittert – ich erlebte es in meiner Klinik, wo täglich Zank und Streit um die neue Wahl entbrannte – es zeugt für die Mentalität des deutschen Menschen, daß damals Hindenburg, der alte Soldat, zum Reichspräsidenten gewählt wurde. Vielleicht wäre alles gut geworden, wäre Stresemann nicht allzu früh gestorben. Wir in unserem Freundeskreis haben das oft empfunden und gedacht. Das Land begann sich zu erholen trotz der noch herrschenden Arbeitslosigkeit, trotz vieler noch zu lösender Probleme. Die Zähigkeit und Geduld des deutschen Menschen schien sich zu bewähren.

Oft wurde ich in politische Gespräche verwickelt – meine Klinik war allmählich auf 200 Betten angewachsen, die Sprechstunde nahm zu – manch politischer Heißsporn, gerade unter den Frauen, schüttete sein Herz bei mir aus. „Der Frau Doktor kann man alles sagen, sie hört so schön zu", oft habe ich diese Worte gehört, nicht nur in meiner Klinik, auch in meiner neuen Wohnung, wo meine Sprechstunde bald ein doppeltes Gesicht bekam. Mein Mann war Leiter einer Krankenhausabteilung geworden und zur Privatpraxis berechtigt, so zogen wir in eine der vornehmen, ruhigen Straßen im alten Westen – in die Wohnung, in der meines Mannes Großmutter wohl ein Menschenalter gewohnt hatte und vor kurzem gestorben war. Freilich mußten wir uns verpflichten, ein Zimmer unserer Wohnung zu vermieten, da – nach der damaligen Ansicht des Magistrats – die Wohnung bei der herrschenden Wohnungsnot für uns allein zu groß gewesen wäre. So wurde ich auch noch „Zimmervermieterin“ – wie viele Berufe hatte ich nun eigentlich? Ärztin, Klinikleiterin, Ehefrau, Mutter – wahrlich meine Tage waren ausgefüllt. Ich war so reich, so froh und glücklich!

Und bald begann ich im Berliner Westen bekannt, ja Mode zu werden! Interessante Menschen, Künstler und ihre Frauen, Luxusweibchen und ernste Geistesarbeiterinnen, sie kamen zu mir. Sie machten mich zu ihrer Freundin, zu ihrer Vertrauten in nicht nur ihren körperlichen Beschwerden, nein, die ganze Skala menschlicher Empfindungen, Gefühle und Erlebnisse hat sich vor meinen Augen, vor meinem Herzen abgerollt, und ich habe ihr Schicksal zu meinem eigenen gemacht, viel Schmerzen gelindert, viel Tränen getrocknet und viel, viel Liebe geerntet. Meine Patientinnen aus den ärmeren Schichten aber hütete ich mit alter Treue weiter. „Frau Doktor untersucht wenigstens richtig“, wie oft habe ich es gehört – wie glücklich hat es mich gemacht, wenn diese Armen mir ihr Herz schenkten und ihr ganzes tiefes Vertrauen. Was war die Medizin, das Geld, die materielle Hilfe, die ich ihnen schenken konnte, gemessen an dem Herzen voller Liebe, das sie stets verstehen wollte?

Manche Äußerung aus diesen Jahren ist in meinem Herzen haften geblieben. „Frau Doktor ist wohl Jüdin, weil Sie halt gar so ein gutes Herz haben mein ich's, trotzdem Sie nicht so aussehen.“ „Frau Doktor, glauben Sie nur, die Arbeitslosenunterstützung ist unser Unglück: die Männer verkommen, und die Frauen grämen sich zu Tod. Warum gibt der Staat Unterstützung, statt daß er Arbeit gibt? Es wären genug Straßen auszubessern – da würden die Männer wenigstens etwas leisten für das Geld, das sie bekommen.“ „Frau Doktor, Sie dürften nicht so gut sein zu Ihren Patienten, das vertragen sie auf die Dauer nicht, ich kenne das deutsche Volk, die wollen immer nur stramm stehen. Warten Sie, wenn der Hitler erst dran ist, der wird es ihnen geben.“ – „Frau Doktor, kommen Sie doch mit, heute Abend spricht Hitler – wenn Sie ihm nur einmal in die Augen geschaut haben, dann sind Sie gewiß schwer begeistert.“ Das war im Jahre 1928, als die Nazis bereits 12 Sitze im Reichstag einnahmen und die führenden Männer sie nicht ernst nahmen. In dieser Zeit bewarb ich mich um die neu zu errichtende Stelle für Frauen- und Eheberatung, die im Ärzteblatt ausgeschrieben war. 73 Bewerberinnen waren wir im ganzen, aber, so hörte ich, die Ausschreibung war nur pro forma – im stillen war die Stelle längst vergeben an eine Assistentin der Klinik, die dem Professor genehm war. Und eines Tages erhielt ich dann die Aufforderung, mich bei der zuständigen Behörde zu melden. Man richtete merkwürdige Fragen an mich: „Welcher politischen Partei ich angehöre? Meine Einstellung zum Paragraphen 218.“ Ich erklärte, daß ich demokratisch denke und fühle, daß ich aber jegliche politische Abgaben im ärztlichen Beruf ablehne: „Ich will doch Ärztin sein und nichts anderes." Und dann ging mein Temperament mit mir durch, was und wie ich es wollte, ich hab' es in deutlicher Ausführung dargelegt, und ich war entlassen, um nach vier Tagen einem neuen Gremium von Stadtverordneten mich präsentieren zu müssen. Und dann wurde ich gewählt, und dann hab' ich arbeiten dürfen, unbezahlt natürlich! Denn für solche Versuchsstellen war kein Geld im Stadtsäckel! Und ich habe fast 5 Jahre gearbeitet, aufgebaut und in wirklicher sozialer Arbeit Kraft und Zeit und Liebe verschwendet, um nach dem Umsturz im April 1933 einen kurzen Brief zu bekommen, daß ich gebeten werde, meine Tätigkeit bis auf weiteres einzustellen. Kein Nazi-Arzt fand sich bereit, meine Tätigkeit fortzusetzen – ohne Bezahlung – wieso denn? „Solche Sauarbeit mache ich nicht", diese Äußerung eines Nazikollegen, der zu meinem Nachfolger ausersehen war, ist mir wörtlich zugetragen worden. Was bedeutete es mir? Alles,was ich geschaffen hatte, war zerstört, meine armen Frauen – wer wird sich jetzt um sie kümmern?

Als Mitglied der Berliner Ärztekammer und als erste und einzige Frau, die als Deputierte ihres Standesvereins dem Gesamtausschuß der Berliner Ärzte angehörte, habe ich manch interessante Sitzung mitgemacht, zuletzt im Jahre 1932, als der bekannte Nationalsozialist Dr. Conti sprach. Ich schäme mich, wenn ich daran zurückdenke, sie haben ihn damals niedergeschrien. Ich habe erklärt, ich verzichte auf meine Wiederwahl, ich komme nicht wieder. Sie haben über meine „Empfindsamkeit" gelacht und Herrn Conti gleichfalls nicht ernst genommen. „Das werdet Ihr eines Tages bitter bereuen", sagte ich ihnen, „seid Ihr denn blind? Seht Ihr denn nicht bei Euren Patienten überall das Bild des Hitlers, der die Massen zu behexen scheint?" Aber sie wollten nicht sehen, nicht glauben, auch nicht, noch nicht, als Brüning 1932 entlassen wurde. Brüning, der kluge tüchtige Mann, er, der einst die Wahl für Hindenburg gewonnen hatte, er wurde entlassen. Von Papen wurde Kanzler. Die Deutschnationalen, vor allem Herr Hugenberg, glaubten noch an ihre Macht, und die Nazis nahmen bereits 220 Sitze im Reichstag ein. Das Volk belogen und betrogen und enttäuscht – in Scharen sind sie damals zu Hitler übergelaufen – „schließlich ist die ganze Politik nur eine Magenfrage", sagte mir eines Tages eine Patientin, „gehen Sie einmal mit in eine Versammlung, Sie werden ja dann hören, was Hitler und Goebbels für uns tun wollen". Hilfe, Halt, Arbeit, Brot suchte das Volk. Es berauschte sich an den Reden der Parteiredner, an ihre Versprechungen glaubte es, und, es verriet, um selber verraten zu werden. Mir wurde angst und bang ...

Im November 1932 wurde General von Schleicher Kanzler, sein Adjutant wohnte in unserem Hause. Jeden Morgen, wenn ich zur Klinik ging, sah ich ihn mit dicken Aktenmappen, mit ernstem Gesicht zum Dienste fahren. Was bereitete sich vor?

V

Nach formalen Kriterien der Quellenkritik handelt es sich bei den Aufzeichnungen 1933-1939 nicht um ein Tagebuch im strengen Sinne, sondern um eine Anfang 1940 rekonstruierte, an etlichen Stellen wohl auch verdichtete Version: Große Teile des Original-Tagebuchs gingen 1939 mit dem Speditionsgut, das für New York bestimmt war, verloren. Anhand geretteter Notizen und aus der Erinnerung hat Hertha Nathorff nach Ankunft in New York, motiviert durch den Manuskript-Wettbewerb der Harvard University, das Tagebuch in der vorliegenden Form niedergeschrieben und durch den autobiographischen Rückblick bis 1932 ergänzt. Aus diesen äußeren Umständen erklären sich sowohl einige Fehldatierungen, z.B. der Notizen zu den Nürnberger Parteitagen, als auch eine fehlende Textpassage in der Eintragung vom 30. August 1933. Aufgrund der tristen Lebensumstände der Autorin ist (zusammen mit anderen Manuskripten und schriftlichen Unterlagen) eine vollständigere Version des Tagebuchs verlorengegangen, und die fehlenden Passagen sind nicht rekonstruierbar. Dasselbe gilt für das vollständig fehlende Jahr 1943 des späteren Tagebuchs. Mit Ausnahme der Kino-Szene, die am 27. März 1933 berichtet wurde, hielten sämtliche mitgeteilten Details der Überprüfung stand. Zweifel an der Authentizität der Berichterstattung von Hertha Nathorff entbehren jeder Grundlage.

Der hier abgedruckte Text folgt, ohne irgendeine Kürzung, dem Typoskript des Tagebuchs 1933-1939, wie es 1940 der Harvard University eingereicht wurde. Im Leo Baeck Institute New York befindet sich eine Kopie davon, die Druckvorlage selbst wurde dem Herausgeber, ebenso wie das Typoskript des anschließenden Tagebuchteils 22. Februar 1940 bis 13. August 1945, von der Autorin übergeben. (Der gesamte schriftliche Nachlaß Hertha Nathorffs wird im Archiv des Instituts für Zeitgeschichte Interessenten zur Verfügung stehen.)

Für den Druck wurden Orthographie, Groß- und Kleinschreibung und Interpunktion heutigen Gepflogenheiten angepaßt, offensichtliche Schreib- und Tippfehler wurden stillschweigend verbessert und die Kopfeinträge vereinheitlicht (im Original finden sich die Monatsnamen teils ausgeschrieben, teils in Ziffern). Zweifelhafte Datierungen bzw. Korrekturen in den Datumsangaben sind in eckige Klammern gesetzt. Andere Veränderungen am Text sind nicht vorgenommen worden. Notwendig erscheinende Erläuterungen, die Einordnung in den historischen Zusammenhang und Verifizierungen von Details erfolgen im Kommentar, der vom Herausgeber allein zu verantworten ist. Hertha Nathorff unterstützte durch Korrespondenz und mündliche Auskünfte (im Februar 1987) zu biographischen Einzelheiten die Herausgabe des Buches.

An der Vorbereitung dieser Publikation, die die erste Frucht eines mehrteiligen Projekts[14] zur Geschichte der Juden in Deutschland 1933-1945 ist, haben Reinhilde Staude und Hannelore Scholz (Herstellung der Reinschriften) sowie Gerlinde Hagedorn-Lohr (Recherchen zum Kommentar), Angelika Schardt (Recherchen und Kollationierung des Textes) und Sybille Benker (Korrektur der Fahnen und Umbruchabzüge) mitgewirkt. Ohne Miriam Koerner in New York, die Probleme löste, Fragen beantwortete, Unterlagen sichtete und ordnete, wäre dieses Buch schwer möglich gewesen. Sie hat den Dank der Autorin und des Herausgebers in besonderem Maße verdient.

München im Februar 1987 Wolfgang Benz

[14] Wolfgang Benz (Hrsg.), Die Juden in Deutschland 1933–1945. Leben unter nationalsozialistischer Herrschaft, München 1988; ders. (Hrsg.), Dimension des Völkermords. Die Zahl der jüdischen Opfer des Nationalsozialismus, München 1991; ders. (Hrsg.), Das Exil der kleinen Leute. Alltagserfahrung deutscher Juden in der Emigration, München 1991.

Das Tagebuch

1933

30. Januar 1933

Hitler-Reichskanzler.
Alle Leute sind erfüllt davon, meine Patienten reden von nichts anderem. Viele sind erfüllt von Freude, viele machen besorgte Gesichter. Einig sind sich alle in den Worten: „Nun wird es anders". Ich aber, feinhörig wie ich bin, ich höre, wie sie an ihn glauben, glauben wollen, bereit, ihm zu dienen und mir ist, als hörte ich ein Blatt der Weltgeschichte umwenden, ein Blatt in einem Buche, dessen folgende Seiten mit wüstem und wirrem, unheilvollem Gekritzel beschrieben sein werden.

2. Februar 1933

Sie verhaften alle möglichen unbescholtenen Leute, nur weil sie ihnen im Wege sind. In der Sprechstunde sehe ich immer wieder, wie die Patienten unter ihrem Rock das Hakenkreuzabzeichen tragen. Wie feige. Warum nicht offen und ehrlich? Ist das die neue Richtung, der neue Geist? Zum ersten Mal ist in meiner Sprechstunde heute über Juden in abfälliger Weise gesprochen worden. Ich habe nur das alte Bibelwort zitiert: „Wer ohne Schuld ist, werfe den ersten Stein auf sie".

27. Februar 1933

„Der Reichstag brennt". Eine Patientin brachte die aufregende Nachricht mitten in meine ausgedehnte Sprechstunde: „Der Reichstag brennt"? Vielleicht Kurzschluß, denke ich. Ich gehe an den Radio. Musik. Ach Unsinn, warum immer gleich an politische Zusammenhänge denken?

Ich wollte abends in die medizinische Gesellschaft, aber ich bin wieder umgekehrt. Die Straßen sind wegen des Brandes abgesperrt, es ist kein Durchkommen. „Das haben die Kommunisten getan", sagte vorher noch eine Patientin, die spät noch kam. Warum sind denn alle Leute so erregt?[1]

15. März 1933

Dieser Goebbels ist ein widerlicher Kerl. Seine Hetzreden sind einfach nicht anzuhören. Was wäre wohl geworden, hätte Herr Ullstein ihn an der Vossischen Zeitung angestellt, wie er einst darum ersuchte? Er war ihm zu gefährlich, erzählte mir heute ein Mitarbeiter von Ullstein.[2] Sie lösen die Parteien auf. Verdiente Männer werden einfach herausgeworfen, das Zentrum wackelt. Mein alter Freund, Ministerialrat X., ist ganz verstört, er kam eben mal vorbeigesprungen, sein Herz auszuschütten. Noch vor einigen Wochen hat er gesagt: „Das Zentrum ist unerschütterlich".[3] Wenn die Leute nur nicht ihre politischen Reizstimmun-

[1] Der Reichstagsbrand am Abend des 27. Februar 1933, verursacht vom Holländer Marinus van der Lubbe, wurde von der nationalsozialistischen Propaganda der KPD in die Schuhe geschoben und bot Anlaß zum Verbot der KPD-Presse und der Verhaftung vieler KPD-Funktionäre. Die Notverordnung des Reichspräsidenten vom folgenden Tag setzte Grundrechte außer Kraft und ermöglichte willkürliche Verhaftungen von Regimegegnern. Diese wiederum glaubten deshalb vielfach, die Nationalsozialisten hätten den Brand selbst gelegt.

[2] Joseph Goebbels hatte sich 1924 beim „Berliner Tageblatt", dessen Chefredakteur der Jude Theodor Wolff war und das im jüdischen Verlagshaus Mosse erschien, vergeblich als Redakteur beworben. Indessen war es nicht die „Gefährlichkeit" des damals 27jährigen Bewerbers, wegen der man seine Dienste verschmähte. Es waren vielmehr Qualitätsmängel, wie sie auch den zahlreichen Artikeln anhafteten, die er vom Berliner Tageblatt, von der Vossischen Zeitung (im ebenfalls jüdischen Ullstein-Verlag) und von anderen renommierten Blättern regelmäßig zurückerhielt. Vgl. Helmut Heiber, Joseph Goebbels, Berlin 1962, S. 39f.

[3] Am 22. Juni 1933 wurde die SPD verboten (die KPD war bereits ausgeschaltet), die übrigen Parteien lösten sich in der Folge selbst auf: die Deutschnationale Volkspartei, deren Abgeordnete am 27. Juni in die NSDAP-Fraktion aufgenommen wurden ebenso wie die rechtsliberale Deutsche Volkspartei, die linksliberale DDP/Staatspartei liquidierte am 28., die katholisch-konservative Bayerische Volkspartei am 4. Juli und das katholische Zentrum am 5. Juli 1933.

gen in meine Sprechstunde tragen würden. Ich bin doch Ärztin und Politik interessiert mich nicht. Eben ist wieder so ein lächerlicher Umzug und Radau auf der Straße. Haben die Menschen keine anderen Möglichkeiten, ihre Meinung zu äußern, als mit Geschrei und Krach?

27. März 1933

Heute war ich im Kino, ich mußte hingehen, da mir ein Patient die Karten zur Premiere geschickt hat. Mein Mann hatte keine Zeit, so nahm ich Friedel R. mit. Mitten drin deutlich Erregung im Publikum. Licht. Alles schaut nach der Mittelloge – der neue Reichskanzler war erschienen. Hitler, Hugenberg, von Papen und die ganze Gesellschaft.[4] Meine Freundin packte plötzlich meine Hand. „Friedel“, sagte ich zu ihr, „guck ihn Dir genau an, dieser Mann wird unser und Deutschlands Unglück werden, ich habe seine Augen, seine Hände gesehen, nun weiß ich genug“. Die ganze Vorstellung war uns verdorben, aber nicht nur uns allein. Ich bin zu Fuß nach Hause gegangen, langsam und sinnend, wie es sonst nicht meine Art ist, selbst meinem Mann fiel es auf, daß ich nicht so aufgeregt erzählte wie sonst, wenn ich mal allein weg war. Und morgen ist wieder so ein anstrengender Tag. Ich mag gar nicht in die Klinik, die Atmosphäre ist so geladen. Alle sind nervös. „Wenn Sie nicht immer ein wenig frische Luft hereinbrächten“, sagte die Oberin, „ mit den Doktors wäre es nicht mehr auszuhalten“. Immer bloß Zeitung und Radio und Neuigkeiten, es ist schon furchtbar.

[4] Daß Hitler in Begleitung Hugenbergs und Papens eine Kino-Vorstellung besuchte, ist äußerst unwahrscheinlich, überdies befand sich Hitler in diesen Tagen auch gar nicht in Berlin, sondern in Berchtesgaden. Der Irrtum der Tagebuchschreiberin ist schwer erklärlich. Eine Premiere, und zwar die eines mittelmäßigen Hollywoodfilms („Das letzte Erlebnis“), fand tatsächlich am 27. März 1933 im Ufa-Theater am Kurfürstendamm statt (vgl. Völkischer Beobachter v. 28.3.33), und möglicherweise hat auch irgendwelche Prominenz die Vorstellung besucht. Vielleicht hatte Hitler in der Wochenschau einen Auftritt, der die Verfasserin des Tagebuchs zu dieser Passage inspirierte.

1. April 1933

Juden-Boykott.

Mit Flammenschrift steht dieser Tag in mein Herz eingegraben. Daß so etwas im 20. Jahrhundert noch möglich ist.[5] Vor allen jüdischen Geschäften, Anwaltskanzleien, ärztlichen Sprechstunden, Wohnungen stehen junge Bürschchen in Uniform mit Schildern „Kauft nicht bei Juden", „Geht nicht zum jüdischen Arzt", „Wer beim Juden kauft, der ist ein Volksverräter", „Der Jude ist die Inkarnation der Lüge und des Betruges". Die Arztschilder an den Häusern sind besudelt und zum Teil beschädigt, und das Volk hat gaffend und schweigend zugesehen. Mein Schild haben sie wohl vergessen zu überkleben. Ich glaube, ich wäre tätlich geworden. Erst nachmittags kam so ein Bürschlein zu mir in die Wohnung und fragte: „Ist das ein jüdischer Betrieb"? – „Hier ist überhaupt kein Betrieb, sondern eine ärztliche Sprechstunde", sagte ich, „sind Sie krank"? Nach diesen ironischen Worten verschwand der Jüngling ohne vor meiner Türe Posten zu stehen. Freilich, manche Patienten, die ich bestellt hatte, sind nicht gekommen. Eine Dame hat angerufen, daß sie doch heute nicht kommen könne, und ich sagte, daß es am besten wäre, sie käme überhaupt nicht mehr. Ich selber habe heute mit Absicht in Geschäften gekauft, vor denen ein Posten stand. Einer wollte mich abhalten, in ein kleines Seifengeschäft zu gehen. Ich schob ihn aber auf die Seite mit den Worten: „Für mein Geld kaufe ich, wo ich will". Warum machen es nicht alle so? Dann wäre der Boykott

[5] Die Boykott-Aktion – vom Reichsminister für Volksaufklärung und Propaganda, Joseph Goebbels, und dem Nürnberger Gauleiter Julius Streicher, dem Chef-Antisemiten des NS-Regimes, inszeniert – war die erste zentral gesteuerte Terrormaßnahme gegen jüdische Geschäfte im ganzen Deutschen Reich. Die Bevölkerung stand eher schweigend abseits, als SA-Trupps und Parteigenossen „spontanen Volkszorn", der sich angeblich gegen ausländische Greuelpropaganda richtete, darstellten. Wegen des verheerenden Auslandsechos wurde die Aktion nach drei Tagen vorzeitig abgebrochen, diente aber zynischerweise wenig später zur „Rechtfertigung" des „Gesetzes zur Wiederherstellung des Berufsbeamtentums", das jüdische und politisch unerwünschte Beamte und Richter aus ihrer Stellung entfernte. Vgl. Uwe Dietrich Adam, Judenpolitik im Dritten Reich, Düsseldorf 1972, S. 46f.

schnell erledigt gewesen. Aber die Menschen sind ein feiges Gesindel, ich weiß es längst.

Abends waren wir bei unseren Freunden am Hohenzollerndamm, 3 Ärztepaare. Alle ziemlich gedrückt. „In ein paar Tagen ist alles vorbei", versuchte Freund Emil, der Optimist, uns zu überzeugen, und sie verstehen mein Aufflammen nicht, als ich sage, „sie sollen uns lieber gleich tot schlagen, es wäre humaner als ihr Seelenmord, den sie vorhaben..." Aber mein Gefühl hat noch immer Recht behalten.

14. April 1933

„Sie schalten gleich".[6] Nein, sie wüten. Aus allen Berufen, aus allen Stellen schalten sie die Juden aus „Zum Schutze des deutschen Volks". Was haben wir diesem Volk denn bis heute getan? In den Krankenhäusern ist es furchtbar. Verdiente Chirurgen haben sie mitten aus der Operation herausgeholt und ihnen das Wiederbetreten des Krankenhauses einfach verboten. Andere haben sie auf Wagen geladen und unter dem Gejohl der Menge durch die Stadt geführt. Verschiedene Bekannte sind Hals über Kopf auf und davon ins Ausland, weil sie politisch verdächtig waren. Mein altes Krankenhaus hat seine tüchtigsten und besten Ärzte verloren, die und die Patienten sind verzweifelt, es geht alles drunter und drüber. Die Hetzreden des Herrn Goebbels übersteigen alles, was an Hetze und Verlogenheit bisher da war, und das Volk hört es an und schweigt – und vor allem, die führenden Ärzte, die prominenten Professoren, was tun sie für ihre verratenen Kollegen?

[6] Mit „Gleichschaltung" waren alle Maßnahmen gemeint, die nach der Machtübernahme dem Nationalsozialismus die Alleinherrschaft in Staat und Gesellschaft sicherten. Dazu gehörte die Beseitigung der nichtnationalsozialistischen Länderregierungen in Süddeutschland ebenso wie die Aufhebung der Hoheitsrechte der Länder und die Auflösung aller mit der NSDAP konkurrierenden Parteien, Gewerkschaften, Verbände usw.

16. April 1933

Versammlung des Bundes deutscher Ärztinnen. Wie regelmäßig ging ich auch heute hin, trafen sich doch hier stets die angesehensten und bekanntesten Kolleginnen Berlins. „Komische Stimmung heute", dachte ich und so viele fremde Gesichter. Eine mir unbekannte Kollegin sagte zu mir: „Sie gehören doch wohl auch zu uns?" und zeigt mir ihr Hakenkreuz an ihrem Mantelkragen. Ehe ich anworten kann, steht sie auf und holt einen Herrn in unsere Versammlung, der sagt, er habe die Gleichschaltung des Bundes namens der Regierung zu verlangen. „Die Gleichschaltung". Eine andere Kollegin – ich kenne sie, sie war meine Vorgängerin im Roten Kreuz und damals ziemlich linksstehend – wegen Untüchtigkeit und anderer nicht sehr feiner menschlicher Qualitäten war sie seiner Zeit entlassen worden – sie steht auf und sagt, „nun bitte ich also die deutschen Kolleginnen zu einer Besprechung ins Nebenzimmer". Kollegin S., eine gute Katholikin, steht auf und fragt: „Was heißt das, die deutschen Kolleginnen?" „Natürlich alle, die nicht Jüdinnen sind", lautet die Antwort. So war es gesagt. Schweigend stehen wir jüdischen und halbjüdischen Ärztinnen auf und mit uns einige „deutsche" Ärztinnen. Schweigend verlassen wir den Raum, blaß, bis ins Innerste empört. Wir gingen dann zu Kollegin Erna B., zu besprechen, was wir tun sollen. „Geschlossen unseren Austritt aus dem Bund erklären", sagen einige. Ich bin dagegen. Die Ehre, uns herauszuwerfen, will ich ihnen gerne gönnen, aber ich will wenigstens meinen Anspruch auf Mitgliedschaft nicht freiwillig preisgeben. Nun will ich sehen, was weiter kommt. Ich bin so erregt, so traurig und verzweifelt, und ich schäme mich für meine „deutschen" Kolleginnen!

[25.] April 1933

Ein Brief vom Magistrat Charlottenburg: „Sie werden gebeten, Ihre Tätigkeit als leitende Ärztin der Frauen- und Beratungsstelle einzustellen!" Aus.[7]

Also herausgeworfen – aus. Meine armen Frauen, wem werden sie nun in die Hände fallen? Fast 5 Jahre habe ich diese Stelle geleitet, groß und bekannt gemacht, und nun? Aus, aus – ich muß es mir immer wieder sagen, damit ich es fassen kann.

1. Mai 1933

Großer Umzug! Nazi feiern den 1. Mai![8]

Unser Freund, der Oberarzt gegenüber, steht vor der Tür und sagt: „Das mach ich nicht mit, ich gehe nach Palästina, ich bereite

[7] Der Staatskommissar für das Berliner Gesundheitswesen hatte am 31. März 1933 angeordnet, daß sämtliche jüdische Wohlfahrtsärzte der Stadt mit Beginn der Boykott-Aktion aus dem Dienst zu scheiden hatten (Jüdische Rundschau, Berlin, 4.4.1933). Die Entlassung als leitende Ärztin der Frauen- und Beratungsstelle stand damit wohl im Zusammenhang. Vgl. Joseph Walk (Hrsg.), Das Sonderrecht für die Juden im NS-Staat. Eine Sammlung der gesetzlichen Maßnahmen und Richtlinien – Inhalt und Bedeutung, Heidelberg, Karlsruhe 1981, S. 7f.

[8] Der 1. Mai, als traditioneller Tag internationaler Arbeitersolidarität von hohem emotionalem Wert für die Arbeiterbewegung wurde durch Gesetz vom 10. April 1933 zum „Tag der nationalen Arbeit" als Feiertag installiert. Alle, die die Einführung dieses Feiertags durch die Sozialdemokraten 1918 erwartet hatten, empfanden diese Maifeier als infamen nationalsozialistischen Propagandacoup. Am 2. Mai 1933 wurden die Gewerkschaften zerschlagen und am 10. Mai durch die „Deutsche Arbeitsfront" ersetzt. Vgl. den „Aufruf an alle schaffenden Deutschen": „Die Deutsche Arbeitsfront ist die Zusammenfassung aller im Arbeitsleben stehenden Menschen ohne Unterschied ihrer wirtschaftlichen und sozialen Stellung. In ihr soll der Arbeiter neben dem Unternehmer stehen, nicht mehr getrennt durch Gruppen und Verbände, die der Wahrung besonderer wirtschaftlicher oder sozialer Schichtungen und Interessen dienen. Der Wert der Persönlichkeit, einerlei ob Arbeiter oder Unternehmer, soll in der Deutschen Arbeitsfront den Ausschlag geben". Zitiert nach Martin Broszat, Der Staat Hitlers. Grundlegung und Entwicklung seiner inneren Verfassung, München 1969, S. 192.

schon alles vor." – So schnell räume ich das Feld nicht, ich bin ja auch Ärztin. Er ist „Bankier" im Hauptberuf, wie ich immer sage.

Der Junge geht nun doch in eine jüdische Schule. Es ist mir schwer geworden, mich dazu zu entschließen, weil er kein Latein lernen wird, aber seine Kinderseele all dem Gehetze fern zu halten ist schließlich wichtiger, und in den gemischten Schulen fangen sie schon an, die jüdischen Kinder zu hänseln und zu beleidigen.

[5.] Mai 1933

Nun haben sie sich etwas Feines ausgedacht: „Frontkämpfer" sollen die Kassen behalten, und nun schicken sie Listen und Fragebogen, die neuen Herren, nachdem sie das Ärztehaus einfach gestürmt haben und sich selber zum Herrn gemacht haben.[9] Ihr Führer, Herr K.,[10] ist ein besonders feiner Herr – von jüdischen Kollegen hat er sich noch bei Kriegsende für das Eiserne Kreuz eingeben lassen, und jüdische Freunde hat er reichlich ausgenutzt, wie ich weiß. Und heute?

Nun fangen sie in meiner Sprechstunde an, mich zu fragen, ob ich etwa Jüdin bin. Ihr Rasseninstinkt ist bewundernswert. „Frau Doktor, Sie sind doch eine so reizende Frau, warum haben Sie bloß einen Juden geheiratet?" Ganz fassungslos habe ich die Patientin angeschaut.

12. Mai 1933

Eine Patientin kommt weinend zu mir. Sie war bei der üblichen Vortragsstunde ihres Betriebs, und da wurde gelehrt: wer einmal

[9] Durch Verordnung des Reichsarbeitsministers vom 22. April 1933 verloren Ärzte „nichtarischer Abstammung" die Zulassung zu den Krankenkassen. Frontkämpfer, das heißt Teilnehmer des Ersten Weltkriegs, waren zunächst von dieser Maßnahme noch nicht betroffen.

[10] Gemeint ist vermutlich Leonardo Conti, der 1918 als Student Mitbegründer des antisemitischen Kampfbundes für Deutsche Kultur war und zu den alten Kämpfern der NSDAP gehörte. Er gründete die NS-Ärzteorganisation im Gau Berlin, 1939 wurde er „Reichsgesundheitsführer" und Staatssekretär für das Gesundheitswesen im Reichsministerium des Inneren.

Beziehungen zu einem Juden gehabt hat, kann nie mehr rein arische Kinder bekommen. Und sie hat früher einmal einen jüdischen Freund gehabt. Ich habe lange reden müssen, das etwas primitive Geschöpf vom dem Blödsinn dieser Behauptung zu überzeugen. Jetzt atmet sie auf: „Frau Doktor, ich wollte schon den Gashahn aufmachen, da bin ich im letzten Augenblick noch zu Ihnen gelaufen." Ja, aber wie viele haben niemand, zu dem sie laufen können und dann?

15. Mai 1933

Kollege H. ist tot! Selbstmord – er hat es nicht ertragen können, daß er nicht als voll anerkannt wird. Ich kann es so gut verstehen. Wahrlich, hätte ich nicht Mann und Kind, ich – ich weiß nicht, was ich täte.

Und jeden Tag das Gefrage in der Sprechstunde. Sie behalten doch die Kassen? Eine Patientin rät mir allen Ernstes: „Lassen Sie sich doch von Ihrem Mann scheiden, dann behalten Sie die Kassen". Immer denken sie, mein Mann ist schuld, daß ich die Kassen verliere. Heute war Apotheker B. da. Er kommt seit vielen Jahren zu mir, Vertreter einer jüdischen Firma. Ich habe immer Mitleid mit ihm gehabt. Erst neulich habe ich ihm ein paar hundert Mark geborgt zur Operation seiner Frau, wie er sagte. Heute wendet er plötzlich seinen Rockkragen um und sagt, auf sein Hakenkreuz zeigend: „Frau Doktor, vielleicht kann ich etwas für Sie tun, ich bin schon lange Mitglied". Aber zum Geldverdienen und Geld borgen hat er sich die Juden ausgesucht! Ein feiner Herr!

17. Mai 1933

Immer wieder jetzt die gleiche Frage
„Arisch oder nicht?"
Und wer mich wieder fragt,
dem schlag ich ins Gesicht.

Ich bin ein Mensch wie jeder
Nicht weniger und nicht mehr,

Und ich hab nur ein einzig Leben
Und nur eine einzige Ehr'.
Ich bin ein Mensch gleich allen
Und hab ein Menschengesicht –
Doch – „arisch oder nicht-arisch"
Nein, das ertrag ich nicht!

Diese ewige Fragerei macht mich ganz krank. Bin ich denn mehr oder weniger, wenn sie es nun plötzlich wissen? Tue ich nicht immer in gleicher Weise meine Pflicht und mehr als das? „Frau Doktor, jetzt geht es uns bald gut, wenn die Dreckjuden alle aus Deutschland fort müssen", sagte mir heute eine Patientin. „So, wen kennen Sie denn, der dann alles gehen muß?", fragte ich. „Ach, eigentlich niemand."

„Doch", sagte ich nachdrücklich, „Sie kennen jemand, der auch gehen muß, wenn alle müssen – mich! Und da ist es wohl besser, Sie suchen sich jetzt schon eine andere Ärztin". Und nun kam eben von der Gärtnerei ein wunderbarer Blumenstrauß, „sicher habe ich es nicht so gemeint". Ich aber habe es so gemeint, werde ich ihr schreiben, und auch, daß ich die Blumen den arischen Patienten in der Klinik mitgebracht habe, ich will sie nicht haben.

2. Juni 1933

Du bist so blond, siehst so arisch aus
Du bist so gut von innen heraus
Du bist wie ich mir denk genau
Der Typ der echten deutschen Frau.
In jeder Sprechstund hör ich so sprechen
Laß das Herz mir mit tausend Nadeln zerstechen
Und Trauer steht mir gar tief im Gesicht
Wenn sie mir sagen, „Dich meinen wir nicht".
Ihr meinet auch mich, und Ihr habt mich getroffen
Denn ich bin Jüdin, sag stolz ich und offen
Und was Ihr an mir so schätzt und liebt,
Das Herz, das restlos sich Euch gibt.

Das Eure Sache zur eigenen macht
Und für Euch bereit ist bei Tag und Nacht
Dies Herz ist tausendfach besungen
Das jüdische Herz in allen Zungen.

Und so lang dieses Herz mir noch schlägt in der Brust
Leb einer Aufgab ich nur noch bewußt:
Dies Herz an Jeden stets neu zu beweisen
Bis alle es sehen und alle es preisen.

Immer das gleiche dumme Gerede: „Sie meinen wir nicht. Sie sind anders, als die andern“. Wie viele solche andere laufen in Deutschland herum, die sie gern schützen möchten. Wie dumm und doch wie gut ist dieses Volk im Grunde.

Aber mein Herz tut so weh, jede Sprechstunde reißt neue Wunden auf, und ich darf es nicht zeigen. Die Patienten wollen ihre sonnige Ärztin, mein Kind seine lachende Mutti behalten.

5. Juni 1933

Mein Geburtstag. Blumen und Briefe und Liebesbeweise – und ich, ich möchte weinen – und muß einen Festestisch decken für meine Geburtstagsgäste. Sie können nicht verstehen, daß mich das alles so furchtbar mitnimmt. Es ist schon nicht schön, die Kassen zu verlieren, aber – schließlich habt Ihr sie ja nicht nötig. Nicht nötig – zum Geldverdienen. Ist das ein Standpunkt? Aber sie haben mich nötig. Natürlich, die Armen trifft es wieder zuerst, sie verlieren ihre guten jüdischen Ärzte, sagte eine Patientin voll Erbitterung. Ja, warum lassen es sich denn die Patienten gefallen, daß ihnen für ihre Kassenbeiträge nicht die Ärzte gestattet werden, die sie haben wollen. Ich denke es nur, sagen, das Volk aufhetzen, nein, dazu bin ich nicht berufen. „Jeder hat den Arzt, den er verdient“, habe ich kürzlich einer Patientin gesagt.

20. Juni 1933

Immer wieder wollen sie von mir Atteste haben, um sich vor Versammlungen, Aufmärschen etc. zu drücken. Ich bescheinige keine Krankheit, kein Gebrechen, das nicht tatsächlich besteht. So habe ich es immer gehalten, auch jetzt noch, und sie meinen, ich könnte doch jetzt etwas weichherziger sein, wo ich auch so gemein behandelt werde.

30. Juni 1933

Die letzte Kassen-Sprechstunde. Ich habe tapfer durchgehalten. Meine Wohnung gleicht einem blühenden Garten. Abschiedsblumen. Wie das ist, sein eigenes Begräbnis zu erleben! Wie viele Kollegen mögen heute das Gleiche empfinden. Meine Sprechstundenhilfe ist ganz aufgelöst vor Kummer. „Die arme Frau Doktor".

Nun sitze ich am gewohnten Platz, ich schließe mein Kassenbuch ab. Morgen werde ich die Stempel ins Ärztehaus tragen. „Da neigte die stolze Frau ihr Haupt und weinte bitterlich."

6. Juli 1933

Meine Bettlerklienten, wie mein Mann sie nennt, arme Burschen, die an den Ecken von meiner Wohnung bis zum Wittenbergplatz ihre Standplätze haben und die mich kennen, seit wir hier wohnen, weil sie ihren Obolus erhielten, sooft ich zum Markt ging – sie haben sich auch umgestellt, sie tragen das schöne Abzeichen. Heute bin ich wortlos an ihnen vorbeigegangen. Was haben sie wohl gedacht? „Die Gnädige hat schlechte Laune". Aber ich werde ihnen den Grund sagen. Ich wollte ein paar Schuhe kaufen. „Ist das ein jüdisches Geschäft", habe ich gefragt. „Hoffentlich stört Sie das nicht, das ganze Personal ist ja arisch", gab mir die sehr niedliche Verkäuferin zur Antwort. „Ich kaufe nur noch bei Juden", habe ich gesagt, nur damit sie einmal merkt, wie weh das tut, wenn man nur beim Juden oder nur beim Nicht-Juden kauft. Dummes Gesindel.

12. Juli 1933

Morgen ist meines Mannes Geburtstag. Es war immer ein Festtag für uns. Aber diesmal – er mußte nun auch weg vom Krankenhaus, nachdem sie endlich einen Nachfolger gefunden haben (es war wohl nicht so ganz einfach, sonst hätten sie ihn ja am 1. April gleich herausgeworfen).[11] Und ich spürte, wie ihm seine Krankenhaustätigkeit fehlt. Das tut mir noch mehr weh als mein eigener Verlust.

Die Kassenpatienten kommen nun täglich zu mir. Wo sollen sie hingehen? Ich rate ihnen weiter, so gut ich kann. Ich gebe ihnen Medizin von meiner Hausapotheke, aber, ich kann ja niemand krank schreiben, kein Attest geben, und sie wollen immer wieder Atteste haben, um nicht in Versammlungen zu Gemeinschaftsabenden gehen zu müssen. Ich kann, darf nicht helfen.

13. Juli 1933

Meines Mannes Geburtstag. Ich hab' ihn gebeten, heute die Sprechstunde ausfallen zu lassen. Zum ersten Mal seit ich meinen Beruf ausübe, will ich ohne krank zu sein keine Sprechstunde abhalten. Ein Tag soll einmal ohne Kränkung, ohne Herzweh vorübergehen.

An meinen Mann.

> Du zogst mit den Ersten gleich ins Feld
> Freiwillig gingst Du hinaus –
> Du hast 4 Jahre lang Dein bestes getan
> Und heute reicht es nicht aus.
>
> Du warst ja als Arzt nur auf Seuchenstation
> Du warst im Lazarett
> Und trugst Du auch schwere Krankheit davon
> Das Alles macht es nicht wert.

[11] Endgültig wurden leitende Ärzte an öffentlichen (und freien gemeinnützigen) Krankenanstalten mit der 2. Verordnung zum Reichsbürgergesetz vom 21.12.1935 ihrer Stellung entkleidet. Die Entlassung Dr. Nathorffs beruhte vermutlich auf einer lokalen Anordnung.

Nun nimmt man uns Ehre und Arbeit und Brot
Nur weil wir Juden sind.
Das bringt uns Kummer und bittere Not
Für uns und unser Kind.

Wir tragen's zusammen, wir tragen es still
Und wenn auch das Herz drüber bricht
Wir tun nach edler Menschenart
Auch weiter getreu unsere Pflicht.

30. Juli 1933

Einladung bei meinem alten verehrten Geheimrat.[12]

Schon fehlen verschiedene der alten Assistenten in unserem Kreise, sie sind fort, in die Welt hinaus. Der Geheimrat leidet mit uns, wir haben nie viele Worte gemacht, aber wir wissen beide, wie wir zueinander stehen. Plötzlich legte er den Arm um mich und sagte zu den Kollegen gewandt: „Und einer solchen Frau nimmt man die Kassen – sie wissen ja gar nicht, was sie ihrem eigenen Volk damit getan haben". In 12 Jahren, da ich nun seine Assistentin bin, war das wohl die erste Anerkennung in Worten, und sie macht mich in all meinem Kummer so reich.

3. August 1933

Vetter Hugo kommt noch immer zur Behandlung zu mir. Warum die ihn seinerzeit vom Dirigentenpult weggeholt haben mit einem großen Teil seines Chors und Orchesters, weiß kein Mensch, auch nicht, warum er wochenlang eingesperrt war und wie es scheint, Furchtbares durchgemacht hat. Er meint, weil er viel-

[12] Hertha Nathorffs Lehrer, der Geheime Medizinalrat Moritz Borchardt (1868-1948), war als Chirurg seit 1906 Dirigierender Arzt am Virchow-Krankenhaus in Berlin, im Ersten Weltkrieg hochdekoriert, seit 1919 Chefarzt am Krankenhaus Moabit, ab 1920 Direktor der Dritten Chirurgischen Universitätsklinik Berlin, 1923 operierte er Lenin in Moskau. 1933 aus dem Universitätsdienst entlassen, praktizierte Borchardt bis 1938 privat und emigrierte 1939 nach Argentinien.

leicht den vertonten Text aus Sinclairs Roman „Petroleum" früher einmal aufs Programm eines Konzertes gesetzt hat – jedenfalls waren wir alle wochenlang in bitterer Sorge, und als er wieder kam, kam er zu mir, dem weiblichen Arzt, der seine zerrütteten Nerven, seine Hände heilen sollte. Was er erlebte, er spricht nicht davon, aber es war wohl zu viel für den feinnervigen Künstler. Er wird sein Bündel schnüren und gehen, so bald als möglich, hat er mir heute anvertraut, und ich, ich konnte es nur gutheißen.[13]

30. August 1933

Zurück aus Ferientagen aus Süddeutschland. Wie gespannt ist die Atmosphäre dort, wie verändert die Situation in meiner kleinen Heimatstadt, wo einer den anderen kennt.

Über 200 Jahre lebt meine Familie nun in der kleinen Stadt, angesehen, geehrt und nun ... Der alte Vater sagte mir so nebenbei, daß er nicht mehr zu seinem Stammtisch gehe. Mutter regt sich auf, daß der und jener nicht mehr richtig zu grüßen wagt.

Die Freundin meiner Schwester, Frau eines Rechtsanwalts, sie kommt nur noch am Abend nach Eintritt der Dunkelheit, so daß meine Schwester ihr nahelegte, am besten überhaupt nicht mehr zu kommen. Die Katholiken sind zusammengesetzt aus Angst und Schrecken. Wo soll das hinführen?

[13] Hugo Strelitzer (geb. 1896) hatte an den Universitäten Freiburg und Berlin Musikwissenschaft, Philosophie und Theatergeschichte, außerdem an der Musikhochschule Berlin Dirigieren und Klavier studiert. Er war ab 1926 dort an der Opernschule Gesangslehrer und Korrepetitor und leitete den Männergesangverein „Typographia". Am 1. April 1933 fristlos entlassen, wurde Hugo Strelitzer während einer Chorprobe verhaftet und blieb sechs Wochen in Gestapo-Gewahrsam. Auf Veranlassung Wilhelm Furtwänglers freigelassen, war er bis 1936 Dirigent beim Jüdischen Kulturbund Berlin. Er emigrierte dann in die USA, wo er in Los Angeles (City College) und als Chordirektor am Hollywood Bowl arbeitete. 1960 wurde er rückwirkend zum außerordentlichen Professor an der Musikhochschule ernannt.

[Textpassage fehlt]

... saß nur wenige Minuten im Salon, und sie kam. „Das Einsteinchen“, rief sie aus – „Wo kommen Sie denn her?“ und umarmte mich herzlich. Dann geht sie zur Tür und ruft in die Küche: „Elisabeth, kommen Sie und gucken Sie, wer da ist!“ Und die alte Köchin erscheint: „Ach, unser nettes Fräulein Doktorche vom Krieg“. Hier war ich noch nicht vergessen. Selbst der Zeitungsmann an der Bahnhofsecke, der noch immer seine „Neue Badische“ anpries, hatte mich sofort erkannt und begrüßt, als wäre ich gestern erst fortgegangen. Hier war der Hitlergeist noch nicht ganz eingezogen! Dann fuhr ich in das herrliche Rheinland zu Freunden, die ich seit der Heidelberger Studienzeit nicht gesehen hatte, mit denen ich aber in reger Korrespondenz stand. Er war mein Nachbar in sämtlichen Kollegs, sie eine Offizierstochter, damals Studentin der Kunstgeschichte – zwei prachtvolle Menschen. Wir saßen abends bei einer Flasche Wein in ihrem stillen Wohnzimmer in dem kleinen Nest am Rhein, abseits des großen Geschehens, und plötzlich fragte mich mein Freund: „Ihr seid wohl in Berlin verrückt geworden mit Eurem Hitlerwahn?“ Sie meinen, der ganze Schwindel wird bald vorüber sein! Ich aber widerspreche ihnen heftig und erregt. Zum Schluß scheine ich ihnen doch die große Gefahr ein wenig gezeigt zu haben, und ich vergesse nie die Abschiedsworte der beiden Menschen: „Was auch kommt und geschieht, wir bleiben treu und verbunden, und für Dich und die Deinen ist stets Platz bei uns“.

In Köln habe ich lange mit meinem Vetter gesprochen – er teilt meine Ansicht – auch er ist Arzt mit einer glänzenden Praxis, aber auch er hat jetzt schon zu viel gesehen und erlebt, als daß er an ein „schnelles Ende“ glauben könnte! – Und ich, ich fühle es wieder doppelt, seit ich zurück bin, ich habe es früher nie erwarten können, nach Urlaubstagen die Sprechstunde wieder aufzunehmen, und heute fürchte ich mich davor.

Im Zug von daheim nach Heidelberg habe ich geschrieben:

> „Von deutschen Eltern ward ich deutsch erzogen
> Und deutsch zu denken und zu fühlen hat man mich gelehrt.

Die deutsche Heimat ward mir heilig
Und alles Deutsche lieb und wert.

Und alles das will man mir nehmen
Ich sei nur ungebetener Gast.
Kaum gönnt man mir im Vaterlande
Noch Haus und Brot, noch Heim und Rast.

Dieses Leid gibt Kraft. In jeder Stunde
Ring ich um Heimat, Ehr und Licht.
Ich hab ein Recht am deutschen Lande –
Ich kämpfe drum und weiche nicht!"

Ich kämpfe drum, aber vielleicht ist es ein Kampf am falschen Platz, ein Kampf ohne ebenbürtige Waffen. Ich bin ja schon zur Passivität verdammt und werde wohl eines Tages unterliegen, aber ich kämpfe um meine Ehre, nicht um mein täglich Brot, und dieser Kampf muß bis zum letzten durchgefochten werden, so verzweifelt er auch werden mag.

13. Oktober 1933

Unser 10jähriger Hochzeitstag! Rückblick und Ausschau. Unser Tisch ist geschmückt mit zartrosa Chrysanthemen wie einst. Rote Rosen glühen in schimmernder Vase vor meinem Platze, aus edlem Glase trinken wir perlenden Wein! „Auf die nächsten 10 Jahre", sagt mein Mann, und ich fühle mein Herz erbeben. Sie haben mir meine ruhige Sicherheit, den Frieden meines Hauses genommen, sie haben mich zu erniedrigen versucht, sie haben mir den besten Teil meiner Arbeit genommen. Was wird noch kommen?

Jede Sprechstunde reißt neue Wunden auf, jeder Weg über die Straße ist eine Gefahr, selbst die Kinder in der Schule werden in der Frühstückspause unter dem Schutz eines Lehrers in ein nahes Laubengrundstück geführt, erzählt mir mein Junge, damit es auf der Straße nicht auffällt. Im Autobus fahren sie jetzt getrennt nach Hause, „damit nicht so viele jüdische Kinder zusammen gesehen werden!" So sieht es hier aus, nachdem sie nun ihren Parteitag des „Sieges" gefeiert haben![14] Siege, die mit solchen Mitteln errungen werden, sollte ein anständiges Volk nicht mitfeiern!

2. November 1933

Konsilium mit Professor X. Er ist mir persönlich sehr gewogen, und er nimmt gern das Geld von meinen jüdischen Patientinnen, auch von Frau H., mit der ich dort war. Plötzlich sagt er: „Sie wundern sich wohl, daß ich auch mitmache, aber ich tue es nur, um die größten Dummheiten zu verhindern zu suchen." „Herr Professor, wenn ich Dummheiten verhindern will, mache ich nicht *mit*, sondern *dagegen*!"

Er wird sich wohl nicht wundern, wenn ich ihm keine Patienten mehr zuweise. Wenn nur die andern auch so viel Rückgrat hätten, aber sie sehen es noch immer nicht, zumal die stolzen Frontkämpfer, deren Kassenpraxis – auf unsere Kosten – nun zugenommen hat.

Silvester 1933

Ich habe niemanden Leids getan
Und war nie wissentlich schlecht.
Warum packt das Leben so grausam mich an?
Wofür sich's an mir nur rächt?

Ich habe jedem sein Brot gegönnt
Und gern ihm Erfolge gelassen.
Warum nur bin ich auf einmal verpönt?
Darf dieser und jener mich hassen?

Ich hab einem Jeden nur Liebe gegeben
Verstehen und Hilfe in Not.

[14] Der fünfte Reichsparteitag der NSDAP fand vom 31. August bis 3. September 1933 statt unter dem Motto „Parteitag des Sieges", gleichzeitig aber auch unter dem Rubrum „Triumph des Glaubens". Hitler bestimmte 1933 Nürnberg als Austragungsort aller künftigen Parteitage, was eine manische Bautätigkeit auslöste, die erst im Krieg zum Ende kam.

Warum muß ich so viel Leid erleben?
Mich martern lassen zu Tod?

Ich war in der Arbeit beglückt und zufrieden
Ich tat sie aus Lieb, nicht aus Pflicht.
Warum nur werd ich auf einmal gemieden?
Taug weiter zur Ärztin ich nicht?

Ach wüßtet Ihr, wie weh das tut,
Wie das im Herzen brennt –
Mit heißer und versengender Glut –
Das nimmt kein gutes End' –

Das nimmt kein gutes End' – So manch einer hat den Weg ins Dunkel schon gewählt, aber ich? Ich habe ein Kind, und dieses Kind muß ich hüten, auch im neuen Jahr. Aus dem Radio klingt die Neunte Symphonie von Beethoven!

„Seid umschlungen Millionen – diesen Kuß der ganzen Welt".

Aber wir, gehören wir dazu? In tiefem Sinnen sitz' ich am Schreibtisch. Bilanz: Gut verdient und Herzensfreudigkeit verloren, eine traurige Bilanz! Was mag das neue Jahr bringen?

1934

2. Januar 1934

Frau Sch. hat ein Töchterchen bekommen im Krankenhaus in Charlottenburg. Schüchtern hat der Mann es mir telefonisch mitgeteilt. Frau Sch., die bei mir zur Entbindung angemeldet war, derentwegen ich mich seit Tagen nicht aus dem Hause traute, aus Angst, sie würde mich brauchen – und im Krankenhaus plötzlich. Ohne es mir zu sagen, ist sie hingegangen, ohne ein Schreiben, einen Brief von mir mitzunehmen, wie ich es stets tue, wenn eine Patientin von mir ein Krankenhaus aufsucht. Warum das? Und stotternd sagt der Mann, „weil es doch nicht ratsam ist, heutzutage von einer jüdischen Ärztin zu kommen". Das ist mein Neujahrsgruß. Mein Mann will mich trösten. „Dumme Leute", sagt er, aber so ganz aus dem Herzen kommt es ihm auch nicht, und ich weiß und fühle, so wird es weitergehen ...

10. Januar 1934

Mein Junge hat Geburtstag – jüdische und „arische" kleine Freunde kommen zum Geburtstagskaffee. Wie einheitlich und verträglich die kleine Gesellschaft zusammen spielt und lacht! Hier gibt es noch keine Rassenfrage; wie lange noch? Wie lange wird meinem Kinde die sonnige Jugend, das schöne Elternhaus noch erhalten bleiben? Heute mittag war ein arischer Patient von uns hier, außerhalb der Sprechstunde. Auf der Straße haben sie ihn blutig geschlagen, weil er jüdisch aussieht, und so etwas passiert täglich und stündlich, und keine Polizei greift ein!

16. Januar 1934

Frau X. war heute zur Sprechstunde hier. Sie lebt in einer Mittelstadt, 2 Stunden von hier, wo ihr Mann eine große Fabrik besitzt. „Wir sind so beunruhigt, vertraut sie mir an, wir wissen gar nicht, was auf dem Gelände neben unserer Fabrik vorgeht. Es wird unterirdisch gearbeitet, wir vermuten, sie machen Flugzeuge oder Waffen ..."

Eine andere sagt, daß sie ihre Stellung kündigen möchte. Sie haben eine Zelle gegründet[1], die jüngsten Burschen haben am meisten zu bestimmen, und sie behandeln die älteren Angestellten, zumal die unverheirateten Frauen, in unerhörter Weise. Und Beiträge müssen bezahlt werden, wofür eigentlich? Jeden Tag wird für etwas anderes gesammelt.[2]

2. Februar 1934

Der Bräutigam meines Fräuleins kommt ganz aufgeregt. Er ist Mitglied des katholischen Gesellenvereins, einer festgefügten, über ganz Deutschland verbreiteten, mächtigen Organisation, und in ihrem Verbandshaus war heute Haussuchung.[3] Die Gelder sind ihnen einfach weggenommen worden, das sind die Methoden der Nazis, Gelder für ihre Propaganda zu bekommen!

[1] Die Nationalsozialistische Betriebszellenorganisation (NSBO) war als angeschlossener Verband der NSDAP gegen die Gewerkschaften gegründet worden und diente der Mitgliederwerbung in den Betrieben. Nach der Zerschlagung der Gewerkschaften und der Gründung der Deutschen Arbeitsfront (DAF) 1933 ging die NSBO 1935 in der DAF auf. Vgl. Martin Broszat, Der Staat Hitlers, München 1969, S. 180f.

[2] In der Erzwingung „freiwilliger" Spenden für alle möglichen Zwecke war der NS-Staat extrem erfinderisch, es war kaum möglich, sich zu entziehen, da das als Verstoß gegen die „Volksgemeinschaft" galt und womöglich öffentlich angeprangert wurde. Im großen Stil wurde zum Beispiel die „Adolf-Hitler-Spende der deutschen Wirtschaft" eingetrieben: 5 Promille der Lohn- und Gehaltssumme des jeweiligen Vorjahrs wurden von 1933 bis 1945 der NSDAP von den Firmen überwiesen. Die SA erzwang ab 20. April 1936 das „Dankopfer der Nation", dessen Ertrag Hitler zur Verfügung stand.

[3] Durch das Konkordat zwischen Vatikan und Deutschem Reich vom 20. Juli 1933 waren die katholischen Vereine in ihrem Bestand zwar einigermaßen geschützt, gegen Schikanen und innere Auszehrung gab es aber kaum Abwehr. Die katholischen Arbeiter- und Gesellenvereine (Kolpingfamilie) wurden durch das Verbot der Doppelmitgliedschaft in der HJ und kirchlichen Organisationen, vor allem durch das im Frühjahr 1934 verfügte Verbot der Zugehörigkeit zur DAF ausgehöhlt. Vgl. Jürgen Aretz, Katholische Arbeiterbewegung und Nationalsozialismus. Der Verband katholischer Arbeiter- und Knappenvereine Westdeutschlands 1923-1945, Mainz 1978.

8. Februar 1934

Mein guter Schwiegervater ist nicht mehr. Infolge eines Autounfalls ist er nach 2 Tagen entschlafen. In aller Stille haben wir ihn, so wie er es wünschte, zur letzten Ruhe gebettet. Noch vor ein paar Jahren haben sie ihm alle zu seinem goldenen Doktorjubiläum gratuliert. Das Ärzteblatt hat den verdienten alten Geheimrat geziemend gewürdigt, und heute kein Wort, kein Nachruf, wie er ihn verdient hätte. Das ist die Welt von heute! Wenigstens seine Patienten, die er zum Teil mehr als ein Menschenalter betreute, haben uns einige Worte der Anteilnahme und der Dankbarkeit an ihn zu schreiben gewagt. Ich aber habe den besten Freund und Berater verloren. Er hätte es verstanden, wenn ich im neuen Jahr gekommen wäre, ihm zu sagen, daß ich es in diesem Lande der Unmoral und Unfreiheit nicht mehr lange aushalte. Er hat es genauso empfunden.

Ostern 1934

Mein Vetter aus Köln ist zu Besuch bei uns. „Wollen wir zusammen nach Palästina?“ frägt er mich. „Nach Palästina? Nein – nach Amerika möchte ich gehen! Aber wie?“ Ich habe heute abend an eine Patientin geschrieben, die drüben verheiratet ist. Wenn ich nur wieder in meinen Beruf zurück kann – *er* ist es doch, der mich hier hält, nicht das Geld, die Bequemlichkeit. *Mein Beruf*, den ich liebe, der mir Lebensinhalt ist und den ich drüben nicht mehr ausüben zu können befürchte!

1. Mai 1934

Heute früh mußte ich eilig in die Klinik zu einer Entbindung. An der Ecke von der Kaiserallee kam ein Riesenzug demonstrierender und feiernder Nazis. „Ich bin Ärztin, ich muß durch“. Ich habe sie einfach aufgehalten, und sie standen still! In der Klinik wollten sie sich totlachen über meine Frechheit! „Frechheit, wenn es um Menschenleben geht?“ Es wäre besser, sie würden die Nazis auch sonst aufhalten in ihrem sinnlosen Gebaren. Ein bißchen

Mut, aber den bringen ja die tapferen Männer, die klugen Politiker nicht auf, weil sie um eine Stellung zittern!

14. Mai 1934

Am Ausgang der Untergrundbahn bietet mir ein Mann ein Billet an zur Versammlung im Sportpalast.[4] „Gehen Sie doch hin", bittet er. Wahrscheinlich mag er nicht, und doch muß das Billet verwendet und zur Kontrolle abgegeben werden. Ich sage: „Es tut mir leid! Juden haben doch keinen Zutritt, ich kann da gar nicht hingehen". Höhnisch sieht er mich an. „Fräuleinchen, das können Sie mir nicht erzählen (daß ich Jüdin bin!), aber lassen Sie mal, ich werd' das Ding schon noch los werden."

19. Mai 1934

Nun geh ich am Schluß einer jeden Sprechstunde ins Wartezimmer und durchsuche alle Zeitschriften, ob auch nicht etwas „Verbotenes" darunter gelegt ist, eine neue Methode der Nazis, die sie auch bei ihren Haussuchungen anwenden, sie bringen das belastende Material selber mit, legen es heimlich dazu und finden's dann! Mich haben die Patienten selber darauf aufmerksam gemacht, damit mir nichts passiert! Meinen Bücherschrank habe ich schon so oft durchwühlt. Ich habe keine „anstößige" Literatur, und schließlich, wenn sie etwas finden wollen, dann finden sie es doch! Ich habe Angst, so oft es klingelt. Ich habe Angst vor neuen Patienten, ich habe Angst vor jedem Wort, ob sie mir nicht eine Falle stellen, wie so manchem Kollegen schon. Ich habe Angst, wenn ich nachts zu fremden Patienten gerufen werde, und gar erst recht, wenn mein Mann weggeht. Erst kürzlich haben sie einen Kollegen in eine Falle gelockt, ihn beraubt und verprügelt.

[4] Im Berliner Sportpalast eröffnete Goebbels den Propagandafeldzug „Gegen die Miesmacher und Kritikaster". Vgl. Völkischer Beobachter, 14.5.1934.

20. Mai 1934

In tiefer Nacht schrillt heut das Telefon:
Ein Mensch in Not – „Ich komme schon".
Ein Ringen war's – fast über irdische Kraft.
Doch, ich bin stolz! Ich habe es geschafft.
Die Mutter lebt. Das Kind ist unverletzt.
Der Morgen tagt. – Ganz leise geh' ich jetzt.
Des Hausherrn Dankeswort, ich hör es nun.
„Frau Doktor, kann ich etwas für Sie tun?" –
Da schau ich ernst und groß ihn an,
Fixier das Hakenkreuz an seinem Rock sodann:
„Sag aller Welt, und das ist meine einz'ge Bitt'
Die Jüdin hat geholfen. Sag's und wir sind quitt."

2. Juni 1934

Bei G.'s sind die Kinder krank. Nichtarische Kinder einer jüdischen Mutter, eines arischen Vaters! Über den Betten Hitlers Bild, ein Hakenkreuzfähnchen. „Wie gefällt Ihnen unsere Dekoration?" „Sehr geschmackvoll", sage ich mit eisiger Miene, um dann um so intensiver die Lungen meiner kleinen Patientin abzuhorchen. Arme Kinder, arme Menschen, in was für Konflikte werdet Ihr noch weiter kommen? Wo gehören diese Leute nun hin? Sie wissen's selber nicht recht.

30. Juni 1934

General von Schleicher und Frau ermordet![5] Und viele andere noch. Man weiß noch nichts Genaues und ich will es gar nicht wissen!

[5] Kurt von Schleicher, 1932 Reichswehrminister und als Vorgänger Hitlers vom Dezember 1932 bis Januar 1933 Reichskanzler, hatte versucht, die NSDAP durch Übernahme Gregor Straßers in die Reichsregierung zu spalten und unschädlich zu machen. Dafür wurde er wie andere Gegner und Mißliebige des Regimes anläßlich des „Röhm-Putsches" am 30.6.1934 ermordet.

5. Juli 1934

Ich bin Frau von Bredow auf der Treppe begegnet, ihr und ihrem süßen Jungen. In tiefer Trauer, ein Auto hat vor der Tür gestanden, ich hab' sie nur angestarrt, die ernste totenblasse schlanke Frau, wo fuhr sie hin?

Und dann kam unser Portier: „Ja, wissen Sie denn nicht? In tiefer Nacht ist er am 30. Juni aus dem Bett geholt und mitgenommen worden und sie haben ihn erschossen, weil er Schleichers Adjutant war und Frau von Bredow angerufen, sie könne die Urne abholen". Unschuldig ermordet![6] Ich kann nicht mehr denken, das Blut will mir in den Adern erstarren, ich weiß wieviel Glück, Eheglück sie zerbrochen haben. Wehe, wenn sich einmal die Tränen der Frauen und Mütter an ihnen rächen. Jetzt glaube ich, was ein Patient mir zutrug. Göring soll zur Partei gesagt haben: „Erst schießt, und dann fragt – die alten Germanen haben auch ihre Freunde enthauptet!" Und dieser Mann macht sich populär! Er gibt sich jovial, lacht über die Witze, die über ihn gemacht werden, und sie lachen über ihn und nehmen ihn nicht ernst genug in seiner ganzen Gefährlichkeit. Auch die fremden Diplomaten – und das ist das Unglück für die ganze Welt. Nicht einmal seine Forderungen für ein Luftministerium nehmen sie ernst! Bis es zu spät sein wird![7]

[6] Generalmajor Ferdinand von Bredow, geboren 1884, wurde 1929 Leiter der Abwehrabteilung im Reichswehrministerium, von Juni 1932 bis 30. Januar 1933 war er Chef des Ministeramtes im Reichswehrministerium. Wegen seiner engen Verbindung zu Kurt von Schleicher wurde er im Zuge des „Röhm-Putsches" am 30.6./1.7.1934 auf Befehl Hitlers ermordet.

[7] Görings Prunksucht und Eitelkeit sowie die zur Schau getragene Jovialität ließen tatsächlich viele seine Gefährlichkeit unterschätzen. Hatte er zu Beginn des NS-Regimes vor allem repräsentative Ämter (preußischer Ministerpräsident, Reichstagspräsident, Reichsminister ohne Geschäftsbereich), so trug er als Chef der preußischen Polizei aber auch die Verantwortung für die Verfolgung politischer Gegner nach dem Reichstagsbrand, er errichtete die Geheime Staatspolizei (Gestapo) in Preußen. Im Februar 1933 hatte er der preußischen Polizei den Befehl gegeben, „gegen Gegner der nationalen Front während des Wahlkampfes mit allen Mitteln der Gewalt ohne Rücksicht auf die Folgen des Schußwaffengebrauchs vorzugehen". Ende 1934 rückte Gö-

20. August 1934

Ich war in der alten Heimat zur Hochzeit meiner jüngsten Schwester, wo sie Steine an die Fenster unseres Hauses geworfen und unser Fest gestört haben, wo Kinder auf der Straße meinem in Ehren ergrauten Vater unflätige Schimpfworte nachgerufen und die Zunge herausgestreckt haben, wo alte Freunde auf die andere Seite sehen, um uns nicht grüßen zu müssen. In der Schweiz habe ich mich mit Vaters Vetter aus Amerika getroffen. Ich bat ihn, uns herauszuhelfen. „Aus Deiner guten Praxis willst Du heraus? Amerika will keine Ärzte, geh lieber nach Kapstadt, da soll's besser sein. Wenn Du absolut willst, ein Affidavit kannst Du haben."[8] Und ich habe von allem nur das „Nein" herausgehört. Vielleicht hat er recht, vielleicht wäre es ein Verbrechen, Mann und Kind in ein so ungewisses Los aus der gediegenen Praxis herauszureißen? Nur, weil ich es seelisch nicht mehr aushalten zu können glaube? Seit ich zurück bin, spüre ich die Unfreiheit und Unwahrhaftigkeit besonders stark. Warum hilft mir denn niemand? Ich bin doch etwas, kann doch etwas. Warum hilft mir niemand, draußen aufzubauen? Ich kann ohne meinen Beruf nicht leben. So werde ich wohl hier an ihm zu Grunde gehen müssen.

Der alte Hindenburg ist tot.[9] Nun kann Herr Hitler ja tun und lassen, was er will, mehr noch als bisher, und er tut es reichlich

ring zum zweiten Mann im Dritten Reich auf und häufte eine Unzahl hoher Ämter an, darunter das des Oberbefehlshabers der neu errichteten Luftwaffe (März 1935) und ab Oktober 1936 des „Beauftragten für die Durchführung des Vierjahresplans". In dieser Stellung hatte Göring quasi diktatorische Vollmacht über die deutsche Industrie. Vgl. Alfred Kube, Pour le mérite und Hakenkreuz. Hermann Göring im Dritten Reich, München 1986; Stefan Martens, Hermann Göring. „Erster Paladin des Führers" und „Zweiter Mann im Reich", Paderborn 1985.

8 Nach den Einwanderungsgesetzen der USA wurden von Immigranten Bürgschaften („affidavits of support") von Verwandten, die US-Bürger waren, verlangt.

9 Nach dem Tod Hindenburgs am 2. August 1934 vereinigte Hitler die Ämter des Reichspräsidenten und des Regierungschefs („Führer und Reichskanzler") auf sich und vereidigte sofort die Wehrmacht auf sich als neuen Oberbefehlshaber.

und, wenn es gar zu bunt ist, sagen die verrückten Weiber: „Das ist nicht im Sinne des Führers, der Führer weiß das nicht – das machen die andern". Ein Führer der *nicht* weiß? Dieser Führer weiß alles.

30. August 1934

Wir haben unsere Wohnung verkleinert. Fräulein Käthe heiratet demnächst, so braucht sie kein Zimmer mehr. Ich werde nur noch eine Tagessprechstundenhilfe nehmen, und ein Sprechzimmer kann ich für uns als Schlafzimmer nehmen. Die Hinterwohnung steht dem Hauswirt zur Verfügung. Mein hübsches Wohnzimmer steht schon in Fräuleins künftiger Wohnung. Bei ihr kann ich also zu mir selber „zu Besuch kommen", habe ich beim Einzug gesagt. Und ich fühle, wie ich hier in dieser Wohnung Stück für Stück begraben werde. Warum denn nicht gleich und ganz? Ich kann unter dieser Hakenkreuzflagge, die jetzt aus allen Fenstern weht, nicht leben, nicht atmen.

7. September 1934

Frau G. war in der Sprechstunde. Diese einfache Frau ist mir immer durch ihre besondere Gepflegtheit aufgefallen. In einer großen Fabrik arbeitet sie die Seidenbespannung für Radios. Heute fallen mir ihre rauhen, rissigen Hände auf. Sie fühlt meinen Blick und sagt: „Das kommt von der Fabrik, wir dürfen ja nicht sagen, was wir arbeiten – aber, nicht wahr, Frau Doktorchen, mit Radios kann man nicht schießen!" „Schießen?" Also, sie fabrizieren Waffen, Munition – ich weiß genug. Und das Ausland? Warum lassen sie es zu? Bis es zu spät ist![10]

[10] Durch den Versailler Vertrag waren Deutschland Beschränkungen der Rüstung und Waffenproduktion auferlegt.

2. Oktober 1934

Ich komme aus der Irrenanstalt H. Sie baten mich telefonisch zu kommen. Nachts war eine Patientin eingeliefert worden, die nach mir rief. Auf der Straße war sie aufgegriffen worden, vor einem Krankenhaus. Man hielt sie für betrunken – so benahm sie sich, redete, weinte auf der Straße und verschenkte ihre Sachen an Passanten. Dann brachte man sie in die Anstalt. Ob ich sie kenne? Eine junge Kollegin, die nicht praktizieren darf. Sie haben sie nicht mehr approbiert. Eine junge Liebe zu einem arischen Kollegen ist jäh zerstört worden. Nun versuchte sie als Schwester zu arbeiten, es war zu viel für ihre Seele, für ihren Verstand. Sie ist darüber wahnsinnig geworden ...

9. Oktober 1934

Ich muß mich daran gewöhnen, Schimpfereien und Beleidigungen zu hören und nicht hinzuhorchen. Nur weh tut's, während man mit ganzer Seele für das Wohl dieses Volkes arbeitet, zu sehen, wie es sich verhetzen läßt und wider besseres Wissen nachredet, was ihm die Herren Propagandalügner vorerzählen. Zufällig mache ich die Ärztezeitung auf. Bericht einer süddeutschen Gauversammlung, unterzeichnet: Dr. X. Leiter der nationalsozialistischen Ärzte ... Dr. X., der Mann meiner Freundin, gute alte Demokraten! Noch im Sommer haben sie mir geschrieben, daß ich in meinem nächsten Urlaub sie unbedingt besuchen muß.

11. Oktober 1934

Überall Haussuchungen, Verhaftungen. Die jüdischen Organisationen wissen sich nicht mehr zu helfen.

Eine Kollegin kam zitternd und blaß in aller Morgenfrühe. Gegen 4 Uhr morgens haben sie sie aus dem Bett geholt und alles durchsucht bei ihr. Sie soll kommunistische Propaganda treiben! Es wäre zum Lachen, wäre es nicht so traurig. Eine üble, gemeine Denunziation, vielleicht auch ein persönlicher Racheakt eines eifersüchtigen Kollegen. Jedenfalls bleibt die Kollegin vorläufig bei mir, in dem Zustand kann ich sie nicht nach Hause lassen. Ich habe die kluge und beherrschte Frau noch nie so gesehen, sie weint und schreit, will fort, fort ins Ausland so schnell wie möglich, nur fort von hier.

30. November 1934

Ich war in Süddeutschland. Der liebe Vater war schwerkrank. Was ich nur anstellen mußte, daß der ihn behandelnde Arzt – ich bin zu kollegial, über seine medizinischen Fähigkeiten zu schreiben – in das Konsilium mit dem tüchtigen Internisten aus Ulm einwilligte! „Man kann doch nicht mit einem jüdischen Arzt ein Konsilium abhalten!" Lieber kann der Patient schlecht und falsch behandelt werden! Er muß ja froh sein, daß der arische Arzt überhaupt kommt. Ein jüdischer Arzt ist in der kleinen Stadt nicht mehr, und der andere Nazidoktor behandelt keine Juden. Es ist fast wie in den Lagern, wo sie die unschuldigen Menschen eingesperrt haben. „Man ist entweder gesund oder tot, wenn man zufällig Jude ist!"

Eine der katholischen Schwestern, die Vater pflegten, sagte zu mir: „Frau Doktor, vor der Hölle brauchen wir uns nicht mehr zu fürchten, der Teufel ist ja jetzt auf der Welt."

Frau S. ist an mir vorbeigegangen und hat auf die andere Seite gesehen. Im Sommer, als ich an ihrem Bett saß, an einem strahlend schönen Sonntag und ihre Angehörigen sie krank und allein liegen ließen, als ich stundenlang ihre fieberheiße Stirn kühlte und ihr über die Schmerzen hinweghalf, da hat sie mir die Hände geküßt und von ewiger Dankbarkeit geredet. Dafür ist auch die Rechnung noch nicht bezahlt, aber ich habe noch nie jemand verklagt. Früher wurden säumige Zahler durch die Ärztestelle in vornehmer Weise an die Zahlung gemahnt. Das gibt es nun nicht mehr. Für Juden tut keiner etwas, die haben doch kein Recht, die brauchen auch kein Geld zu bekommen.

6. Dezember 1934

Wieder Pöbeleien und Schlägereien. Herr X. kam blutüberströmt in die Sprechstunde. Er kam aus einem Geschäft am Kurfürstendamm, da haben sie ihn mit den Worten „Saujude" niedergeschlagen. Das ist die Vorweihnachtsstimmung im deutschen Volke!

24. Dezember 1934

Heilig-Abend. Viele Blumen und Geschenke von Patienten, teilweise anonym, ich weiß aber, daß die zarten Narzissen von der Gattin des Direktors X. sind, sie schickt ja jedes Jahr die gleichen. Ich weiß, die Orchideen sind von Frau Major Y., aber sie haben Angst, ihren Namen in das Haus des Judendoktors zu schicken, er könnte ja gefunden werden, und dann – weh ihnen und ihren Männern!

27. Dezember 1934

Abschied von meiner Freundin Friedel. Sie hat sich scheiden lassen und geht mit ihren beiden süßen Buben nach Palästina, damit der Mann seine Nazifreundin heiraten kann. Diese hat ihnen beiden so viel zugesetzt, es blieb keine andere Wahl. Eine Patientin, die es wissen muß, erzählte mir, welch kostbare Pelze Familie Goebbels zu Weihnachten gekauft hat. Alles von dem bescheidenen Gehalt![11]

30. Dezember 1934

Wieder 3 Selbstmorde von Menschen, die es nicht aushalten konnten, die Diffamierung und Gemeinheit geht immer weiter.

[11] In der „Kampfzeit" vor 1933 hatte die NSDAP – und Goebbels als Chefpropagandist in vorderster Linie – mit der Parole geworben, im Dritten Reich werde niemand mehr als 1000 Mark im Monat verdienen. Fast alle in Amt und Würde gekommenen Nationalsozialisten beeilten sich nach der Machtübernahme mit Demonstrationen persönlichen Lebensstils, die zeigten, was von solchen Ankündigungen zu halten ist.

Der Junge weigert sich, auf die Eisbahn zu gehen, gestern sind jüdische Kinder weggejagt und geschlagen worden.

Silvester 1934

Ihr habt so viel von Eurer Lieb gesprochen
Von Eurer Freundschaft, die ich nicht begehrt
So lang die Zeiten anders waren,
Solang auch ich noch „hochgeehrt".

Doch heute blickt Ihr scheu zur Seite
Und gönnt mir nicht den Tagesgruß
Und glaubt, wenn Ihr mich sichtlich meidet,
Daß mich das furchtbar treffen muß.

Wohl hat das Leben uns geschlagen
Uns deutsche Juden, alle gleich,
Doch Ihr, Ihr habt mich kaum verwundet,
Zu sehr, zu tief veracht ich Euch.

Des Lebens Mühlen mahlen langsam,
Doch – die Geschichte alles bucht –
Die Wende kommt – und auch der Morgen,
Wo Euer Enkel meinen sucht.

So wird es gewiß einmal sein und so war es immer, und auch die Nazis werden einmal wieder die Juden rufen. Herr Göring ist ja jetzt schon klug genug zu sagen: „Wer arisch ist, bestimme ich"[12], und was er selbst in letzter Zeit in jüdischen Geschäften gekauft hat, ich weiß es namentlich.

Mein Mann sitzt bei einem Patienten mit einem Herzanfall. Nur sein Dableiben und jeden Augenblick zur Hand sein kann ihn retten. So bleibe ich allein mit dem Jungen, wir haben musiziert. Ich habe diesmal bewußt Mendelssohn gewählt, den sie ja

[12] Ob Göring diesen Ausspruch tatsächlich tat, ist fraglich; es gab jedoch einige Protektionsfälle, in denen er entsprechend handelte. Der berühmteste betraf Erhard Milch, den Göring trotz jüdischer Abstammung zum Staatssekretär im Reichsluftfahrtministerium und Generalinspekteur der Luftwaffe ernannte.

auch als Juden ablehnen – nun ist das Kind schlafen gegangen, und ich habe meine Bücher abgeschlossen. So viel Geld verdient! Und so viel Glück eingebüßt! Was soll mir das Geld allein? Vielleicht, wenn ich einmal keins mehr haben werde, werde ich seinen Wert erkennen.

Aber ich muß durchhalten und muß verdienen, für meinen Jungen, vielleicht mit meinem Gelde kann ich ihm eines Tages die Freiheit selber erkaufen, die Freiheit, zu der mir niemand verhilft!

1935

3. Januar 1935

Die Sprechstunde ist eine Qual für mich. Selbst „anständige" Arier sagen, „laßt uns gehen", wenn es nur nicht von den einzelnen Ländern so schwierig gemacht würde. Und hier behalten sie einen beträchtlichen Teil des Vermögens, wenn man auswandert. Sie lassen sich belohnen für ihre Gemeinheiten!

Die Leute haben Angst, Radio zu hören, die Leute haben Angst, laut zu sprechen, laut ihre Meinung zu äußern. In Gesellschaft verstummen sie, wenn nur ein Dienstmädchen ins Zimmer kommt. Angst, nichts als Angst, immer wieder verschwinden Menschen, unschuldige Menschen. Die Katholiken haben den Mord an Klausener nicht vergessen.[1] Sie möchten sich auflehnen und haben keine Möglichkeit, unauffällig zu beraten, und es finden sich immer wieder Verräter. Die Patienten bitten um Rezepte für Veronal und ähnliche Medikamente. Ich verweigere sie, ich habe genug Selbstmorde gesehen, ich will wenigstens nicht dazu verhelfen.

9. Januar 1935

Nun habe ich den Jungen ins Bett gebracht. „Schlaf wohl, mein Liebling, ins neue Lebensjahr hinein", habe ich gesagt. Da fängt das Kind plötzlich an zu weinen: „Ich will nicht 10 Jahre alt werden. Bisher war es so schön – wer weiß, was kommt". Kleine, unverdorbene Kinderseele, welch trüber Schatten hat Dich schon gestreift!? Mir ist so weh ums Herz, mit so viel Liebe trug ich Dich in dieses Leben. War es nun recht, daß ich es tat? Ich sitz' in

[1] Ministerialdirektor Erich Klausener war nach der Machtübernahme im Frühjahr 1933 von Göring als Leiter der Polizei-Abteilung im preußischen Innenministerium entlassen worden. Als prominenter Katholik (er war Führer der „Katholischen Aktion") hatte sich Klausener vor allem durch eine kritische Rede gegen die NS-Kirchenpolitik auf dem Berliner Katholikentag am 24.6.1934 mißliebig gemacht. Klausener wurde im Zuge des „Röhmputsches" am 30. Juni 1934 von der SS ermordet.

tiefem Sinnen, was tun? Könnt ich doch nur fort von hier! Und doch, mein Beruf hält mich hier, mein Wort an meine Patienten: „Solang Ihr mich nicht verlaßt, verlasse ich Euch nicht". Aber – so viele haben mich schon verlassen. Und ich weiß, daß ich trotz allem es noch tausend Mal besser habe als viele Juden in Deutschland, weil ich „nicht so aussehe", weil ich noch über die Straße gehen kann ohne Angst vor Anrempelung, weil sie mich lieb haben, mich schätzen, weil ich ihnen helfe, aber was wird aus meinem Kinde?

14. Februar 1935

Ich war bei unserer alten Käthe, bei ihr habe ich mal wieder in meinem alten Wohnzimmer gesessen, wie heimelig das war. Sie erzählt mir, wie ihr Mann im Beruf schikaniert wird, er ist ja nicht in der Partei! Zu welchen Abgaben er gezwungen wird, alles „freiwillige Abgaben" sagt sie voller Ironie. Ihre Mutter aus Ostpreußen ist zu Besuch da. Was dort sich abspielt, da leben wir Berliner Juden ja noch in einem Paradiese![2]

27. Februar 1935

Der Junge kommt nach Hause, ganz blaß. Er hat Helga in der Untergrundbahn gesehen und sie, sie hat sich abgewandt. Dieses Kind, das ich viele Jahre bis zum Umsturz mit Heinz erzogen habe, dieses Kind, das von vielen für mein eigenes Töchterchen gehalten wurde, in Not und Elend habe ich es einst gefunden, das Kind eines trostlosen Künstlerehepaares, es will seinen Ziehbruder nicht mehr erkennen und kennen. Dem Vater habe ich noch kurz vor dem Umsturz eine Stellung verschafft, als Modellzeichner für die Dresdner Hygieneausstellung, und damit die Familie

[2] Insbesondere in Allenstein waren die Juden aus eigener Machtvollkommenheit der lokalen Gestapo besonderen Restriktionen ausgesetzt. Gerüchte über die Verhältnisse in Ostpreußen waren in Berlin verbreitet. Vgl. Kurt Jakob Ball-Kaduri, Vor der Katastrophe. Juden in Deutschland 1934-1939, Tel-Aviv 1967, S. 129f.

aus bitterer Not befreit. Nun hat mit der Ausstellung die Partei auch den Zeichner übernommen. Er fährt bereits im Auto und hat eine feine Fünfzimmerwohnung! Selbst die Schlächterfrau, die ihnen früher hie und da ein Stück Fleisch aus Mitleid schenkte, ist empört, wie diese Leute, gleich vielen anderen, es treiben!

1. März 1935

Befreiung des Saarlandes.[3] Flaggen! Reden! Taumel in der Stadt! Das Saarland kehrt „heim“! Mit was für gemischten Gefühlen sie es tun. Eine Patientin, deren Eltern noch in Saarbrücken leben, sie hat es mir heute mittag gesagt. Und ich mache Sprechstunde, so viele alte Kassenpatienten kommen. Eine hat mir 20 Pfennige hingelegt und ich nehme sie, ich will die arme Seele nicht verletzen, sie soll nicht das Gefühl haben, mir etwas schuldig zu sein. Ich stelle jetzt ein Kässchen auf „Für arme Patienten“, da sollen sie ihren Obolus geben, ohne sich genieren zu müssen und ich kann es ihnen wieder in anderer Form zukommen lassen. Sie wissen ja nicht, daß die Tabletten, die ich ihnen als „Ärztemuster“ gebe, großenteils von mir in der Apotheke gekauft sind!

Manche sprechen so begeistert von der neuen Zeit, sie haben einen Posten, sie gehören einem gewissen Kreis an, in dem sie eine Rolle spielen, das schmeichelt ihrer Eitelkeit, hebt ihr Selbstgefühl und das brauchen sie. Ja, die Volksseele erkennen sie, Psychologie verstehen sie großartig, die „Führer“, nicht er allein. Und ich höre zu, mit starrem Gesicht. Es hat keinen Zweck, heute noch überzeugen zu wollen, aber nach der Sprechstunde bin ich erschöpft, zerschlagen von all dem Kummer, den ich schweigend hinunterfresse. Ich stehe immer wieder fassungslos vor so viel

[3] Das Saargebiet wurde seit 1920 von einer Völkerbundskommission regiert, das Eigentumsrecht an den Saargruben hatte Frankreich als Reparation für 15 Jahre erhalten.Bei der Abstimmung aufgrund des Versailler Vertrags votierten am 13. Januar 1935 90,8 Prozent der Stimmberechtigten für die Rückgliederung des Saargebiets an das Deutsche Reich. Nach Völkerbundsbeschluß kam das Saargebiet am 1.März 1935 wieder unter deutsche Hoheit. Die nationalsozialistische Propaganda feierte das als „Befreiung“.

Haß und Verlogenheit, wie jetzt mit Wort und Schrift verbreitet wird. Wenn ich nur den „Zeitungslügnern" einmal mit Tatsachen antworten dürfte. Dieses zum Schweigen verdammt sein ist so grauenhaft und die jüdischen Organisationen sind machtlos, sie ermahnen ja sogar das eigene Publikum zum Schweigen. Schweigen und Dulden, ist unser Los!

12. März 1935

Wieder einmal Besuch von Leuten aus Süddeutschland. Ich kenne sie kaum, Freunde haben sie an mich empfohlen und sie wohnen bei uns. Sie haben Angst, hier in ein Hotel zu gehen, fragen ganz scheu, ob das hier denn noch möglich ist. In Süddeutschland würden sie sich nicht hineintrauen. Reisende sind schon oft nachts aus dem Bett geholt worden, sie könnten als Juden nicht im Hotel übernachten. Essen ist ihnen verweigert worden. Wenn sie in ein Kino wollen, müssen sie in eine Stadt gehen, wo sie unbekannt sind, und auch dann haben sie Angst. Sie finden es hier einfach „fabelhaft", und ich ersticke schon im hiesigen Gefängnis.

16. März 1935

Die allgemeine Wehrpflicht ist eingeführt![4] Jetzt hat er gewonnenes Spiel! Ich kenne mein uniformfreudiges Volk! Nun holt er die Arbeitslosen von der Straße, die Unzufriedenen, Schimpfenden, er steckt sie in Uniform, läßt sie stramm stehen und Maul halten. Warum läßt das Ausland das zu? Wissen sie nicht, was hier jeder Arbeiter flüstert? Wir rüsten! Wir machen Waffen und Flugzeuge!

24. April 1935

Die Hitler-Uniform ist ihr Abgott. Selbst die Kinder werden nicht verschont! Exerzieren, morden lernen, das ist die neue Zeit!

[4] Am 16. März 1935 wurde durch das Gesetz über den Aufbau der Wehrmacht im Deutschen Reich die allgemeine Wehrpflicht, die durch den Versailler Vertrag seit 1920 verboten war, wieder eingeführt.

18. Juni 1935

Immer das gleiche traurige Lied! Pöbeleien, Verfolgungen, Quälereien von Juden! In Wannsee haben sie einen Patienten blutig geschlagen. Einem andern haben sie die Fenster eingeworfen, alles unter den Augen der Polizei. Die alten Stahlhelmer[5] sind wütend und machtlos – der Stürmer wird immer ordinärer und gemeiner.[6] Lügen über Lügen. Die Herren Minister und Leiter, oder wie sie sich nennen, bereichern sich auf jede mögliche Weise. Das Volksgut wird verschleudert. „Frau Doktor, wenn Sie wüßten, was wir alles an Noten drucken müssen, schon für die nächsten 10 Jahre", sagte eine Patientin aus der Reichsdruckerei.

27. Juni 1935

Wir verreisen nach Tirol, nach Italien, endlich einmal wieder heraus, hier ist uns ja sogar die Natur bald ganz verboten. In Lokale kann man nicht mehr hinein, „Juden sind nicht erwünscht"! Theater und Konzerte kennen wir seit langem nicht mehr. Wir dürfen zur Not noch arbeiten und das Geld dem Staat abliefern und müssen froh sein, wenn man uns nicht den Schädel einschlägt. Mich ekelt all das an, am meisten die vielen Soldaten, die jetzt so stolz umherlaufen – die Soldaten und ihre „Bräute", sie sind der Untergang Deutschlands!

5 Der „Stahlhelm-Bund der Frontsoldaten" war ein 1918 gegründeter politischer Wehrverband deutschnationaler Prägung, der einen autoritären Staat propagierte. Stahlhelm-Führer Seldte war in Hitlers Regierung Arbeitsminister geworden, die Gleichschaltung (1934) und Auflösung des Verbands 1935 konnte er nicht verhindern. Vgl. Volker R. Berghahn, Der Stahlhelm. Bund der Frontsoldaten 1918-1935, Düsseldorf 1966.

6 Das Wochenblatt „Der Stürmer", 1923 von dem fanatischen Antisemiten Julius Streicher gegründet und bis 1945 redigiert, war das wüsteste Organ der nationalsozialistischen Rassenhetze. Das publizistische Rezept bestand aus einer Mischung von Greuelnachrichten, rüden Karikaturen, denunziatorischen Leserbriefen und gezielten Diffamierungen, die an niederste Instinkte der Leser appellierten. Über Abonnenten und Käufer hinaus wirkte der Stürmer durch die Schaukästen, die überall im Lande an öffentlichen Plätzen angebracht waren. Die „Stürmerkästen" hatten auch die Funktion des Prangers.

29. Juni 1935

Meine alte Hebamme kommt zu mir, sie soll in die Organisation[7] eingegliedert werden, d.h. daß sie nicht mehr mit mir arbeiten kann und darf. Die arme Seele ist in heftigem Konflikt mit sich, aber: ich muß ihr zuraten einzutreten, sonst wird sie eines Tages brotlos sein! So gewinnen die Nazis ihre „Anhänger".

6. August 1935

Aus den Bergen zurück. Wie bedrückend ist dieses Berlin. Die Patienten sind froh, daß ich wieder da bin, das ist das einzig Versöhnliche mit diesem ganzen Elend, die echte Freude in all der sonstigen Verlogenheit!

14. August 1935

Frau X. war da, sie kann nicht mehr zu mir kommen, ihre halbwüchsigen Söhne haben gedroht, sie anzuzeigen, wenn sie weiter in meine Sprechstunde kommt! Solche Sachen ereignen sich täglich, und ich soll meinen Patienten ein lachendes Gesicht zeigen.

2. (?) September 1935

Ich habe die ganze Nacht nicht geschlafen. Der „Nürnberger Parteitag", die Übertragung der Reden durch den Radio macht mich am ganzen Körper erschauern! Was sagt die Welt, was sagen die fremden Diplomaten zu so viel Schmutz? Die Hakenkreuzflagge, sie wird nun als Reichsflagge wehen. Ja, mit einer Fahne führt man den Deutschen hin, wo man nur will! Und weiter. Die Ras-

[7] Die Dritte Durchführungsverordnung zum Gesetz über die Vereinheitlichung des Gesundheitswesens (Dienstordnung für die Gesundheitsämter) vom 30. März 1935 (Reichsministerialblatt 1935, S. 327ff.) regelte auch das Hebammenwesen. Die Zwangsmitgliedschaft in der „Reichshebammenschaft", mit der der ganze Berufsstand aus der Gewerbeordnung herausgenommen wurde, war später durch das Gesetz vom 21.12.1938 (RGBl. I, S. 1893-1896) begründet.

sengesetze – nicht einmal vor Liebe und Dienstboten machen sie Halt![8]

9. September 1935

Ich habe Angst, mein Buch zu führen, sie haben ihre Spione überall. Jede Nacht verstecke ich das Heft irgendwo anders. Einmal in der Sofalehne, einmal unter der Zentralheizung, jetzt nehme ich es mit ins Bett. Hausfrauen und Dienstboten sind so außer Rand und Band, den ganzen Tag geht mein Telefon. Ob ich weiß, ob ich ein Mädchen, eine Aufwartefrau über 45 Jahre empfehlen kann? Dann kommen die armen Mädels zu mir gelaufen, die zum Teil 10 und mehr Jahre in ihrer Stellung sind. Wohin sollen sie gehen? „Ein Mädel aus einem jüdischen Haushalt", die ist doch für uns viel zu verwöhnt, erzählt mir eine, die sich um Stellung bewirbt. In einem Haus wird ihr gesagt: „Bei uns müssen Sie aber alle 4 Wochen einmal baden", und als das Mädchen, das bei Patienten von mir in Stellung ist, erzählt, daß sie bisher ihr eigenes Badezimmer hatte und gewöhnt ist, täglich zu baden, wird sie gefragt: „Haben denn Juden überhaupt ein Badezimmer"? Wo hat dieses Volk seine Augen gehabt? Aber ich weiß, sie hielten bisher ja nur die Leute mit Kaftan und Perücken, die Leute aus der Grenadierstraße für Juden![9] Es ist noch nicht lange her, da hat mich ein Jun-

[8] Auf dem „Parteitag der Freiheit" (10.-16.9.1945) wurden die „Nürnberger Gesetze" verkündet, die legislatorisch die Entrechtung und Diskriminierung der deutschen Juden fixierten. Die allgemeinen Formulierungen der Texte boten einen weiten Rahmen für die Maßnahmen der Folgezeit. Das „Reichsbürgergesetz" unterschied zwischen Staats- und Reichsbürgern und machte die Juden zu Staatsangehörigen zweiter Klasse, das „Gesetz zum Schutze des deutschen Blutes und der deutschen Ehre" verbot „Mischehen" und stellte außereheliche Beziehungen zwischen Juden und „Ariern" als „Rassenschande" unter Strafe. Die Beschäftigung arischer Dienstmädchen unter 45 Jahren in jüdischen Haushalten wurde verboten, Juden durften die Reichsflagge (als solche wurde die Hakenkreuzflagge neu eingeführt) nicht mehr hissen.

[9] Die Grenadierstraße war das Zentrum des „Scheunenviertels" im Norden Berlins, dem Quartier der Ostjuden, die seit den 80er Jahren des 19. Jahrhunderts eingewandert waren. Erscheinung und Lebensweise der Bewohner des

ge von 12 Jahren gefragt: „Wie sehen denn eigentlich die Juden aus, von denen sie jetzt immer reden und schreiben?" So wie ich, habe ich gesagt. Der kleine Mann wollte es nicht glauben!

Meine alte Köchin glaubt nicht, daß sie auch um ein Haar hätte gehen müssen, gerade im Juli hat sie die „Altersgrenze" erreicht, „und ich geh nicht, da können sie machen, was sie wollen", hat sie mir erklärt.

14. (?) September 1935

Ein Opfer der Nürnberger Gesetze! Ein armes Mädel, nichts hatte sie als ihre Liebe zu dem arischen Mann, und er zu ihr – und nun sollte diese Beziehung abgebrochen werden – da hat sie Veronal genommen. Und solche Fälle passieren alle Tage. Eine Unmenge Mischehen sind noch im letzten Jahr geschlossen worden, so lang es noch möglich war, und sie haben jetzt alle Angst, daß sie für ungültig erklärt werden![10]

2. Oktober 1935

So viele Leute werden eingesperrt – wegen Rassenschande oder versuchter Rassenschande – es ist das Schlagwort – Schulkinder sprechen davon und lesen darüber im Stürmer nach. Ein Freund von uns ist mit seiner langjährigen Freundin, die er aus äußeren Gründen nicht heiraten konnte, Hals über Kopf ins Ausland gefahren, ohne Geld, ohne alles, ein anderer ist im Gefängnis. Ich

Scheunenviertels wurden auch von der Mehrzahl der assimilierten Juden mit Mißtrauen betrachtet. Carl Zuckmayer machte die Grenadierstraße zum Schauplatz der Szene, in der Wilhelm Voigt beim Trödler Krakauer die Uniform erwirbt, in der er dann als „Hauptmann von Köpenick" auftritt. Vgl. Eike Geisel, Im Scheunenviertel. Bilder, Texte und Dokumente, Berlin 1981.

10 Die bestehenden „Mischehen" wurden nicht annulliert, da die nichtjüdischen Partner in solchen Ehen von den Diskriminierungen der Juden aber weitgehend mitbetroffen waren, war die Scheidungsquote ziemlich groß.

weiß als Ärztin, wie fadenscheinig die Behauptung der „Rassenschande“ ist und kann ihm nicht helfen, das ist furchtbar.[11]

9. Oktober 1935

Heute ist mir meine ehemalige Sekretärin begegnet. Mit ihren kurzsichtigen Augen hat sie mich scharf fixiert und sich dann zur Seite gedreht. Ich habe vor Ekel ins Taschentuch gespuckt! Sie war einst meine Patientin, später traf ich sie auf der Straße, ihr Freund hatte sie verlassen, und sie war ohne Arbeit, ohne Geld – da nahm ich sie zu mir und habe sie herangebildet, viele Jahre lang, und bis zum letzten Tag habe ich sie in meiner Klinik beschäftigt. Nun hat sie sich umgestellt und kann mich, die sie aus der Gosse holte, nicht mehr grüßen!

Ich geh' schon nirgends mehr hin, ich bin ja so bekannt durch meinen Beruf, meine Stellung, soll ich mir und den anderen Ärger machen? Ich bin froh, wenn ich daheim in Frieden bin!

13. Oktober 1935

Unser Hochzeitstag! Rote Rosen auf meinem Tische, so rot wie mein Herzblut, mir ist so weh!

Frau B. kam mit ihrem Jungen zur Sprechstunde, ich soll ihn in der neuen „Hitleruniform“ bewundern.[12] Sie denkt sich nichts

[11] Wie eine Untersuchung am Beispiel Hamburgs erwies, schöpfte die Justiz in Rassenschandeverfahren den Strafrahmen in aller Regel bis zum Höchstmaß aus. Anfänglich verhängten die Richter in der Regel zwei Jahre Zuchthaus für einfache Fälle von „Rassenschande“, 1938/39 waren durchschnittliche Strafen von vier bis fünf Jahren Zuchthaus an der Tagesordnung. Vgl. Hans Robinsohn, Justiz als politische Verfolgung. Die Rechtsprechung in „Rassenschandefällen“ beim Landgericht Hamburg 1936-1943, Stuttgart 1977.

[12] Die Hitlerjugend (HJ) war damals noch keine Pflichtorganisation; erst am 1.12.1936 erhielt der „Jugendführer des Deutschen Reiches“ durch Gesetz die Stellung einer obersten Reichsbehörde, und erst mit einer Durchführungsverordnung zu diesem Gesetz vom 25. März 1939 wurde die Teilnahme an HJ-Veranstaltungen und Tragen von Uniform Pflicht für alle Jungen und Mädchen ab zehn Jahren.

dabei, aber ich! Zwei Tage und zwei Nächte habe ich um dieses Kind und um das Leben der Frau gerungen, bis es am Tag meiner Verlobungsfeier endlich geboren war. Ich hatte keine Zeit, mich auf meinen schönsten Festesabend vorzubereiten, nicht Zeit, meine Eltern, die aus Süddeutschland kamen, vom Bahnhof abzuholen. Nach der schweren Operation konnte ich nur mechanisch noch mein Abendkleid überstreifen und – mit den Gedanken noch bei meiner Wöchnerin und ihrem Kind – todmüde zu meinem Feste fahren. Noch von der Tafel weg stahl ich mich ans Telefon, um in der Klinik anzurufen, wie es der Frau gehe, und als ich gegen Mitternacht in die Klinik zurückkam, war mein erster Weg zu dem kleinen Erdenbürger, der nun so friedlich im Bettchen neben der Mutter schlief. Und dieses Kind – es steckt nun in der Uniform des Mannes, der mir und meinem Kinde den Todesstoß versetzen wird, gleich den vielen anderen, um die ich einst gerungen in Liebe und Verantwortung.

20. November 1935

Aus Köln zurück! Mein einziger Vetter, mit dem ich geschwistergleich aufgewachsen bin, er ist fort, fort nach Palästina mit Frau und Kind. Seine gute Praxis, sein schönes Haus – er hat es von sich geworfen in Ekel und Abscheu. Steine haben sie in seine Fenster geworfen, sein Töchterchen um ein Haar getötet, das hat er nicht verwinden können! Aber wie grauenhaft war dieser Abschied! Die armen Eltern – sie sind alt und grau geworden vor Abschiedsweh! Und künftig werden sie nur von Briefen, vom Warten auf Briefe leben. Ich sehe es ja auch hier täglich, wie schrecklich sind nur diese Jugendtransporte nach Palästina![13] Es gibt Dinge, die einem das Herz zerreißen, auch wenn sie einen direkt nichts ange-

[13] Die „Reichvertretung der Juden in Deutschland", die 1933 gegründete Dachorganisation der jüdischen Landesverbände und Großorganisationen, veranstaltete und betreute Kinder- und Jugendlichentransporte zur Auswanderung vor allem (aber nicht ausschließlich) nach Palästina. Vgl. Werner T. Angress, Generation zwischen Furcht und Hoffnung. Jüdische Jugend im Dritten Reich, Hamburg 1985.

hen! Warum lassen die Menschen das zu? So viel Leid wegen eines Verrückten!

28. November 1935

Herr A. ist wegen Devisenschiebung[14] verhaftet! Seine Angehörigen schwören, daß er unschuldig ist, daß es eine gemeine Denunziation, Racheakt eines Nazis ist. Mehr als 2 Jahre Zuchthaus soll er bekommen.

4. Dezember 1935

Frl. G. in der Sprechstunde, völlig gebrochen, sie weiß nichts von Juden und Judentum. Plötzlich ist ihre jüdische Großmutter[15] ausgegraben! Sie darf als Künstlerin nicht mehr arbeiten, sie muß ihren Freund, einen höheren Offizier, aufgeben. Sie will irgend etwas, „Schluß zu machen". „Ich kann nicht mehr leben", das ist ihr einziges jammervolles Stöhnen. Was soll ich nur machen? Ich kann meinen Patienten nicht mehr helfen, das ist lebendiger Tod für mich selbst.

Silvester 1935

Ich kaufte Pfannkuchen und Blei zum Bleigießen. Ich habe dem Jungen versprochen, er darf aufbleiben, so lange er will. Wir spielen und unterhalten uns und warten auf Vati, immer am späten

[14] „Devisenvergehen" waren ein beliebter Vorwand zur Verfolgung. Nicht nur Juden, sondern vor allem auch katholische Priester und Ordensangehörige wurden solcher Delikte beschuldigt und daraufhin unter Anklage gestellt.

[15] Mit Hilfe des „Arierparagraphen" in Gesetzen, Erlassen, Verordnungen, Satzungen und Statuten wurden Mitgliedschaften verwehrt, Berufsausübung unterbunden, Beschäftigung verboten; das heißt, die „arische Abstammung" mußte nachgewiesen werden. Ein „nichtarischer" Großelternteil genügte nach den allgemein angewendeten Durchführungsbestimmungen des Beamtengesetzes von 1933, um als „nichtarisch" eingestuft zu werden. Deshalb war die jüdische Großmutter so gefürchtet. Nach dem verschärften Arierparagraphen (wichtig für die Aufnahme in die NSDAP, SS usw.) mußten nichtjüdische Vorfahren bis zum Jahr 1800 zurück nachgewiesen werden.

Abend wird er noch gerufen, und ich habe jedesmal Angst, besonders wenn es neue, unbekannte Patienten sind. Sie locken die Ärzte so oft in eine Falle, berauben sie oder schlagen sie.

Heute mittag war eine Österreicherin bei mir in der Sprechstunde. „Wir Österreicher sind anders, uns kann Hitler nicht imponieren". Und als gute Katholikin lehnt sie sich wieder gegen die Ermordung Klauseners auf – „die wird gerächt".

Viele Witze über Göring, den jungen Ehemann! Aber, sie haben ihn gern, und das ist gefährlich, er versteht es, sich so jovial zu geben, seine Weihnachtsbescherung, sein Luftfahrtministerium, sein Vierjahresplan! Das gefällt ihnen besser noch als die ganze Mystik ihres Hitler![16]

Viele Weihnachtsblumen, aber manche haben sich nicht mehr getraut, zu schicken oder zu schreiben. Täglich bröckelt ein Stückchen ab, auch ein Stückchen von meiner Jugend. Leid und Gram und Geld. Die Bilanz ist wieder gut, aber ich bin ja Ärztin geworden, um zu helfen, nicht um Geld anzuhäufen, das werden sie mir ja doch eines Tages wegnehmen. Wenn sie mir nur wenigstens meine Patienten vollends lassen.

16 Hermann Göring hatte im April 1935 die Schauspielerin Emmy Sonnemann, eine reife und stattliche Erscheinung vom Typus der blonden Walküre, zum Traualtar geführt. Das Ereignis war die Hochzeit des Jahres, und das Ehepaar blieb natürlich in den Schlagzeilen. Emmy Göring spielte, da Hitler unverheiratet war , als Frau gesellschaftlich die erste Rolle in Deutschland. Wie andere Potentaten des Regimes scharte auch Göring zur Weihnachtsbescherung bedürftige Kinder um sich. Im Dezember 1935 waren es über 500. Der Völkische Beobachter (Norddt. Ausgabe, 25./26.12.1935) berichtete über die Veranstaltung, bei der das Musikkorps des Regiments General Göring spielte, ein Kinderchor sang und das Kinderballett der preußischen Staatsoper tanzte: „Frau Göring, zwei Kinder an der Hand, geht von Tisch zu Tisch, führt Eltern und Kinder an ihre Plätze, wo die Gaben aufgehäuft sind. General Göring, gefolgt vom Weihnachtsmann und zwei Heinzelmännchen, geht durch die Tischreihen, greift hier ein Spielzeug heraus, zeigt einem kleinen Buben den Mechanismus eines Flugzeuges, eines Spieltanks, drückt dort einer Mutter, die wortlos und ergriffen auf ihn zukommt, stumm die Hand, nimmt da ein Mädelchen auf den Arm, schenkt ihm, vom paketbehangenen Mantel des Weihnachtsmannes abgelöst, eine Puppe, beginnt dort mit einem Vater zu sprechen, hier wieder eine Mutter nach ihrem Heim, ihren Kindern zu fragen."

1936

Neujahr 1936

Erster Anruf. Herr von S. „Neujahrswünsche und Dank für alles, was Sie im letzten Jahr für uns getan. Wir bleiben Ihnen immer treu". Lieb, aber – warum betont er das so? Ja, die deutsch-nationalen Kreise, der ganze Adel, er hat genug, und er ist machtlos.

3. Januar 1936

Herr J. bei mir. Seine Frau erwartet wieder ein Kind. Beim ersten vor 2 Jahren ist sie, eine ältere Erstgebärende mit Neigung zu starker Blutung wie die meisten Rothaarigen, beinahe unter meinen Händen verblutet. Ich bitte den Mann, um seinetwillen, um seiner Stellung willen – er ist Leiter eines großen Warenhauses – seine Frau doch zu einem arischen Arzt zu bringen. Ich habe für ihn Angst: die Zelle, die ja in jedem Betrieb besteht, die Arbeitsfront[1], sie werden ihn aus Stellung und Brot bringen, wenn seine Frau bei mir entbindet. Ich sage wörtlich: „Ich denke doch nur an Sie, und ich bin nicht böse". „Und ich denke nur an das Leben meiner Frau, das Sie schon einmal gerettet haben, und meine Frau kommt zu Ihnen, und wenn wir nachher gemeinsam im Stürmer stehen", sagt er mit halbem Lächeln. Der Entschluß ist ihm verdammt schwer geworden, ich aber konnte nur stumm seine Hand drükken.

[1] Die Deutsche Arbeitsfront (DAF) als Einheitsorganisation der Arbeitnehmer und Arbeitgeber hatte Betreuungs- und Überwachungsfunktionen im Sinne der „Volkgemeinschaft"; die DAF war die größte Massenorganisation des NS-Staats und bis in die Zellen der „Betriebsgemeinschaft" hinein strikt durchorganisiert. Die Mitgliedschaft war freiwillig, es war aber de facto schwer möglich, sich ihr zu entziehen, ein Konflikt mit der DAF war für den einzelnen keineswegs ratsam.

18. Januar 1936

Eine Patientin kam zu mir, ich mußte ihr meine Hilfe verweigern. „Wie dumm Sie sind, Sie könnten das Geld auch brauchen", sagt sie zu mir, „aber Sie waren ja schon immer so – na, die Nazis machen's auch!"

2. Februar 1936

Immer wieder Verhaftungen, Haussuchungen bei den verschiedensten Leuten. Wenn sie nur uns in Frieden lassen, freilich, was sie bei uns zu suchen hätten, ich weiß es nicht. Eine alte Patientin erzählte mir, „der Beamte auf der Krankenkasse hat gesagt, ich weiß schon, daß Ihr noch immer zu Eurer alten Frau Doktor lauft – laßt Euch nur nicht erwischen".

4. Februar 1936

Wilhelm Gustloff ermordet! Und von einem Juden! Wie furchtbar. Was wird jetzt wieder kommen?[2]

[2] Wilhelm Gustloff, Jahrgang 1895, ursprünglich Bankbeamter, lebte aus Gesundheitsgründen seit 1917 als kleiner Angestellter des physikalisch-metereologischen Instituts in Davos. Er trat 1929 der NSDAP bei, nachdem er seit 1921 beim deutschvölkischen Schutz- und Trutzbund gewesen war. 1930 gründete Gustloff eine Ortsgruppe in Davos und war seitdem Landesgruppenleiter der NSDAP für die Schweiz, wo seine politische Agitation von den Behörden mit erstaunlicher Langmut geduldet wurde. Am 4. Februar 1936 wurde Gustloff durch den in Bern lebenden jüdischen Studenten jugoslawischer Staatsangehörigkeit David Frankfurter erschossen. Gustloff wurde in seiner Heimatstadt Schwerin in Anwesenheit Hitlers feierlich beerdigt. Frankfurter, der als Motiv seiner Tat angab, in der Person eines prominenten Vertreters den Nationalsozialismus treffen zu wollen, stellte sich der Schweizer Polizei und wurde vom Kantonsgericht Chur zu 18 Jahren Zuchthaus verurteilt. Wegen der Olympiade hielten sich die Reaktionen der Reichsregierung und der NSDAP in Grenzen, die befürchteten Pogromaufrufe unterblieben.

1. Mai 1936

Frau X. ist todkrank. Ich will den Mann telefonisch rufen lassen, da ich ihn persönlich sprechen möchte. Antwort: „Heute habe ich für die Partei so wichtige Dinge zu erledigen, heute habe ich keine Zeit".

6. Mai 1936

„Frau Doktor, die Juden sind doch das auserwählte Volk. Der liebe Gott führt sie aus Deutschland heraus, ehe Deutschland zu Grunde geht". Eine sehr religiöse Protestantin hat es heute gesagt und noch hinzugefügt: „Der Hitler macht doch alles kaputt, sehen Sie nur, was er so pietätlos niederreißt und neu baut!"

Ich weiß, daß, wenn er seine Wutanfälle hat, seine Umgebung ihn nur beruhigen kann, wenn sie ihm Baupläne vorlegt, das lenkt ihn ab, er soll ja die wildesten Tobsuchtsanfälle haben.

13. Mai 1936

Wir sind in den Wildpark gefahren, unter dessen Fliederbüschen wir uns vor 14 Jahren verlobt haben. Meinem Mann zuliebe habe ich mich aufgerafft. Das Jägerhäusl steht noch. Die Tische – der Fliederduft wie einst im Mai – auch plaudernde Menschen, die gemütlich beim Kaffee sitzen. Wir aber, wir lesen auch hier ein Schild, „Juden nicht erwünscht", auch hier, wie überall, Schilder. Nirgends sind wir mehr erwünscht. Kein Theater, kein Konzert, kein Wald, kein Kaffee – was tun wir denn noch hier, und warum holt man uns nicht heraus? Die Welt ist so groß und so weit, es wäre so viel Platz für alle. Es fehlt nur an der inneren Bereitschaft der anderen. Ich verstehe so gut, daß immer mehr Selbstmorde passieren. „Ehrenvoll sterben ist besser als hier zu leben". Aber – ist es ehrenvoll, vor dem Lumpen- und Diebsgesindel hier die Waffen zu strecken?

Während der Vormittagssprechstunde ein Telefonanruf: „Ist Frau Doktor persönlich am Apparat?" „Jawohl, wer ist dort?" Eine Männerstimme sagt kurz: „Sie haben doch im Jahre 1928 eine gewisse X. behandelt? Erinnern Sie sich?" „Ich bedauere, telefonisch keinerlei Auskunft geben zu können – wer ist denn dort?" „Wer dort ist – die Kriminalpolizei", sagt die fremde Stimme, „wollen Sie nun Auskunft geben?" „Ich bedauere, keinerlei telefonische Auskunft geben zu können. Sie müssen doch auch die ärztliche Schweigepflicht kennen". „Ach, ich kann Sie ja gleich abholen lassen", sagt die fremde Stimme. „Tun Sie Ihre Pflicht, wie ich die meine", erwidere ich, „aber sagen Sie mir wenigstens, was Sie von mir wollen?" „Was ich will? Sie werden wohl allein wissen, um was es sich handelt. Sie haben der X. wohl seinerzeit ein Gefälligkeitsattest ausgestellt, so und nun kommen Sie morgen früh 10 Uhr zur Kriminalpolizei mit der Krankengeschichte und allem, was Sie noch haben. Sie wissen doch: Polizeipräsidium Alexanderplatz – Abtreibungsdezernat." Zitternd lasse ich den Hörer sinken. Abtreibung! Was habe ich damit zu tun? Niemals in meiner ganzen Praxis habe ich zu derartigem meine Hand geboten. Ich erinnere mich der Patientin, ich suche fieberhaft nach der alten Krankengeschichte, es ist alles niedergeschrieben. „17jähriges Mädchen, schwerer Basedow, Herzanfälle, Verdacht auf Schwangerschaft, Aschheim-Zondeksche Reaktion zweifelhaft. Einweisung in ein Krankenhaus zur Beobachtung. – Mutter gibt keine Einwilligung zur Einweisung ins Krankenhaus, da das Mädchen sonst ihre Stellung verliert. Überweisung an einen anderen, in der Nähe der Patientin wohnenden Arzt." So steht es in der Krankengeschichte, so war es, und ich muß morgen zur Kriminalpolizei – wegen Gefälligkeitsattests zur Abtreibung!

Meine Gedanken rasen – nie habe ich solch ein Attest geschrieben. Mein Mann ist auf Praxis, ihn kann ich nicht stören. Ich rufe einen Kollegen an, der zu Hause ist, er kommt. Ich erzähle ihm alles. „Dumme Geschichte", sagt er, „schon möglich, daß einer ein Attest mit Deinem Namen gefälscht hat. Ich an Deiner Stelle würde über die Grenze gehen. Ich sage Dir, was ich denke, oder willst Du auch einige Jahre ins Kittchen?"

Mein Mann kommt zu Tisch nach Hause. Ich erzähle ihm sachlich, was geschehen. Auch er ist unsicher, was tun. Für mich gibt es nur eines – hingehen, mit meinem guten Gewissen. Was auch passiert, ich wäre nicht ihr erstes Opfer.

Wir gehen noch zu einem Rechtsanwalt, einem völlig fremden. „Gnädige Frau", sagt er, „ich glaube Ihnen, aber: ich muß Ihnen doch die Wahrheit sagen, es kann Ihnen passieren, daß Sie monatelang ohne Verhör eingesperrt werden, denken Sie doch an andere Kollegen. Sie sind doch Jüdin! Das ist es doch! Verteidigen will ich Sie gern, ich persönlich glaube Ihnen." Aber mich kann nichts umstimmen. Ich gehe morgen zur Kriminalpolizei, auf alle Fälle, was auch kommen mag. Ich verreise keinesfalls. Ich will nicht einmal den Schein einer Schuld auf mich laden, einer Schuld, die ich nicht begangen habe. Nun ist es tiefe Nacht. Ich habe meine Papiere geordnet. Hier die Briefe an meine alten Eltern, an meinen Mann: „Ich schwöre Euch, daß ich unschuldig bin." Die Aktenmappe ist gepackt mit der Krankengeschichte und dem Kartothekblatt – niemand weiß, daß in der kleinen Seitentasche tief versteckt für alle Fälle das Gift verborgen ist, das ich nun schon seit Monaten stets mit mir führe.

Nun bin ich ganz still, noch einmal habe ich am Bett meines schlafenden Kindes gekniet in stummem, heißem Gebet: „Herrgott, erhalte mich meinem Kinde!"

Ich denke an Frau von Bredow hier in unserem Hause. Vor wenigen Wochen hat sie in ihrer schweren Krankheit zu meinem Mann, ihrem Arzt gesagt: „Mein Leben ist erloschen, seit jene am 30. Juni meinen Mann unschuldig ermordet haben, aber – ich muß ja weiter leben für mein Kind, frei und nicht hinter Mauern, frei und in Ehren."

Noch einmal gehe ich durch meine liebe schöne Wohnung. Werde ich morgen lebend wieder zu Hause sein?

Ich will nicht denken, ich muß ruhig sein für den morgigen Tag.

12. Juni 1936

Schweigend fuhren wir heute früh zum Alexanderplatz. Kalt, eiskalt lag meine Hand in meines Mannes Hand – dann stand das Auto plötzlich vor dem unheimlichen Gebäude. „Vorgeladen zur Kriminal-Abteilung". Geheimnisvoll öffnen und schließen sich Türen und Gitter. Wir sitzen in einem dunklen Korridor und warten. Eine Stunde vergeht, wir warten noch immer. Ob man mich in eine Falle gelockt hat? Ich werde unruhig. Ich klopfe an eine Tür, frage einen Beamten, ob ich hier richtig bin, ich bin doch vorgeladen. Er weiß von nichts, er frägt einen anderen. Auch er weiß nichts. Ich soll draußen weiter warten! „Ich bin doch Ärztin, meine Patienten warten auf mich", wage ich zu sagen. Endlich ein anderer Beamter, er ruft zum Verhör.

„Sie haben die H. behandelt?" „Ja."

„Sie haben ihr ein Gefälligkeitsattest für eine Abtreibung geschrieben?" „Niemals." „Jawohl, Sie haben sich RM 10.– bezahlen lassen und sie mit einem Brief zu einem anderen Arzt geschickt, bei dem sie ausgekratzt wurde. Was haben Sie denn von dem Kollegen noch abbekommen?"

Fassungslos starre ich den Beamten an. „RM 10.– habe ich erhalten für eine Schwangerschaftsreaktion, die in einem Laboratorium ausgeführt wurde. Hier ist die Quittung des Laboratoriums an mich. Der „Brief" war eine vorschriftsmäßige Überweisung zur Weiterbehandlung durch die Krankenkasse, hier ist die Kopie." Jedes Wort wird protokolliert, ich werde gefragt, ob ich meine Aussagen unter Eid wiederholen kann. „Ja, das kann ich", sage ich ruhig, „ich habe die volle Wahrheit gesagt, aber wissen möchte ich, was überhaupt sich ereignete, und wie ausgerechnet ich in einen solchen Fall verwickelt werden konnte." „Ich darf ja eigentlich nichts sagen", sagt der Beamte, „aber Ihre Aussagen decken sich wörtlich mit den Angaben der Patientin, sie und ihre Mutter sind aber bei uns denunziert wegen Abtreibung. Sehen Sie den Aktenstoß, eine Religiös-Wahnsinnige steckt dahinter. Sie hat das Mädel und ihre Mutter angezeigt."

Da reicht mir der Schreiber das Protokoll, ich lese es noch einmal durch und unterschreibe. „Falls Sie verheiratet sind, bitte auch Ihren Mädchennamen", sagt der Beamte, und ich schreibe: geborene Einstein. „Einstein", der ganze bisher so freundliche Gesichtsausdruck des Beamten ist erstaunt. „Einstein, so wie der Professor?" „Genau so", sage ich. „Ja, sind Sie etwa Jüdin?", kam die erstaunte Frage. „Jawohl, auch das", erwidere ich und ich fühle mein Herz rasend klopfen. „Aber was hat das damit zu tun. Und jetzt kann ich wohl gehen?" Ehe er sich's versieht, habe ich die Türklinke erfaßt. Ich eile zu meinem Mann und ziehe ihn mit: „Nur fort, fort so schnell als möglich". Frei, frei, frei! Zum ersten Mal habe ich mich wieder der Sonne, der Straßen, der Menschen gefreut. Heim, heim, ich bin gerettet für dieses Mal – mein Junge hat seine Mutter wieder. Aber ich habe genug, nun möchte ich fort, fort aus diesem Lande, wo es kaum noch Recht und Gerechtigkeit gibt.

30. Juni 1936

Ein junges Mädel kam heute mit folgendem Brief:

„Hochverehrte Frau Doktor! In dankbarer Erinnerung all Ihrer gütigen Hilfe in meiner schweren Krankheit und seelischen und wirtschaftlichen Not erlaube ich mir, Ihnen heute Fräulein X. zuzuschicken. Ich weiß, Sie werden ihr helfen in Ihrer bekannten Güte und Fürsorge. Frl. X. ist sehr blutarm und abgearbeitet und hat viel seelische Aufregungen. Sie möchte gern Schwester werden, vielleicht können Sie sie unterbringen. Fräulein X. ist ein treudeutsches Mädchen, das sich in der Arbeit unserer Hitlerjugend und Frauenschaft große Verdienste erworben hat. Sie ist all Ihrer Hilfe würdig. Mit herzlichem Gruß und Heil Hitler! Ihre stets treu und dankbar ergebene M. F."

Ich bedaure höflich, daß ich die junge Dame weder behandeln, noch sonst etwas für sie tun kann. „Sagen Sie doch Frau F., daß ich zu den jüdischen Ärzten gehöre, die doch bekanntlich nur für Geld behandeln oder ihre Patienten vergiften, wie es in ihren Zeitungen steht." „Warum bringt Sie denn die Partei nicht irgendwo unter und schickt Sie zum Arzt?" „O nein, die nicht", sagte die junge Dame, merkwürdig gedehnt und bitter. Sie hat wohl auch schon ihre Erfahrungen. Ich rate ihr, zu einer mir wohlgesinnten Oberin zu gehen, vielleicht helfe ich ihr damit. Als sie geht, weint sie, weil ich ihr so leid tue!

8. August 1936

Ferienwochen in Italien! Wie schön das war, einmal 4 Wochen lang keine Schilder mit der Inschrift „Juden unerwünscht", „Baden für Juden verboten". Einmal wieder freier Mensch gewesen zu sein!

Ich bin so schwer zurückgefahren. Hier ist alles geschmückt, selbst die verschandelten Linden sehen annehmbar aus. Die Stürmerkästen mit den widerlichen Bildern sind auch verschwunden wegen der fremden Gäste zur Olympiade! Ich verstehe zwar nicht, wie die Fremden in dieses Land kommen konnten und nun auch noch dem „Führer" und seinem Stab die notwendigen Ehren erweisen![3] Es sollen ja auch Juden unter den ausländischen Sportbeflissenen mitmachen dürfen, die deutschen haben sie ja ausgeschaltet. Selbst meine liebe junge Landsmännin Grete Bergmann mußte verzichten, trotzdem sie eine der besten Hochspringerinnen ist. Ja, konsequent sind sie in ihrem „Programm".[4]

[3] Wegen der Olympiade (Winterspiele vom 6. bis 16. Februar 1936 in Garmisch-Partenkirchen, Sommerspiele vom 1. bis 16. August in Berlin) wurde die antijüdische Propaganda vorübergehend gedämpft. Außer „Stürmerkästen" verschwanden auch antijüdische Verbotstafeln bzw. Boykottaufrufe an Ortseingängen und vor Geschäften. Das NS-Regime wollte die aus Prestigegründen wichtigen Spiele nicht gefährden, zumal sich in USA ein Komitee zum Boykott der Veranstaltung in Deutschland gebildet hatte.

[4] Der Arierparagraph wurde schon im April 1933 bei allen deutschen Sport- und Turnvereinigungen eingeführt. Die jüdische Leichtathletin Gretel Bergmann war, obwohl sie kurz vor der Olympiade den deutschen Rekord im Hochsprung eingestellt hatte, nicht als Olympia-Teilnehmerin gemeldet worden, obwohl die Reichssportführung im Herbst 1935 ihre Nominierung international als Beweis der Gleichstellung jüdischer Sportler propagandistisch ausgeschlachtet hatte. Gretel Bergmann emigrierte in die USA, wo sie 1937 und 1938 amerikanische Meisterin im Hochsprung wurde. Vgl. Hajo Bernett, Der jüdische Sport im nationalsozialistischen Deutschland 1933-1938, Schorndorf 1978, S. 110-112.

12. August 1936

Freunde fahren nach Amerika! Wie gerne ginge ich mit, aber ich kann drüben nicht mehr in den Arztberuf, das hält mich hier mit so eisernem Griff trotz aller Seelenpein. Dieser ewige Konflikt, ja, wenn ich drüben auch nur ein wenig Hilfe hätte, daß ich wieder Ärztin werden könnte!

16. August 1936

Frau Z. war weinend in der Sprechstunde. Ihr Junge mußte mit dem Jungvolk eine Tour machen. Schmutzig, mit wunden Füßen, zerrissenen und zerschundenen Händen kam er zurück, sie hat ihn gereinigt, gebadet und verbunden. Nun hat sie heute der „Führer", ein etwa 18jähriger Junge kommen lassen und zur Rede gestellt, daß sie ihren Jungen verzärtele. Im Wiederholungsfalle wird er ihnen einfach weggenommen. „Wir brauchen Kämpfer, keine Muttersöhnchen". Und in welchem Ton er mit ihr gesprochen hat. Was sie nun tun soll, fragt sie mich unter Tränen. Ja, ein feines Geschlecht wird herangebildet. Die deutsche Jugend wird ein Heer von Verbrechern und Sadisten!

16. (?) August 1936

X. X. in der Sprechstunde. Sie ist völlig verzweifelt, es ist „etwas passiert". Ihr Bräutigam war schon mit ihr bei einem Naziarzt, einem Bundesbruder. Aus Freundschaft wollte er es für sie „ganz besonders billig machen, sonst nimmt er das Doppelte" – 300 Mark, und die hat sie nicht, und ich soll doch helfen, ich habe sie ja auch früher umsonst behandelt, wenn sie krank war und kein Geld hatte. Ich habe sie nur angesehen, auf den Knien hat sie vor mir gelegen. „Ich weiß ja, daß Sie so etwas nicht machen, aber was soll ich tun?" Der feine Bräutigam will sie im Stich lassen und sie, sie ist Pastorentochter. Der Vater würde sie für immer verbannen, ist sie doch wegen der Stiefmutter einst aus dem Haus gelaufen, und es hat mich Mühe genug gekostet, daß sie damals wieder aufgenommen wurde. Ich telefoniere mit dem Bräutigam. Ich spreche mit ihm. Er verspricht mir, korrekt zu sein, seine Pflicht als Ehrenmann zu erfüllen, im Urlaub in 4 Wochen werden sie heiraten.

Aber diese Naziärzte, sie machen es und pressen den armen Mädels das letzte Geld aus der Tasche. Ich höre Namen und Adressen in meiner Sprechstunde nennen. Es interessiert mich nicht, aber wenn früher ein jüdischer Arzt aus Mitleid für wenige Mark einem armen Ding geholfen hat, dann haben sie ihn eingesperrt, ihm die Praxis entzogen und anderes mehr.

10. Oktober 1936

Frau X. hat ihr Kind im K-Krankenhaus bekommen statt bei mir in meiner Klinik – aber sie haben wenigstens erlaubt, daß ich hinkomme und bei ihr bin, da sie so sehr an mir hängt, und ich ihr versprochen hatte, bei ihr zu sein. So ist es nun: Ich darf daneben stehen. Ich bekomme kein Honorar mehr, die Patienten keine Entschädigung mehr von den Privatkassen, wenn sie sich von mir behandeln lassen.

Und die Praxis ist trotzdem noch gut, das ist ja unser Unglück, darum kommen wir nicht hinaus, darum hilft uns keiner. „Wenn man so verdient, geht man nicht“, damit werden wir abgespeist, wenn wir bitten, helft uns hinaus. Immer nur auf das Geld sehen sie, nicht auf die persönliche Unfreiheit, die Gefahr, bis es zu spät sein wird. Seit die fremden Gäste wieder fort sind, die Olympiade vorüber ist, treiben sie es noch toller. Es ekelt mich schon, das alles zu schreiben und doch, ich muß irgendwie abreagieren, sonst ersticke ich an all dem, was ich sehe und höre.

13. Oktober 1936

13 Jahre verheiratet! 13 rote Rosen auf meinem Schreibtisch. Ich habe heute abend Gäste, ich muß einmal wieder einen Festestisch sehen, wenigstens daheim für ein paar Stunden so tun wie einst! Heute früh haben wir viel operiert. Plötzlich sagte der Geheimrat: „Doktorin, warum gehen Sie eigentlich nicht, Sie sind doch

viel zu schade für hier. Ich bin ein alter Mann und muß durchhalten." Guter Geheimrat – wenn mir nur einer helfen würde, ich ginge gleich. Schwester Alma hat sich geweigert, eine jüdische Dame zu pflegen, und die Oberin hat keine Macht, sie zu entlassen. Feine Zustände sind das. XY. auf der Straße begegnet, blaß, elend schlich sie dahin. Sie hat sich also doch helfen lassen von einem andern Nazidoktor, der es für 200 Mark gemacht hat, aber sie kann sich nicht mehr erholen. Blaß, müde sagt sie zu mir, „ich habe genug von dem Nazischwindel. Ich bin einst aus Idealismus in die Partei, aber, ich habe genug und ich bin nicht die einzige."

10. November 1936

Abschiedseinladung für Dr. S. Sie gehen nach Amerika. Die Stimmung war so gedämpft, neue Greuelnachrichten sind erzählt worden. Angst vor dem Telefon haben sie gehabt, Angst, wenn das Dienstmädchen ins Zimmer kam, immer gucken sie sich scheu um, wenn sie reden, gerade wie in der Elektrischen, in der Untergrundbahn, ich beobachte immerzu, wenn ich auf Praxis fahre. Auf die Straße gehe ich nur, wenn ich unbedingt muß, es widert mich alles an. In manchen Geschäften geben sie den Juden überhaupt nichts. Ich habe immer Angst, ob sie in Süddeutschland genug zu essen bekommen.

17. November 1936

Frau W. in der Sprechstunde. Eigentlich ist sie Kassenpatientin. Sie ist auf den Arm gefallen. Ich sehe es sofort: ein Bruch. Sie muß geröntgt, gegipst, krank geschrieben werden. Ich erkläre es ihr, und daß sie ins nahe Krankenhaus gehen soll. „Das hätte ich von Frau Doktor nicht gedacht, daß sie mich dahin schickt, wo doch jetzt alle dort sterben, seit die neuen Doktors da sind". Wörtlich so. Ja, es ist bekannt, die Nazi-Jungärzte haben kein Interesse, keine Zeit für ihre Patienten. Dienst, Übung etc. sind viel, viel wichtiger. Die Medizin in Deutschland ist heruntergekommen, die medizinische Gesellschaft ist öde, leer. Die Forschung hat fast aufgehört. Die Praktiker sind überlastet. Zeit für Fortbildung und Vorträge bleibt nicht – wozu auch? Die Kassen haben neue Verordnungen herausgegeben: es darf nur so und so viel verschrieben werden. Sparen ist die Hauptsache – Sparen an Medikament und Krankenhauskosten – lieber kann der Patient zu Grunde gehen. Menschenleben, besonders wenn sie älter sind, sind wertlos.

Ein Redner in einer Versammlung hat es kürzlich öffentlich ausgesprochen: alte Eltern ernähren, kostet den Staat nur Geld und Essen. In jeder deutschen Küche, auch bei uns hängt ein papierenes Schwein, darauf steht zu lesen, was es frißt, was in den Mülleimer wandern soll, was wieder zu verwenden ist – es ist zum Lachen! Auf dem Markt muß man früh um 7 Uhr sein, wenn man ein paar Eier oder Butter haben will, und dann gibt es Zank und Pöbeleien, aber – sagen darf man es nicht offiziell – da ist alles in Hülle und Fülle, ja z.B. im Hause Göring da fehlt es an nichts, da weiß man zu leben.[5]

30. November 1936

Alle Patienten klagen über den Versammlungszwang, den ewigen Dienst, die Spitzelei während des Dienstes – junge, halbwüchsige Burschen sind „Warte", und sie behandeln die älteren Angestellten, zumal die unverheirateten Frauen in unerhörtester Weise. „Zum Dank, daß wir im Krieg unsere Männer gaben, werden wir jetzt hinausgegrault und enorm besteuert", sagte mir eine Patientin. Lebenslang leidet sie unter ihrer unerfüllten Frauen- und Muttersehnsucht, dafür muß sie jetzt „Junggesellensteuer" zahlen, ebenso die kinderlosen Ehepaare.[6]

[5] Die Wirtschaftspolitik des NS-Regimes, die seit Herbst 1936 unverhüllt alles der Aufrüstung unterordnete, führte zu Preissteigerungen, mit der die Löhne nicht Schritt halten konnten, und zu Engpässen und Versorgungskrisen im Konsumbereich. Mit der Parole „Kanonen statt Butter" sollte der Unmut der Bevölkerung auf vermeintlich höhere Ziele umgelenkt werden.

[6] Eine Ledigensteuer gab es als Bestandteil der nationalsozialistischen Familien- und Bevölkerungspolitik seit 1933, sie war die Kehrseite der Ehestandsdarle-

12. Dezember 1936

Eine elegante unbekannte Patientin, Grete Miller, nannte sie sich, kam gegen Abend. Einen großen Geldschein legt sie auf den Schreibtisch. „Frau Doktor, helfen Sie mir, mehr brauche ich wohl nicht zu sagen". Ich habe den Schein zusammengefaltet und ihn ihr wieder hingeschoben mit den Worten: „Bitte, mehr brauche ich wohl auch nicht zu sagen". Sie versucht zu betteln, zu weinen – ich bleibe ruhig und sachlich. „Verdammtes Judenschwein", sagt sie zu mir, „warten Sie, Ihnen werde ich etwas eintränken". Ich habe noch die Geistesgegenwart, ihr nachzurufen: „Was, daß Sie mir eine strafbare Handlung zumuten wollten?" Aber mir ist unheimlich – wer war die fremde Frau, wieso kam sie zu mir? Was wird sie mir gar eintränken? Immer Sorgen und Gefahren! Und die draußen wollen es nicht glauben!

Weihnachten 1936

So viel Aufmerksamkeit noch immer, so viel Geschenke und Blumen! Und ich habe verlernt, mich richtig zu freuen. Wir sind morgens mit dem Auto ein wenig hinausgefahren in den Grunewald! Aber das alles ist mir fremd geworden – es ist nicht mehr meins!

29. Dezember 1936

Großer Abendtee. 50 arme, jüdische Akademikerinnen und Künstlerinnen – Frauen, die nicht einmal mehr das Geld für eine Tasse Kaffee übrig haben, habe ich eingeladen. Sie sollten einmal wieder eine Atmosphäre der Wärme und des Lichts um sich haben. Sie waren so froh und dankbar – und wie gut sie sich unterhalten und debattiert haben: über Goethe und Pestalozzi, über

hen. „Strafsteuersätze" für Ehepaare, die länger als fünf Jahre kinderlos geblieben waren, wurden ab Februar 1938 erhoben. Vgl. Frank Grube/Gerhard Richter, Alltag im Dritten Reich. So lebten die Deutschen 1933-1945, Hamburg 1982.

Kant und Darwin, Rembrandt und Dürer, über Mathematik, Medizin und Philosophie. Nur nicht über das Heute. Wie glücklich sie schienen, einmal für ein paar Stunden vergessen zu dürfen – und all diese Frauen hat man mitten aus lebendiger und fruchtbringender Arbeit gerissen. Ich möchte nur wissen, ob das Niveau einer Versammlung der Nazi-Frauenschaft auch so geistvoll und doch so schlicht ist!

1937

4. Januar 1937

Das neue Jahr hat genauso angefangen wie das alte aufgehört hat. Man lebt eben den Augenblick, solang man noch lebt. Ich habe Angst zu schreiben, sie schnüffeln ja alles aus. Neulich haben sie ein Tagebuch gefunden, in das eine Patientin auch ihre Besuche bei ihrem jüdischen Arzt eingeschrieben hat. Daraufhin haben sie den Kollegen aus dem Bett geholt, nach dem Alex[1] gebracht. Er wußte nicht, warum und weshalb. „Versuchte Rassenschande", das kann man nicht so schnell nachweisen, und da werden unschuldige arme Männer einfach eingesperrt und ruiniert.[2]

Und überall Spione und Spitzel, selbst die Kinder bespitzeln ihre Eltern und berichten es in ihren Schulen den „Führern". Mit dem Eintopfsonntag[3] machen sie die lächerlichsten Geschichten. Eine Mutter wurde zum Direktor zitiert, weil eine Schülerin sich den Scherz erlaubt hatte zu schreiben, daß sie Schlagsahne und andere verbotene Gerichte gegessen habe. „Wer die Sahne geliefert habe?" wollte der Direktor wissen. Es kostete die Dame ihre ganze Redekunst, den Schulmann zu überzeugen, daß das Kind nur seine Phantasie hatte walten lassen, aber zur Buße wurde die Frau verurteilt, für die Schule die Adventskerzen zu stiften, was ihr bei dem kleinen Beamtengehalt ihres Mannes bestimmt nicht leicht gefallen ist, aber sie muß ja froh sein, einer hochnotpeinlichen Untersuchung durch die Partei entgangen zu sein!

1 Am Alexanderplatz befand sich das Berliner Polizeipräsidium.

2 Vgl. Anm. 11/1935.

3 Die „Eintopfsonntage" gehörten zu den Sammelaktionen der NSV im Rahmen des alljährlichen „Winterhilfswerks" (WHW): Die gesamte Bevölkerung war an bestimmten Sonntagen aufgerufen, nur Eintopfgerichte zu essen und das Ersparte für Bedürftige zu spenden. Eintopfessen wurden auch öffentlich auf Straßen und Plätzen zugunsten des WHW veranstaltet.

10. Januar 1937

Des Jungen Geburtstag. Diesmal lade ich die jüdischen und arischen Freunde getrennt ein! Der Junge hat es selber vorgeschlagen.

14. März 1937

Die Butter schmeckt nach Tran, Eier gibt es kaum, meine Schlächtersfrau muß schließen, weil sie nicht mehr geliefert bekommt, aber Frau Oberstleutnant X. erzählte mir heute ganz offen, daß alles eben für den Kriegsfall gespart und vorbereitet wird – trotzdem die alten Offiziere nichts davon wissen wollen!

Ostern 1937

Wieder im Elternhaus. Es war furchtbar in der kleinen Stadt, ein richtiges Spießrutenlaufen. Ins Geschäft trauen sich die arischen Käufer nicht mehr, sie benutzen abends den Privateingang. Vater zeigt auf die eingeschlagenen Kellerfenster, den demolierten Gartenzaun: „Ich lasse es nicht reparieren," sagt er. „Sie sollen es sehen, so oft sie vorbeigehen und sich schämen." Die und sich schämen! Die Eltern grämen sich furchtbar, aber sie zeigen es nicht, wir auch nicht.

Im Zug nach Nürnberg war auf der Rückreise ein Nazi im Abteil. Ich habe von ihm und seinem Parteiabzeichen keinerlei Notiz genommen. Plötzlich spricht er mich an. „Wohin ich fahre?" „Sie sind doch keine Berlinerin, Sie sind doch eine von uns", damit meint er aus der Schwabenheimat. Ich sage: „Sie nennen mich ‚eine von uns' und doch ich gehöre nicht zu Ihnen, trotzdem meine Familie schon über 200 Jahre hier ansässig ist. Ihr Führer möchte mich ja am liebsten nach Palästina schicken." „Das hätte ich nicht gedacht", stammelt er immer wieder, „das hab ich noch nie bedacht" – kopfschüttelnd ist er in Treuchtlingen umgestiegen.

Und ich – ich fuhr nach Marienbad. Einmal wieder hinaus aus dem deutschen Land der Unfreiheit! Aber ich fühlte mich nicht wohl in dieser Atmosphäre trotz vieler bekannter Gesichter!

Man hatte mich gleich gewarnt: Viele Spitzel in Marienbad, in der Leihbibliothek sollte ich meinen Namen nicht angeben, falls ich in Deutschland verbotene Bücher lesen wollte etc.

In Marienbad ging der schöne Witz, daß ein Eingeborener gefragt wurde, ob er auch Nazi sei und zur Antwort gab: „Aber doch jetzt nicht während der Saison". Ein tschechischer Literat versuchte, sich an mich heranzumachen. Warum die Leute nur so schmutzig und unappetitlich sind? Er war angeblich ein großer Nazi-Hasser, aber auch das konnte mir keinerlei Sympathie für ihn geben.

Patienten aus Berlin. Baron X. mit Frau, gute Freunde von mir. Ich bat sie, auf der Promenade nicht mit mir zu sprechen, ihretwegen, der Gefahr heimlich geknipst und mit mir im Stürmer abgebildet zu werden, wollte ich sie nicht aussetzen.

Vaters Vetter aus Kalifornien war in Karlsbad. Ich habe ihn besucht und ernst mit ihm gesprochen. „Eßt doch Euer Geld in Deutschland auf, dann könnt Ihr immer noch hinüberkommen". Er ist wohl doch zu alt, zu krank, hat zu viel im Kopf, um zu erfassen, daß wir nicht unser Geld aufessen wollen oder können. Hinaus wollen wir, aber wer hilft uns?

5. Juni 1937

Mein Geburtstag und nur Aufregung und Ärger über Niedertracht und Gemeinheit. Eine Patientin von mir ist wegen Abtreibung denunziert worden. Die Kriminalpolizei fragt bei mir an, was los ist. Tatsache ist, daß ich zu der schwer blutenden Frau gerufen wurde. Da ich selber nicht eingreifen wollte, es nie getan habe, rief ich sofort einen in der Nähe wohnenden Frauenarzt, der sofort den Eingriff vornahm. Ich selber habe wegen der Lebensgefahr die Narkose gemacht. Ich habe mit dem Kollegen telefoniert, er ist auch schon vernommen worden. Er weiß, daß die Freundin anläßlich eines plötzlichen Zerwürfnisses die Frau angezeigt hat ... und nun wird man immer wieder in solchen Schmutz hineingezogen!

18. Juni 1937

Immer soll man Atteste schreiben für Milch und Butterzusatz, das ist doch kein Beruf mehr – aber die armen Leute haben es so nötig. Frau X. mit ihrer alten Tuberkulose zum Beispiel, und sie wollen es ihr nicht einmal bewilligen.

27. August 1937

Abends bei X.'s eingeladen, meine liebsten und besten Freunde. „Laßt uns gehen, hier ist es auf die Dauer hoffnungslos". Das ist das A und O unserer Gespräche, aber – wohin? wohin? Wir haben niemand, der uns hilft. Dr. X.'s sind aus Amerika zurück, sie haben niemand gefunden, der ihnen ein Affidavit gibt.[4]

4. (?) September 1937

Nach dem Parteitag sind sie immer ganz besonders von ihrer Heldenhaftigkeit überzeugt![5] Sie spielen sich auf, quälen die Leute und ängstigen sie – die Pfarrer der Bekenntniskirche sind im Augenblick wieder mal dran. In Dahlem, in der kleinen Kirche sollen sich tolle Szenen abspielen.[6] Wenn sie wenigstens die Menschen noch zu ihrem Herrgott stehen lassen wollten, wie es ihnen beliebt! In alles mischen sie sich ein – Liebe, Ehe, Geschäft, alles, alles. Jetzt wird den Ehepaaren auch noch vorgeschrieben, wie viele Kinder sie haben müssen – wie ordinär das ist, die heiligsten und

[4] Erst nach dem Novemberpogrom 1938 wurden die Einwanderungsbestimmungen der USA zugunsten der Juden aus Deutschland und Österreich verbessert: 15 000 Besuchsvisa von bereits eingereisten Flüchtlingen wurden verlängert und später in Einwanderervisa umgewandelt.

[5] Der „Parteitag der Arbeit" fand vom 6. bis 13. September 1937 statt.

[6] Die „Bekennende Kirche" war das Sammelbecken der oppositionellen evangelischen Christen, die die politische Gleichschaltung („Deutsche Christen"), die NS-Rassenideologie und das von der NSDAP propagierte Neuheidentum ablehnten. Exponent der Bekennenden Kirche war Pastor Martin Niemöller, der in Berlin-Dahlem wirkte. Wegen seiner Predigten und seiner Popularität wurde Niemöller am 1. Juli 1937 verhaftet.

intimsten Dinge zerren sie ans Licht und beschmutzen sie. Das ist der „Schutz für das Deutsche Volk" – und die eigene Moral? Herr Goebbels geht ja mit bestem Beispiel voran! Wie schade, daß er neulich nicht noch mehr Prügel bekam, als ein Eifersüchtiger sie ihm zu geben wagte![7]

6. September 1937

Eben rief mich die Frau des Kollegen X. an. „Mein Mann mußte plötzlich verreisen – komm doch schnell". Komisch – sonst hat er doch immer selber angerufen, wenn ich ihn vertreten mußte, so viel Zeit hätte er doch haben müssen, selbst wenn seine Mutter plötzlich erkrankte.

Abends. Ich habe doch das richtige Gefühl gehabt. Dr. X. ist nicht verreist, abgeholt haben sie ihn ganz plötzlich mitten in der Sprechstunde – alles haben sie durchsucht und mitgenommen, Kartothek, Krankengeschichten, alles. Die kleine Frau ist zerbrochen. Ich habe sie erst einmal zu Bett gebracht. Was ich den Patienten gesagt habe? Ich glaube, ich bin bei dem einen geblieben: er mußte plötzlich zur kranken Mutter. Ich war zum ersten Mal nicht ganz bei der Sache, seit ich praktiziere. Inzwischen habe ich gehört, daß sie heute wieder verschiedene Kollegen abgeholt haben, angeblich wegen Abtreibung. Soweit ich es übersehen kann, hat Dr. X. nie so etwas gemacht, ich habe ihn ja so oft vertreten, ich habe ihm Narkosen gemacht, nie hat er etwas Unerlaubtes getan, ich will es gern bezeugen. Aber plötzlich wird mir heiß und kalt, ich habe ihn vertreten, ich habe ihm assistiert, ich habe ihm Narkosen gemacht, und er ist in Untersuchungshaft! Und ich sehe plötzlich, in welcher Gefahr ich selber schwebe, aber Ruhe, Ruhe – ich habe mein gutes Gewissen, und die anderen. Mein

[7] Wegen seiner Affäre mit der tschechischen Schauspielerin Lida Baarova entstand das Gerücht, Goebbels sei von dem Filmschauspieler Gustav Fröhlich, mit dem die Baarova zuvor liiert war, geohrfeigt worden. Die Romanze zwischen Goebbels und „Liduschka" wurde 1938 von Hitler verboten. Die Ohrfeige des Nebenbuhlers Fröhlich gehörte ins Reich der Fabel, lebte aber lange weiter in dem geflügelten Wort, „man möchte auch einmal fröhlich sein".

Mann und seine [des Kollegen] Frau sollen erst gar nicht merken, daß auch meine Situation nicht ganz einfach ist, und daß ich unruhig bin! Aber ich zittere, sooft es klingelt, ich zittere, sooft das Telefon geht. Ich bin ein Soldat in der Schlacht, ich muß der Gefahr die Stirn bieten.

7. September 1937

Ich habe die ganze Nacht nicht geschlafen. Ich habe eine Operation abgesagt. Ich mußte ja früh nach des Kollegen Frau und seiner Praxis sehen. Da stand sie schon, als ich kam, ein Häuflein Elend – heimlich hat sie Kaffee gekocht, daß die Köchin es nicht merkt, heimlich hat sie Stullen geschmiert, und nun geht sie zum Gefängnis. Abends – sie hat ihn nicht sehen, nicht sprechen dürfen, nur das Essen und Geld durfte sie dalassen. Ich konferiere mit Anwälten. Sie haben noch nichts in Erfahrung gebracht. Ich bleibe bei der kleinen Frau, die sich ängstigt in ihrer großen Wohnung – und ich habe selber ein Grauen in mir.

12. September 1937

Wir wissen wenigstens, was los ist. Ein wegen Diebstahl entlassenes Dienstmädchen hat ihn angezeigt. Nun wird er hoffentlich bald frei kommen. Die Herren Richter haben so viel Zeit, besonders, wenn es sich um arme Juden handelt.

18. September 1937

Dr. X. ist zurück – aber wie! Grau und elend – seine Frau ist reif für ein Nervensanatorium und ich – ich hätte auch nicht mehr lange durchgehalten. Essen und schlafen tue ich ohnehin nicht mehr, immer hat man Angst vor der nächsten Stunde.

20. Oktober 1937

Wir waren in Italien. Der Faschismus ist doch etwas anderes als der Nationalsozialismus. Ich liebe zwar die Diktatoren überhaupt nicht – aber unser altes Europa ist wohl für die richtige Freiheit und Menschlichkeit noch nicht oder nicht mehr reif. In Lugano habe ich auf der Rückreise gesagt, nun geht es wieder ins Gefängnis – und so fühle ich es auch hier. Unfrei und gefahrvoll – die Menschen sind scheu, verbittert, verängstigt. Und Herr Goebbels soll ein Fest gegeben und die ganze Pfaueninsel verwüstet haben[8], und der Besuch Mussolinis soll Unsummen verschlungen haben[9], und das Volk hat nicht richtig zu essen, und die armen Juden wissen nicht, wo sie hinsollen. Warum kommt nicht ein Erdbeben und holt uns alle weg? Das wäre eine Erlösung!

18. November 1937

Ich habe einen Vortrag gehalten über Frauenhygiene. Nur meinen Frauen vom jüdischen Frauenbund zulieb, mir selber hat es keinen Spaß gemacht: Erst das Manuskript der Gestapo einreichen, dann in Gegenwart eines Beamten den Vortrag ablesen! Wie lächerlich, wie deprimierend. Ich war so gewöhnt, stets frei zu sprechen – aber da hätte ich ja vielleicht irgend etwas gegen die Regierung sagen können! Es ist ebenso dumm wie lächerlich, was

[8] Das berühmte Fest auf der Pfaueninsel hatte Goebbels im Namen der Reichsregierung im Jahr zuvor für die Ehrengäste der Olympischen Spiele veranstaltet. Die Verwüstungen, die anläßlich der Darbietungen durch Bewirtung und durch Tanz auf dem Rasen vor dem Schloß angerichtet wurden, waren zweifellos beträchtlich, aber sie hatten Tradition. Seit Friedrich Wilhelm II. hatten die Hohenzollern Gästen zu Ehren an diesem Platz Prunk entfaltet, und den wollte Goebbels übertreffen, u.a. durch eine für das Sommerfest errichtete Schiffsbrücke, die von Spalier stehenden Pionieren mit präsentiertem Ruder zum Empfang der 1000 Gäste flankiert war. Vgl. Werner Stephan, Joseph Goebbels. Dämon einer Diktatur, Stuttgart 1949, S. 85f.

[9] Der Besuch Mussolinis im September 1937 in München und Berlin war einer der Höhepunkte nationalsozialistischen Pomps, von Goebbels als „politisch-militärische Ausstattungsrevue" (Helmut Heiber) zu damals phantastischen Kosten von 1485268 RM inszeniert. Vgl. Helmut Heiber, Joseph Goebbels, Berlin 1962, S. 220f.

sie einem zumuten, nur um zu schikanieren und zu kränken. Und um 10 Uhr pünktlich mußte Schluß sein.[10]

Aber der Frauenbund ist noch die einzige Möglichkeit, uns zu treffen. Alles andere ist untersagt.

Weihnachten 1937

Kein Baum, kein Lichterglanz in unserem Hause! Ich habe meiner alten Köchin ein Bäumchen in ihr Zimmer gestellt, sie mag sich daran freuen. Wir sitzen im engsten Freundeskreis zusammen, er ist kleiner geworden im letzten Jahr. Wir haben alle keine Weihnachtsfreude mehr.

Ich selber war heute früh bei einer jungen Frau, die sich die Pulsadern aufschneiden wollte. Der Versuch ist noch gut abgegangen, aber ich weiß, warum sie es tun wollte. Das alles kommt auf das Konto eines einzigen Mannes. Hitler – Du Massenmörder!

Ich schaue nach meinen Weihnachtsblumen und denke an die, die nicht mehr kommen.

Meine Freunde zanken mit mir, daß ich so den Kopf hängen lasse – „wenn man noch solch gute Praxis hat." Sprechen wir denn so verschiedene Sprachen? Eines Tages wird auch die gute Praxis weg sein und dann?

Heute nachmittag machte mir ein alter Patient einen Weihnachtsbesuch. Er legte gleich ein Sofakissen aufs Telefon: „In der Bank machen wir es auch, wenn wir alten Beamten mal ein offenes Wort zuzuflüstern wagen, sie hören alles ab und natürlich bei Juden besonders." Ich will es nicht glauben.

[10] Der jüdische Frauenbund, 1904 zu sozialer, religiöser und kultureller Arbeit gegründet, hatte 1935 in 450 Vereinen 50000 Mitglieder. Die Überwachung des jüdischen kulturellen Lebens oblag dem preußischen Staatskommissar bzw. ab Mai 1935 „Reichskulturwalter" Hinkel in der Reichskulturkammer („Sonderreferat betr. Überwachung der geistig und kulturell tätigen Juden im deutschen Reichsgebiet"), der mit Hilfe der Gestapo die jüdischen Organisationen und deren Veranstaltungen kontrollierte.

28. Dezember 1937

Wir haben ein paar Freunde eingeladen, nicht mehr als 10 Personen, sonst sieht es ja nach Zusammenkunft, nach geheimer Verschwörung aus – das darf man nicht! Es gibt fast nur noch Verbote in diesem Lande.

Silvester 1937

Wir sind zu unseren Freunden mit dem Jungen gegangen. Wir ahnen alle, daß es vielleicht das letzte gemeinsame Silvester sein wird, aber wir sprechen es heute nicht aus. Wir lassen die Kinder Blei gießen und bunte Papierschlangen werfen, und als es 12 Uhr schlägt, stehen wir in schneidender Winterkälte auf dem Balkon. Die Glocken der Kirche läuten das neue Jahr ein, es ist still auf der Straße, bald gehen wir mit dem Jungen nach Hause, über den nahen Kurfürstendamm. Wie still und öde ist Berlin in dieser ersten Stunde des schon neuen Jahres. Wie ausgebrannt und ausgedörrt – wo ist alle harmlose Fröhlichkeit der Straße wie früher an dieser Wende eines Jahres? Ich habe alle Lichter im Haus angesteckt, ich will noch einmal Licht in meinen Räumen haben, Licht vor der Finsternis.

3. Januar 1938

Abschied von Dr. Y. Er geht ganz plötzlich, ein Patient holt ihn heraus, nachdem er gesehen hat, was ihm eine lange Haft angetan hat. Warum er so lange festsaß, das weiß niemand. Wohl, damit die Familie ihn loskaufte, die Nazis brauchen nämlich Geld!

4. Januar 1938

Briefe von Freunden: „Bleibt, wo Ihr seid – hier draußen ist es auch nicht einfach". Ich glaube es wohl, aber sie sind zu lang weg, um zu ermessen, wie unerträglich es hier geworden ist. Ich gehe überhaupt nicht mehr aus dem Hause, wenn ich nicht ärztlich gerufen werde. Jetzt im Winter gibt es wenigstens keine gelben Bänke, aber nun wollen sie den Juden auch bestimmte Parks und Straßen verbieten – selbst auf der Eisenbahn soll es bald „Judenabteile" geben.[1]

Nicht nur in den Krankenhäusern, wo sie die jüdischen Patienten extra legen. Die jüdischen Organisationen haben fast völlig aufgehört. Nur der Kulturbund hat noch sein klägliches Dasein. Warum sie ihn noch nicht aufgelöst haben? Aus Prestigegründen, heißt es.[2]

[1] Seit Ende Dezember 1938 war es Juden verboten, Speise- und Schlafwagen der Eisenbahn zu benutzen, besondere Judenabteile sollten, wie es in der gleichen Anordnung Görings hieß, aber nicht eingerichtet werden. (Es hätte sich nämlich der unerwünschte Zustand ergeben können, daß in einem Zug überfüllte „Arier"-Abteile mit schwach besetzten und daher größere Bequemlichkeit bietenden Juden-Abteilen kontrastierten).

[2] Die jüdischen Organisationen hatten sich im September 1933 zur „Reichsvertretung der deutschen Juden" unter dem Vorsitz Leo Baecks zusammengeschlossen. Wegen der Nürnberger Gesetze wurde sie 1935 umbenannt in „Reichsvertretung der Juden in Deutschland" zur Zwangsvereinigung unter Kontrolle der Gestapo. Unter dem Dach der Reichvertretung war der im Mai 1933 gegründete „jüdische Kulturbund" mit etwa 70000 Mitgliedern besonders aktiv. Er veranstaltete für Juden Konzerte, Theateraufführungen, Lesungen, Kunstausstellungen und bot dadurch auch den jüdischen Künstlern

In der Praxis ist viel zu tun – aber es ist eine Qual. Nach jeder Sprechstunde breche ich selbst zusammen, ich muß zu viel anhören, und ich kann es nicht mehr. Die Verzweiflung derer, die auswandern möchten und nicht können, wird immer größer. Die Mütter, die sich nach ihren Kindern sehnen, sie haben zum Teil keine Pässe oder kein Geld dazu. Die zunehmende Verarmung, die Arbeitslosigkeit der jüdischen Leute – das alles macht mich so verzweifelt, und dabei erschweren sie die Auswanderungsbedingungen. Weil sie selber kein Geld mehr haben, sollen die Juden ihre Spargroschen hier lassen – eine feine Moral.[3]

Beschäftigung. Im Kulturbund erlebten deutsch-jüdische Kunst und Kultur eine letzte Blüte von höchst bemerkenswertem Ausmaß. Vgl. z.B. Herbert Freeden, Jüdisches Theater in Nazideutschland, Tübingen 1964.

[3] Das eigentliche Hemmnis der Auswanderung bildete die restriktive Haltung der meisten Einwanderungsländer, vor allem der USA. Die Möglichkeit der Siedlung in Palästina stand vornehmlich jüngeren Leuten offen, außerdem scheuten aber die Angehörigen des assimilierten jüdischen Bürgertums den Neubeginn im Nahen Osten unter Bedingungen, auf die sie keineswegs vorbereitet waren. Abschreckend war aber auch, und darin lag der Widersinn der nationalsozialistischen Judenpolitik vor 1938, daß mit Hilfe der Devisengesetzgebung des Deutschen Reiches auswanderungswillige Juden ausgeplündert wurden. Zwischen 1937 und Mitte 1938 förderte der Staat die Auswanderung vermögender Juden, die einen gewissen Teil ihres Geldes transferieren durften, während der Rest in einen Fond einbezahlt wurde, aus dem die Auswanderungskosten vermögensloser Juden bestritten wurde. Auf ähnliche Weise hatte auch das Haavarah-Abkommen zwischen dem Reichswirtschaftsministerium und zionistischen Organisationen funktioniert: Deutsch-jüdische Auswanderer zahlten ihr Vermögen bar der „Palästina-Treuhandgesellschaft zur Beratung deutscher Juden GmbH" (Paltreu) ein. Aus diesem Fond wurden deutsche Exporte nach Palästina finanziert, deren Verkauf in Palästina die Haavarah organisierte. Ein Teil des Erlöses floß an die Einwanderer, die so einen Teil ihres Vermögens retten konnten. Ein anderer Teil wurde nach einem internen Abkommen zwischen Paltreu und Haavarah dazu verwendet, mittellosen Juden die Einwanderung zu ermöglichen, und zwar nach der Faustregel: Ein reicher Auswanderer nimmt zwei arme mit. Das Haavarah-Abkommen wurde durch die Ereignisse des Herbst 1938 gegenstandslos. 1937 waren etwa 140000 Juden aus Deutschland ausgewandert, eine eher geringe Zahl angesichts der rund 870000 „Nichtarier" (einschließlich der „Mischlinge"), die 1933 im Deutschen Reich gezählt wurden. Insgesamt konnten mit Hilfe jüdischer Organisationen 278000 Juden aus Deutschland emigrieren.

7. Januar 1938

Gestern wurde mein lieber verehrter Geheimrat 70 Jahre alt. Wir waren zum großen Abendbrot da. Einmal wieder ein bißchen, wie in alter Zeit, nur seine nächsten Angehörigen und die Assistenten, das letzte Häuflein Getreuer, habe ich mir gedacht – sogar ein paar „Arier“ haben sich hergewagt.

Pfarrer K. habe ich auch gesprochen, er ist ein Freund Niemöllers. Noch immer ist er im Konzentrationslager. Ich weiß, daß K., so oft er die Kanzel betritt, ein Stück Brot in der Tasche hat – eine Wegzehrung, falls sie ihn von der Kanzel herunterholen sollten und einsperren. Auf den Alex haben sie ihn schon ein paar Mal zitiert, nur weil er predigt, kämpft für Wahrheit und Licht.

28. Januar 1938

Ich habe es wieder gewagt, ich habe meine armen Akademikerinnen wieder eingeladen, trotzdem es meinem Mann nicht recht war, meine Freunde mich warnten und mir Angst machten, daß ich eingesperrt werde. 56 Frauen in meiner Wohnung! Die Gardinen habe ich allerdings extra dicht verhangen und den Radio besonders laut angestellt, damit das Stimmengewirr nicht im Hause gehört wurde. Die Damen mußten auch unauffällig und in Abständen kommen und gehen, aber es hat niemand etwas gemerkt, kein Polizist, keine Gestapo, und ich habe wieder einmal arme Menschen für ein paar Stunden froh gemacht. Abends habe ich noch das ganze Geschirr abgewaschen und weggeräumt. Zwei Damen haben mir geholfen, so hat meine Köchin keinen Grund zu brummen, und sie würde sich eher die Zunge abbeißen, als etwas erzählen!

6. Februar 1938

Nun mußten auch wir den Paß abliefern. „Juden dürfen keinen Paß mehr haben.“[4] Man hat wohl Angst, wir könnten über die Grenze gehen! Aber – das will man doch! Merkwürdige Logik. Jedenfalls weiß ich, nun sind wir erst recht gefangen, nun kann man erst recht mit uns machen, was man will – und gerade zum Frühjahr wollten so viele Eltern ihre Kinder besuchen in Palästina. Diese Jugendtransporte fort und fort – sie sind nicht mitanzusehen. Die jungen Menschen sind so tapfer, sie gaben sich solche Mühe umzuschichten, umzulernen, Handwerker zu werden, was ihnen vor 100 Jahren in Deutschland verboten war – Handwerk zu lernen, und weshalb sie sich auf Wechsel und Geldgeschäfte warfen und damit Geld verdienten, was man ihnen heute zum Vorwurf macht. Heute müssen sie Handwerk lernen, die zum Teil nur auf geistige Berufe trainiert sind. Und verschiedene wollen sie schon nicht mehr auswandern lassen. Techniker, Ingenieure – alles, was sie im Kriegsfalle brauchen, welch ein Widerspruch![5]

13. März 1938

Eine meiner getreuesten Schwestern aus der alten Klinik war da, sie kam vom Urlaub aus Österreich. Sie schilderte die Stimmung

[4] Ein Erlaß Himmlers als „Reichsführer SS und Chef der Deutschen Polizei“, vom 16. November 1937 verbot die Ausstellung von Reisepässen für Juden für das Ausland. Lediglich zur Auswanderung in bestimmten Sonderfällen gab es noch Pässe. Langfristige Reisedokumente wurden eingezogen.

[5] Die jüdische Jugendbewegung, traditionell und schon vor 1933 die zionistischen Bünde und Gruppen, dann auch die übrigen, waren Träger der Hachschara („Tauglichmachung“), der organisierten Vorbereitung auf das Arbeitsleben in Palästina. Die landwirtschaftlichen Kurse fanden in Auswandererlehrgütern statt, die zum Teil eine lange zionistische Tradition hatten (jüdische Gartenbauschule Ahlem bei Hannover, seit 1893), zum Teil erst nach den Nürnberger Gesetzen gegründet wurden wie das (nichtzionistische) Auswandererlehrgut Groß-Breesen in Schlesien. Vgl. Werner T. Angress, Generation zwischen Furcht und Hoffnung. Jüdische Jugend im Dritten Reich, Hamburg 1985.

drüben, „die sind noch nicht Nazi!". Da kommt mein Mann nach Hause. „Was, Ihr hört nicht Radio?" Und ich schalte ein: „Österreich hat sich angeschlossen".[6] Auch das – Schwester G. weint – sie hat ihr Herz drüben verloren, nun wird auch der Nazi werden müssen und das kann sie nicht – sie, die erst kürzlich nach wenigen Tagen aus einer Stellung gelaufen ist, wo sie hätte in die Partei eintreten müssen.

24. April 1938

Wir waren in Süddeutschland, in meiner kleinen Heimatstadt. Viele jüdische Geschäfte sind verkauft, die Inhaber ausgewandert, die Häuser der Katholiken sind mit unflätigen Worten beschmiert, die Straßen besudelt, die Leute wagen nicht mehr zu grüßen. Vater sagt, er will die Firma nicht verkaufen. Der Name – er soll mit uns untergehen. Der alte Mann hat recht – was durch Generationen in Ehren und Ansehen bestanden hat, die Nazis sollen es nicht in ihre beschmutzten Hände nehmen dürfen.

Während meiner Reise habe ich eine Patientin zu einem prominenten Professor gehen heißen. Sie war ein sogenannter „interessanter Fall". Bei einer ungeschickten Bewegung im Bett hat sie sich ein Stück eines Wirbels abgebrochen. Ich habe sie behandelt – aber – das Urteil des Großen war mir von Wert und ein Konsilium mit mir, das konnte ich ihm nicht zumuten! „Gehen Sie einfach hin und sagen Sie, ich sei verreist", habe ich der Patientin geraten. Und nun erzählt sie mir, der Professor habe gesagt: „Grüßen Sie Ihre Frau Doktor von mir und sagen Sie ihr, ich kann auch nichts anderes für Sie tun. Sie sind bei Ihr in besten Händen. Aber wenn Sie es erlaubt, kommen Sie in 4 Wochen noch einmal zu mir. Ihr Fall interessiert mich, ich habe einen solchen sonst nur ein einziges Mal gesehen, und das war nach einem Boxkampf bei einem

[6] Der bejubelte Einmarsch deutscher Truppen in Österreich war nach dem Ultimatum und dem erzwungenen Rücktritt des österreichischen Kanzlers Kurt Schuschnigg vom 11. März am 12. März erfolgt. Am 13. März 1938 wurde bereits das „Gesetz über den Anschluß Österreichs an das Deutsche Reich" erlassen.

Boxer"! Ein deutscher Universitätsprofessor hat noch den Mut, mich grüßen zu lassen!

21. Mai 1938

Trauung von G. von X. Ich war dort, ich mußte hingehen. „Ohne Sie heirate ich nicht", hat sie mir gestern noch einmal gesagt. Wie feierlich das war in der alten Dorfkirche in Dahlem. Niemöllers Kirche. Pfarrer J. hat die Trauung vollzogen, wie stark und rein dieses tiefe echte Christentum doch ist. Schon lange habe ich es nicht mehr so empfunden. Die kleine Braut, sie wird es nicht leicht haben. Seit vielen Jahren bin ich Ärztin in der Familie, Ärztin und Vertraute, aber wie lange darf ich es noch sein? Noch wenige Wochen und ich darf nur noch Juden behandeln![7]

Die arischen Patienten haben sie nur auf diese Weise von uns lösen können, sie verbieten, sie zu behandeln. Stück für Stück haben sie mit sadistischer Grausamkeit uns nun genommen, nun kommt bald das letzte.

16. Juni 1938

Sie haben wieder so viele Leute verhaftet. Wer einmal ein Vergehen begangen hat, wer nur einmal wegen eines Verstoßes gegen die Verkehrsregelung sich vergangen hat und bestraft wurde, um lumpige ein oder zwei Mark – wenn es ein Jude war – er wird eingesperrt, nach Buchenwald bei Weimar gebracht, in ein Lager, das Nazis bewachen.[8] Sie foltern und quälen die armen Menschen bis aufs Blut, mit Berufsverbrechern bringen sie sie zusammen, längst abgebüßte Haftstrafen müssen noch einmal abgesessen werden. „Das Zuchthaus ist ein Paradies dagegen", hat mir einer gesagt. Warum wird das erlaubt? Ich stöhne wie ein verwundetes Tier –

[7] Offenbar nahm die Tagebuchschreiberin an, nach dem Erlöschen der Approbation, die zum Herbst 1938 terminiert war, würde die Möglichkeit, jüdische Patienten zu behandeln, automatisch weiterbestehen. Vgl. Anm. 11.

[8] Das Konzentrationslager Buchenwald auf dem Ettersberg bei Weimar war am 15. Juli 1937 errichtet worden.

was mir alles erzählt wird. Tatsachen, Tatsachen, keine Greuelmärchen, ich weiß es.

Es ist so viel zu tun, die Patienten sind so nervös, so ungeduldig. Reisen können sie nicht, Juden dürfen ja in Bädern kaum noch baden, dürfen keinen Kurpark benützen, viele Orte nehmen keine Juden auf – viele jüdische Sanatorien sind aufgelöst. Nicht einmal für teures Geld finden die armen, gequälten Menschen ein paar Wochen Ruhe und Erholung. Berlin ist unerträglich. Wenn man etwas einkaufen will, darf man nicht einmal fragen, ob es auch gut waschbar ist. Ich war bei Grünfeld und habe für meinen Mann Garnituren gekauft.[9] Zu Hause finde ich einen Zettel im Paket, daß das Zeugs nicht gekocht werden soll (darf – müßte es heißen), sagen durfte es die Verkäuferin nicht. Im Warenhaus wollte ich ein paar Frottiertücher für meine Köchin als Geburtstagsgeschenk. „Wenn es nicht ganz dringend ist, warten sie lieber", sagte das Fräulein zu mir. Sie sieht sich dabei scheu nach allen Seiten um, ob es auch niemand hört. Sie bedient mich seit vielen Jahren und möchte mich wohl nicht betrügen mit dem, was hier zu haben ist! Die Stoffe sind miserabel, die Lebensmittel schlecht. Aber das Volk darf nichts sagen, überall sind Spitzel und Denunzianten. Der Weg ins Gefängnis ist nicht weit.

28. Juni 1938

Die arischen Patienten bezahlen einfach nicht mehr, alle Kollegen sagen das gleiche. „Wozu brauchen sie denn auch einen Juden noch zu bezahlen?" Mir ist es jetzt auch passiert, und ich habe noch nie jemanden zum Bezahlen gedrängt. Aber das geht mir doch zu weit – da schreibt mir ein Mann, „an dem interessanten Fall seiner Frau habe ich noch etwas *zugelernt*, und ich soll froh sein, daß sie zu mir kam". Außerdem sei er früher arbeitslos ge-

[9] Die Grünfeld-Warenhäuser und die im Besitz der gleichen Familie befindliche „Landeshuter Leinen- und Gebildweberei F.V. Grünfeld" waren ein bekannter Textil-Konzern, der Ende 1938 arisiert wurde, vgl. Fritz Vincenz Grünfeld, Das Leinenhaus Grünfeld, Erinnerungen und Dokumente, hrsg. von Stefi Jersch-Wenzel, Berlin 1967.

wesen und habe für Ärzte kein Geld. Mit „Heil Hitler". Ich habe aber geantwortet, Leuten, die kein Geld haben, stand und stehe ich stets unentgeltlich zur Verfügung. Da er und seine Verhältnisse mir aber völlig unbekannt, werde ich seine Angaben durch den dortigen Gruppenleiter der Partei nachprüfen lassen. Postwendend kam das Geld mit sehr herzlichen Grüßen! Ja, die Angst vor der Partei! Diesmal hat sie sogar einer jüdischen Ärztin zu ihrem Honorar verholfen.

30. Juni 1938

Ärztlicher Besuch bei Frau G. Wie soll das werden? Sie, die jüdische Mutter, darf ich ja weiter behandeln, aber die halbjüdischen Kinder, die ich seit der Stunde ihrer Geburt betreut habe? Schon an Pfingsten hatte ich solche Aufregung, als ich die Kleine wegen Diphtherie-Verdachts in ein Krankenhaus bringen mußte. Zwei volle Stunden habe ich herumtelefoniert, bis endlich in einem Krankenhaus sie mir sagten, „in Gottes Namen Ihnen zulieb Frau Doktor, bringen Sie die Patientin, aber bitte schicken Sie uns nicht wieder so ‚gemischtes Gemüse'." Ich weiß, es gab kürzlich schon Krach in einem Krankenhaus, weil eine Schwester sich weigerte, solch einen „Bastard" zu pflegen! Die armen Mischlinge – sie wissen nicht, wohin sie gehören – „Dienst" in der Hitlerjugend, im Heer müssen sie machen, aber sie werden nicht befördert. Sie werden nicht als „voll" angesehen, wie viele Ehen sind schon gelöst, zerrüttet – wie viele Kinder haben ihren Eltern schon Vorwürfe gemacht, daß sie ihnen den „Schimpf" angetan, nicht „reinrassig" zu sein, und dabei habe ich in meiner Praxis immer wieder beobachtet, wie gut geraten in körperlicher und seelischer Struktur die meisten dieser Mischlinge sind.[10]

[10] Sowohl die Definition, wer als „Mischling" galt, als auch die Behandlung der „Halb- und Vierteljuden" war uneinheitlich und entwickelte sich erst allmählich. Nach dem Erlaß der Nürnberger Gesetze wurden auch für diesen Personenkreis gesetzliche Regelungen getroffen. Unterschieden wurden schließlich „Geltungsjuden", die wie „Volljuden" behandelt wurden, „Mischlinge ersten Grades", die trotz ihrer Diskriminierung Vorrechte vor Juden hatten,

2. Juli 1938

Unsere Freunde X. wandern aus, sie haben alles fertig gemacht. Das Personal ist reichlich abgefunden worden, zumal der alte Diener, der schon beim Vater im Dienst stand, und der seit ein paar Jahren schon ein gutes Ruhegehalt von dem Sohn, den er vor mehr als 30 Jahren schon auf den Knien gewiegt hat, bekommt. Heute, einen Tag vor der Ausreise, erscheint er bei der jungen Frau: „Wenn Sie mir bis heute abend nicht noch 10000 Mark (zehntausend!) überwiesen haben, werde ich Sie wegen staatsfeindlicher Gesinnung anzeigen und dafür sorgen, daß Sie nicht ausreisen können." Zitternd erzählt es die Frau ihrem Mann, als er nach Hause kommt und sie wollen auf alle Fälle morgen reisen. Sie wissen, was ihnen passieren kann, wenn der getreue Diener seine Drohung wahrmacht. Schweigend schreibt der Mann, daß dem alten, treuen Diener noch ein besonderes Ruhegehalt von zehntausend Mark auszuzahlen ist! Solche Fälle ereignen sich jeden Tag, warum auch nicht? Der Staat geht ja mit gutem Beispiel voran!

Eine neue Methode, Geld, Devisen zu bekommen ist folgende: Sie verhaften jüdische Leute, die reiche Verwandte im Ausland haben. Wenn die Verwandten das Lösegeld in Devisen von draußen schicken, wird der Betreffende frei! Wenn er Glück hat! Pfui, wie mich das ekelt. Und sie finden immer noch, daß es mir gut geht in diesem Lande, weil ich noch zu essen habe und eine elegante Wohnung, in der ich keine Minute mehr mich sicher fühle, ohne Grund, nur weil ich lebe und etwas Vermögen besitze.

und Mischlinge zweiten Grades, die als drei Viertel „deutschblütig" galten. Den Letztgenannten war die Ehe untereinander und mit Juden verboten, sie unterlagen keinen Beschränkungen im Schulbesuch (der Besuch von Hochschulen wurde aber behindert), sie waren wehr- und arbeitsdienstpflichtig. Vgl. Hermann Graml, Mischlinge und Mischehen, in: Gutachten des Instituts für Zeitgeschichte, München 1958, S. 66ff.

13. Juli 1938

Meines Mannes Geburtstag. Ein schäbiger Geburtstagstisch, trotz seiner Fülle! Ich kann ja nichts dafür, daß das, was man hier kauft, schlechte Qualität ist, daß keine anständigen deutschen Bücher mehr geschrieben werden. Selbst der Kuchen schmeckt komisch, kein richtiges Mehl, keine richtige Butter. Unsere nächsten Freunde waren abends bei uns. Wir waren alle so traurig, wenn wir uns auch gegenseitig die Komödie der Geburtstagsfeier vorgespielt haben. Früher habe ich immer alle mitgerissen mit meiner angeborenen Heiterkeit! Heute bin ich so müde, innerlich müde von all dem Traurigen, was rings um mich geschieht, was mir täglich zugetragen wird. Die armen Menschen, die in den Lagern gequält werden, die armen Frauen, die sich um ihre Männer sorgen, die vielen Selbstmorde, die geschehen – alle diese Demütigungen, die man uns fortgesetzt antut, wie lange soll es denn noch so weitergehen?

Nicht einmal für kranke Menschen haben sie mehr ein Herz, selbst Krankenschwestern wird verboten, jüdische Patienten zu pflegen, in jüdische Häuser zu gehen – und die paar jüdischen Schwestern und Hauspflegerinnen reichen nicht aus. Warum schlagen sie uns nicht alle auf einmal tot, warum nur so stückweise?

Ich, einst Chefärztin einer großen Klinik, bei der zu arbeiten Schwestern baten und bettelten und sich als etwas Besonderes fühlten – ich muß heute betteln, daß eine Schwester meine Patienten pflegt ...

15. Juli 1938

Mechanisch habe ich in meinem alten Tagebuch geblättert – vor Müdigkeit habe ich lässig mit den Seiten meines Lebens gespielt, da haftet mein Blick auf meiner Eintragung vom 13. Juli 1923. Damals war ich glückliche Braut, damals habe ich meine Praxis, meine Klinik aufgebaut, damals haben meine Patientinnen den Namen „Sonnendoktorchen“ für mich geprägt, damals schrieb ich am späten Abend:

Herr, laß mich gut sein und glücklich machen,
Laß mich verwandeln stets Leid und Tränen in Lachen.
Laß der Menschen Sonnenschein
Mich doch alle Tage sein!
Daß ein Segen walte,
Wo ich geh und schalte ...!

Und heute? – Wohl bin ich vielen zum Segen geworden – und doch wollen sie mich nicht mehr – wenn ich nur wenigstens für Mann und Kind zum Segen bleiben kann ...

27. Juli 1938

Meine Geschwister sind hier zum Abschiednehmen und um ihre letzten Einkäufe für Amerika zu machen! Und ich renne mich in der Praxis kaputt in dieser Sommerhitze. Ich bin müde, urlaubsreif, aber wohin? Soll ich mich vielleicht auf eine der gelben Bänke setzen, die „Nur für Juden" bezeichnet sind, und die an den sonnigsten, lautesten Ecken am Rande des Parks stehen? Es ist alles so ekelhaft, so entwürdigend. Könnte ich nur mit meinen Geschwistern weg nach Amerika!

5. August 1938

Ich konnte nicht schreiben, ich bin noch immer wie gelähmt, der erste Silberfaden glänzt in meinem Haar, das hat der Kummer der letzten Tage gemacht.

Wir saßen bei Tisch mit unseren Gästen, da ein Telefonanruf. Ich gehe selbst an den Apparat. Kollege S., er frägt mich: „Haben Sie eben Radio gehört?" „Nein", sage ich, „was ist denn wieder los?" Der sonst so ruhige Kollege, er sagt mit zitternder, erregter Stimme: „Was Sie immer prophezeit haben, sie nehmen uns die Approbation, wir dürfen nicht mehr praktizieren – eben hat man's am Radio durchgesagt." „Am Radio durchgesagt." So müssen wir erfahren, daß man uns nimmt, was wir durch jahrelanges Studium erworben, was prominente Professoren, berühmte Universitäten uns zuerkannt haben ... Ich kann es nicht fassen ...

„Und ich muß es nun meinem Mann sagen." Das war das einzige, was ich in dem Augenblick denken konnte, wie ich ruhig an den Eßtisch zurückgehen, die Tafel aufheben und meinen Gästen sagen konnte, „es ist nichts Besonderes". Ich weiß es nicht, ich weiß nur, wie ich am Schreibtisch saß, die Hände verkrampft und meinem Mann sagte: „Es ist aus – aus – aus." Er holte dann eine Zeitung und wirklich, es stand schon drin. So haben wir jüdischen Ärzte unser Todesurteil erfahren. In der Klinik sind sie völlig verzweifelt. Die Oberin, die arischen Schwestern, die noch da sind, sie gehen mit uns, erklären sie – Was hilfts? Was würde geschehen, wenn ich mein Dienstmädchen auf diese Weise aus Beruf und Arbeit brächte? Jedes Arbeitsgericht würde mich einsperren lassen – aber uns, uns darf man mit einem Federstrich auslöschen aus dem Register der Ärzte.[11] Wer wird denn künftig die armen jüdischen Patienten behandeln? Sie dürfen eben wohl auch nicht mehr krank sein – manche Apotheken geben ja an Juden auch keine Medikamente mehr ab. Es muß an allem gespart werden, da fängt man an, den Juden den Brotkorb noch höher zu hängen, als den anderen Menschen in Deutschland.

Ich habe den Onkel, der zur Zeit in der Schweiz ist, noch einmal flehentlich um das Affidavit[12] gebeten. *Jetzt* wird er wohl einsehen, daß ich allen Grund dazu habe!

Täglich Ärger mit alten Patienten, weil ich die Behandlung ablehnen muß. „Mein Mann ist doch Jude, da können Sie doch zu mir auch kommen, ein arischer Arzt will ja gar nicht in unser Haus kommen." „Ich sage doch niemand, daß Sie mich behandeln." – Daß die Menschen nicht einsehen wollen, daß Gesetz eben Gesetz ist und daß ich nicht dagegen verstoße – keinesfalls –

11 Die 4. Verordnung (25.7.1938) zum Reichsbürgergesetz entzog jüdischen Ärzten die Approbation mit Wirkung ab 30. September 1938. Einer geringen Zahl jüdischer Ärzte, deren Bestallung erlosch, wurde vom Reichsinnenministerium widerruflich die Behandlung jüdischer Patienten weiterhin gestattet, sie führten statt Arzt die Bezeichnung „Krankenbehandler", allen übrigen war die Ausübung der Heilkunde verboten.

12 Das „affidavit of support" als Bürgschaft eines US-Bürgers war unerläßlich für die Einwanderung nach USA. Vgl. Anm. 8/1934.

es kommt ja auf ein paar mehr oder weniger, die mich nicht mehr mögen, nicht an!

18. September 1938

Einige Ärzte dürfen als „Judenbehandler" weiter praktizieren, auch mein Mann soll dieser „Ehre" teilhaftig werden! Ein Schild, „Nur zur Behandlung von Juden berechtigt", ein blaues Schild mit Davidstern und gelbem Fleck – nein, ich danke dafür. Die arischen Hauswirte kündigen schon jetzt den Ärzten[13], weil sie sich eine solche Verschandelung ihrer Häuser gar nicht gefallen lassen, weil die arischen Mieter ausziehen, weil viele erklären, sie wollen und dürfen mit Juden nicht mehr unter einem Dach wohnen. Wo sollen denn die armen Juden hin? Man spricht davon, daß ihnen bestimmte Straßen – natürlich im alten, verkommenen „Scheunenviertel"[14] – zugewiesen werden sollen. Ich mache das nicht mit, und wenn ich zigeunergleich im Wagen von Ort zu Ort ziehe – „wandernder Jude". In der Klinik beglückwünschen sie mich, daß mein Mann weiter praktizieren darf. Ich halte es für ein Unglück, nur im Interesse der armen jüdischen Patienten erscheint es mir noch gut. Die Leute brauchen Halt, Führung, Rat, und mein Mann, er ist so klug, so ruhig, so bedacht. Ich weiß gar nicht, wie er das alles aushält – ohne seinen Halt wäre ich längst begraben. Die letzten Sprechstundentage sind eine Qual.

Ich mache allmählich Schluß – die Patienten werden großenteils zu meinem Mann gehen – so werde ich sie noch hie und da sehen.

Meine Arbeit war mein Leben
Ihr habt sie mir ohn' Erbarmen genommen
Nun bin ich müd und zerbrochen
Was soll ich nun noch geben?

[13] Die 4. Verordnung zum Reichsbürgergesetz, die jüdischen Ärzten die Approbation entzog, erlaubte auch die (beiderseitige) Kündigung von Mietverträgen „bisheriger jüdischer Ärzte".

[14] Wohnquartier der Ostjuden, vgl. Anm. 9/1935.

Ihr habt mir das Herz aus dem Leib gerissen
Um nichts, um ein Phantom
Ihr werdet's wohl einmal büßen müssen –
Aber ich – was hab ich davon?

20. September 1938

Ein Kollege hat meinem Mann die Übernahme seiner Praxis angeboten. „Tu's nicht, tu's nicht – bereichere Dich nicht an seinem Unglück", habe ich meinen Mann gebeten und – er hat abgelehnt. Der Kollege hat den Kopf geschüttelt.

Mein armer Seifenlieferant hat sich heute verabschiedet – er darf ja auch nicht mehr handeln – wovon lebt er nun?

Und eine Patientin von früher, die mich heute besuchte, erzählte mir, wie Herr Ley[15] die Grube besichtigte. Nichts hat ihn interessiert, als das gute Frühstück und die geeigneten Plätze, an denen er photographiert werden konnte für die Presse.

10. Oktober 1938

Zurück aus Süddeutschland! Die Angst vor dem Kriege war furchtbar, aber daß man Herrn Hitler nun auch die sudetendeutschen Gebiete kampflos überlassen hat – es war ein großer Fehler, der sich bitter rächen wird.[16] Diesem Mann, der nie hält, was er

[15] Dr. Robert Ley, seit 1924 NSDAP-Mitglied, ab 1925 Gauleiter Rheinland-Süd, 1928 für die NSDAP im preußischen Landtag, ab 1930 auch im Reichstag, seit 1932 Reichsorganisationsleiter der NSDAP und von 1933 bis 1945 Chef der Deutschen Arbeitsfront (DAF), der größten Massenorganisation des Dritten Reiches, verkörperte den Prototyp des „Alten Kämpfers", der es zu Macht und Ansehen gebracht hatte. Die DAF bot ihm darüber hinaus die Möglichkeit privater Bereicherung größten Stils. Ley betrug sich, auch bei seinen zahlreichen Reisen und Betriebsbesichtigungen, grobschlächtig und radikal, seine alkoholischen Exzesse waren Gegenstand vieler Gerüchte und Witze.

[16] Im September 1938 war die „Sudetenkrise" inszeniert worden: Konrad Henlein, der nationalsozialistische Führer der deutschen Minderheit in der Tschechoslowakei, verlangte von Prag die Abtretung der Sudetengebiete an das

verspricht, und die Tschechen waren präpariert zur Verteidigung. Eine Dame aus Prag hat es mir erzählt, schon vor mehr als einem Monat. „Wir wollen nicht deutsch werden." Und nun? Mich interessiert die große Politik auf einmal brennend. Ich werde zwar ausgelacht, wenn ich sage, ehe ein Jahr um ist, wird die Bombe platzen, aber Hitler hetzt sich ja selbst in den Krieg. Was in Österreich gestohlen wurde, es war ein Tropfen auf den heißen Stein – es fehlt an Geld, an Waren auf allen Gebieten – mit nur „Ersatz" ist es auf die Dauer nicht zu machen – nicht einmal bei diesem deutschen Volke, das so geduldig alles hinnimmt und für seine „Kraft durch Freude"-Vergnügungen[17] seinen letzten Pfennig sich aus der Tasche ziehen läßt, ohne es zu merken!

Deutsche Reich. Auf dem „Parteitag Großdeutschlands" (5.-12. September) agitierte Hitler gegen die „Unterdrückung" der Deutschen in der ČSR. Der britische Premier Chamberlain, der am 21. September 1938 die Zustimmung Prags erzwungen hatte, bot Hitler die Abtretung des umstrittenen Gebiets an, das nach Hitlers Beteuerung der letzte territoriale Anspruch Deutschlands sei. Im „Münchner Abkommen" (29./30. September) wurde die Abtretung des Sudetengebietes zwischen den Regierungschefs von Deutschland, Italien, Frankreich und Großbritannien besiegelt. Am 1. Oktober besetzten deutsche Truppen das Sudetenland. Am 21. Oktober gab Hitler den Geheimbefehl, die Liquidierung der „Rest-Tschechei" vorzubereiten.

17 Die „NS-Gemeinschaft" der Deutschen Arbeitsfront „Kraft durch Freude (KdF)" war im November 1933 nach italienisch-faschistischem Vorbild (Dopo Lavoro – Nach der Arbeit) gegründet worden. Sie hatte als Reisegesellschaft und Organisation zur Freizeitgestaltung, deren Leistungen äußerst preiswert waren, im nationalsozialistischen Wirtschafts- und Sozialsystem die Funktion, die Arbeitnehmer bei Laune zu halten, Produktivität zu steigern und davon abzulenken, daß es keine Lohn- und Tarifverhandlungen mehr gab, daß Streiks nicht möglich waren, daß die Gewerkschaften zerschlagen waren. Die DAF besaß beträchtliche Vermögenswerte (deren Grundstock das 1933 geraubte Gewerkschaftsvermögen bildete), darunter das Volkswagenwerk, das die KdF-Wagen produzieren sollte. Sie wurden von Arbeitnehmern durch Sparraten (die vom Lohn abgezogen wurden) vorfinanziert, kein einziger erhielt jedoch jemals das begehrte Produkt, den Volkswagen. Vgl. Richard Grunberger, Das zwölfjährige Reich. Der Deutschen Alltag unter Hitler, Wien 1972.

13. Oktober 1938

Unser Hochzeitstag – der letzte in diesem Lande, in der Stadt, die mir einst Erfüllung alles Schönen und Guten zu sein schien. Ich bin nun „Sprechstundenhilfe“ bei meinem Mann – das darf ich ja. Spritzen auskochen, aber nicht selber injizieren, zum Blutbild vorbereiten, aber es selber nicht machen. Ich bin nur eine Maschine. Mein alter Geheimrat, der nun so viele Jahre an mich und meine Assistenz oder Narkosen gewöhnt ist, er wollte es durchsetzen, daß ich wenigstens noch Narkosen machen darf für ihn, was jeder Schwester erlaubt ist, wenn sie die entsprechenden Kenntnisse hat – mir, oder besser ihm, wird es abgelehnt. Und es kommt nicht darauf an, daß ein anderer viel schlechtere Narkosen macht, viel mehr Narkotika dazu verbraucht. Unsere arme Oberin ist völlig verzweifelt, die Klinik wird in Kürze ruiniert sein.

Eine arische Schwester hat sich bereits das Leben genommen, wir wissen, warum.

20. Oktober 1938

Bekannte wandern aus, er Jude, sie Arierin, deren Mutter in einer kleinen schlesischen Stadt in dürftigen Verhältnissen lebt. Der jüdische Schwiegersohn kann ihr nichts von seinem Gelde, das er ja nicht mitnehmen darf, zukommen lassen, weil durch die Geldüberweisung ja die Verwandtschaft mit dem Juden bekannt werden könnte, was eine Gefahr für die alte Frau bedeuten würde – die Tochter hat mich gebeten, an mich schreiben zu dürfen, ich soll der Mutter von Berlin aus die Briefe zuschicken. Ein Brief mit einer Auslandsmarke würde in der kleinen Stadt doch auffallen und könnte furchtbare Folgen haben. Wie traurig und schmutzig ist das alles.

22. Oktober 1938

Ich war beim Friseur. Wie amüsant das war, in der Nebenkabine wurde die Hebamme von Frau Göring bedient. Ich war unfreiwilliger Zeuge dessen, was sie erzählte. Jedenfalls scheinen unsere früheren Regierenden, ob Monarchen oder Reichspräsidenten, ein weit bescheideneres und anspruchsloseres Leben geführt zu haben – dafür singt das Volk auch:

„Wir haben kein Fleisch, keine Butter, kein Ei,
Dafür eine neue Reichskanzlei."[18]

Ob das Volk nicht wirklich bald genug hat? Aber sie haben ja alle Angst und auch keine Möglichkeit, sich zu organisieren.

26. Oktober 1938

Ich gehe täglich in die Klinik und helfe den Schwestern. Nachmittags bin ich vorn in der Praxis bei meinem Mann, es ist aber eine furchtbare Seelenmarter für mich. Gut, daß ein großer Teil der Patienten mich nicht kennt. Für sie bin ich die neue Hilfe und dabei kann ich auch meine psychologischen Studien machen. „Darf denn der Doktor noch arisches Personal beschäftigen?", hat mich heute eine Dame gefragt. „Nein", das war meine ganze Antwort. Ich glaube, die gute Frau hat Angst gehabt, ich sei vielleicht ein „Spitzel".

Eben kam Frau C. Sie haben ihren Mann eingesperrt, er ist in einer Autofirma tätig und hat einer Kundin ein Auto vorgeführt. Auf Veranlassung des Chefs ist er mit ihr ein Stück hinausgefahren, auf eine ruhige Seitenstraße. Das Auto wird angehalten, Ausweise verlangt, blonde, arische Frau, jüdischer Herr, einsame Straße, halbdunkel – also „Rassenschande" oder zumindest Verdacht. Jedenfalls ist der Mann gleich mitgenommen worden!

2. November 1938

Ich esse nicht, ich schlafe nicht, ich habe immer das Gefühl von Sterben und Untergang, mir fehlt mein Beruf, daran gehe ich zu-

[18] Die „Neue Reichskanzlei", einer der Repräsentations- und Einschüchterungsbauten des NS-Regimes, wurde am 9. Januar 1939 nach nur neun Monaten Bauzeit eingeweiht. Architekt war Albert Speer, Hitler hatte ihn dabei beraten.

grunde. Die Patienten verübeln es mir, daß ich sie nicht heimlich weiter behandele. Ich kann nicht, ich habe mich noch nie gegen ein Gesetz vergangen – vielleicht nur gegen das der Selbsterhaltung, daß ich in diesem Lande blieb. Aber auf so viel Grausamkeit und Rohheit war ich nicht gefaßt.

Ich lerne jetzt Handschuhe nähen, ich versuche umzuschichten,[19] ich fühle, es wird nichts Richtiges, ich bin eben zu sehr Ärztin. Im Kurs ist eine Kollegenfrau aus einem Vorort, ihr Mann ist eingesperrt, „zu seinem Schutz" haben sie gesagt. Ihre Wohnung haben sie demoliert, ihr Auto ihnen weggenommen, wohl alles auf Veranlassung eines benachbarten Nazikollegen, weil die Patienten doch immer wieder von dem Juden besser behandelt worden zu sein erklärten!

10. November 1938

Es ist tiefe, tiefe Nacht – ich will versuchen, die Ereignisse des heutigen Tages niederzuschreiben mit zitternder Hand, Ereignisse, die sich mit Flammenschrift in mein Herz eingegraben haben. Ich will sie niederschreiben für mein Kind, damit es später einmal lesen soll, wie man uns zu Grunde gerichtet hat. Ich will alles so schreiben, wie ich es erlebt habe, in dieser Mitternachtsstunde, in der ich einsam und zitternd am Schreibtisch sitze, qualvoll stöhnend wie ein verwundetes Tier, ich will schreiben, um nicht laut hinauszuschreien in die Stille der Nacht.

[19] „Berufsumschichtung" lautete der Ausdruck für die Maßnahmen, mit denen die jüdischen Organisationen Auswanderungswillige auch auswanderungstauglich machen wollten. Kaufmännische und akademische Berufe waren unter den deutschen Juden überrepräsentiert, in den potentiellen Zufluchtsorten waren aber andere, nicht zuletzt handwerkliche Qualifikationen gefragt. Vertreter deutscher jüdischer Organisationen bereisten, so lange dies möglich war, Länder in Asien, Afrika und Lateinamerika, um Einwanderungsmöglichkeiten und Bedürfnisse zu erkunden; die Informationen wurden in entsprechenden Umschulungskursen umgesetzt. Für die Palästinaauswanderung wurden spezielle Trainingsprogramme entwickelt (vgl. Anm. 5).

Gestern ist in Paris ein Mord geschehen, ein polnischer Jude hat einen Sekretär der deutschen Botschaft erschossen.[20]

Das müssen die deutschen Juden nun büßen. Schon gestern wurden Stimmen laut, sie fragten: „Wie konnte der Mann so weit eindringen? In keiner Botschaft ist ohne weiteres Zutritt möglich." Und sie sagen: „Das ist ein zweiter Reichstagsbrand, der Mann war von den Nazis selbst gedungen. Herr v.R. – ohnehin ein schwerkranker Mann – stand auf der schwarzen Liste ..."[21]

Heute früh erzählte mir dann mein Mädchen: „Heute nacht haben sie wohl wieder allerhand angestellt. Im Pelzgeschäft nebenan sind die Schaufenster eingeschlagen und alles gestohlen." Ich hörte nur mit halbem Ohr zu. Man ist ja schon an solche Dinge hier gewöhnt. Kurz darauf machte ich mich auf den Weg in die Klinik. Komisch, so viele Glassplitter auf der Straße! In dem schönen, eleganten Modegeschäft sind ja sämtliche Scheiben eingeschlagen, die Schaukästen leer. Auch im nächsten Geschäft und gegenüber bei Etam, in dem feinen Strumpfgeschäft, ist es das gleiche. Was haben sie bloß wieder gemacht?, denke ich. Da höre ich eine gut-

20 Der siebzehnjährige Herschel Grynszpan (dessen Eltern zu den 17000 polnischen Juden gehörten, die im Oktober aus dem Deutschen Reich nach Polen abgeschoben, von der polnischen Regierung aber nicht angenommen wurden) hatte am 7. November in Paris einen Beamten der Deutschen Botschaft, Ernst vom Rath, erschossen. Die Tat bot erwünschte Gelegenheit zu einer Aktion, die die dramatische Entwicklung der Judenpolitik des NS-Regimes demonstrierte. Goebbels organisierte einen Massenpogrom als „spontanen Vergeltungsakt", bei dem SA- und NSDAP-Angehörige am 9./10. November („Reichskristallnacht") und auch in den folgenden Tagen jüdische Wohnungen und Geschäfte verwüsteten und plünderten, 191 Synagogen in Brand steckten, zahllose Juden mißhandelten und 91 ermordeten. Der Pogrom war der Anfang vom Ende, er leitete mit verschärften Diskriminierungen erst die Vernichtung der materiellen und schließlich der physischen Existenz der Judenheit ein. Vgl. Uwe Dietrich Adam, Judenpolitik im Dritten Reich, Düsseldorf 1972, S. 204ff.; Hermann Graml, Der 9. November 1938 („Reichskristallnacht"), Bonn 1958[6].

21 Ebenso wie beim Reichstagsbrand wäre es ja denkbar und plausibel gewesen, daß das NS-Regime auch den Anlaß zur Reaktion selbst hergestellt hätte. Nach dem „Röhm-Putsch", der lediglich zur Ausschaltung gefährlicher Konkurrenz und zur Abrechnung mit alten Gegnern erfunden war, kam das Mißtrauen gegen die offiziellen Verlautbarungen nicht von ungefähr.

angezogene Dame im Vorbeigehen zu ihrem Mann sagen: „Recht geschieht es der verdammten Judenbande, Rache ist süß!"

Jetzt erst beginne ich zu erfassen, was geschehen ist und sehe mich richtig um. Scherben, Scherben, demolierte Geschäfte, soweit in der Kaiserallee überhaupt jüdische Geschäfte noch sind. Voller Ekel wende ich mich ab und gehe wieder nach Hause. Wohl höre ich einige unwillige Bemerkungen über diese Vorgänge aus den Reihen der Passanten; die meisten aber gehen scheu und still durch die Straßen.

Als ich nach Hause komme, sagt mir mein Mädchen: „Herr Doktor ist schon fort. Er wurde eilig zu einem Herzanfall gerufen." Richtig, da liegen die Nummern der Reihe nach, wie mein Mann seine Besuche macht. So viele sind es heute. Ich bin so unruhig, bis er nach Hause kommt, und dann habe ich zu tun, den ganzen Vormittag wie verrückt. Das Telefon steht überhaupt nicht still. Immer wieder wird dringend nach dem Herrn Doktor gefragt. Ich muß versuchen, ihn irgendwo bei Patienten zu erreichen. 6-7 Anrufe, bis ich ihn endlich erreicht habe – und ihm bestellen kann: „Du sollst sofort dahin kommen und dahin – Herzanfall". „Aber ich kann hier noch nicht weg. Wenn es gar so eilig ist, bitte einen Kollegen", sagt mein Mann. Ich versuche, einen zu erreichen. Unmöglich! Auch er hat keine Zeit. So geht der ganze Vormittag dahin. Ich habe mit dem Jungen allein Mittagbrot gegessen. Das Kind erzählt mir: „Denk mal Mutti, die Synagoge in der Prinzregentenstraße brennt.[22] Ich habe es auf dem Heimweg gesehen, und auf den Straßen liegen lauter Scherben. Die Leute sagen, das alles haben die Nazis getan." Ich höre kaum zu, was das Kind mir erzählt. Ich lausche ja immer nur, ob mein Mann noch nicht kommt. Inzwischen ist es 3 Uhr geworden. Schon kommen die ersten Patienten zur Nachmittagssprechstunde. Ich muß sie vertrösten, daß sie noch etwas warten. Es sind neue Patienten, die mich nicht kennen. Eine sagt zu mir: „Wissen Sie, daß unsere Gotteshäuser brennen? Was wird heute nur noch alles passie-

[22] Die Synagoge in der Prinzregentenstraße in Wilmersdorf war erst 1930 eingeweiht worden. Die meisten der über vierzig Berliner Synagogen wurden beim Novemberpogrom 1938 zerstört bzw. schwer beschädigt.

ren?“ Ich habe keine Zeit, mich zu unterhalten. Es klingelt schon wieder. Meine Schwester ist gekommen. Wie blaß sie heute aussieht, denke ich. Wahrscheinlich liegt ihr der Abschied von den Geschwistern noch im Magen, oder sie haben ihrem Mann mit seinen naturwissenschaftlichen Führungen wieder Schikanen gemacht, denke ich. Ich habe keine Zeit, mit ihr zu sprechen. Telefon und Türklingel beschäftigen mich dauernd. Meine Schwester sagt: „Hört denn auch heute bei Euch der verrückte Betrieb nicht auf?“ Aber ich kann jetzt nicht Rede und Antwort stehen. Da kommt mein Mann – müde, abgehetzt. „Essen kann ich nichts, nur schnell eine Tasse Kaffee.“ Eilig begrüßt er meine Schwester. „Kann ich Dich einen Augenblick allein sprechen?“ fragt sie. Und in der Meinung, daß sie ihn konsultieren will, gehe ich eilig aus dem Zimmer. Nach wenigen Augenblicken kommt mein Mann zu mir und sagt mir: „Du brauchst nicht zu erschrecken, aber sie haben Otto abgeholt.“ „Abgeholt, wie, was?“ frage ich. „Ach“, sagt mein Mann, „es scheint wieder eine Aktion im Gange zu sein. Von meinen Patienten sind auch verschiedene verhaftet. Daher die vielen Herzanfälle. Selbst von einer Hochzeitsgesellschaft haben sie die ganzen Männer abgeholt.“ Ich bitte meinen Mann, sofort bei dem Bruder meines Schwagers anzurufen. Seine Frau ist am Telefon und sagt: „Er hält heute keine Sprechstunde. Er hat mit seinen Freunden einen Ausflug in den Grunewald gemacht. Bitte kommt bald herüber.“

Und mein Mann hält seine Sprechstunde! Dann begleitet er meine Schwester zu ihrer Schwägerin. Ihr Junge öffnet die Tür und sagt: „Den Pappi haben sie auch abgeholt.“ Das telefonieren sie mir, die zu Haus geblieben ist, durch. Ich bitte meinen Mann, nicht nach Hause zu kommen. Ich bringe ihm alles, was er für seine Abendbesuche nötig hat, auf die Straße, und ich treffe mich mit ihm, begleite ihn bei seinen Besuchen, verzweifelt und traurigen Herzens. Was tun, was tun? Ich bitte meinen Mann, nicht nach Hause zu kommen. „Schlaf bei Freunden – erst kürzlich hat mir jemand gesagt, bei uns ist immer Platz für Sie.“ Aber mein Mann? Er denkt nur an seine Patienten. An die Männer und Frauen, die heute Herzanfälle bekommen haben, weil man ihre Angehörigen kurzerhand abgeholt hat. Und niemand weiß, wohin. Es ist später Abend geworden. In der Zeitung steht, die Aktion ist abgeschlossen. Und mein Mann sagt, daß er auf alle Fälle nach Hause kommen will. „Weißt Du noch immer nicht, wie ihre Zeitungen lügen?“ frage ich ihn. Aber ich kann ihn nicht hindern, auch weiter seine Pflicht zu tun. Es ist 9 Uhr abends. Ich wenigstens gehe nach Hause, ich muß nach meinem Jungen sehen. Meine alte Köchin ist schon zu Bett gegangen. Ich bin ganz allein in der Wohnung, in der unheimlichen Stille.

Gewohnheitsmäßig schließe ich die Vorderräume unserer Wohnung ab. Ich setze mich an den Lautsprecher, zu hören, was geschah und zu warten, bis mein Mann nach Hause kommt.

1/2 10 Uhr abends. Es klingelt zweimal kurz und scharf hintereinander. Ich gehe an die Tür: „Wer ist da?“ – „Aufmachen! Kriminalpolizei!“ Ich öffne zitternd, und ich weiß, was sie wollen. „Wo ist der Herr Doktor?“ – „Nicht zu Hause“, sage ich. – „Was? Die Portierfrau hat ihn doch nach Hause kommen sehen.“ – „Er war zu Hause, aber er ist wieder weggerufen worden.“ – Sie gehen auf die erste Tür zu. Geschlossen. Die zweite Tür. Geschlossen. „Hier sind unsere Praxisräume“, erkläre ich. „Ich schließe abends immer zu, wenn ich allein zu Hause bin, seit wir einmal bestohlen worden sind.“ Sie gehen an die nächste Tür. „Bitte nicht rütteln“, sage ich. „Hier schläft mein Kind.“ – „Den jüdischen Dreh kennen wir.“ Und – mir den Revolver unter die Nase haltend – „noch ein Wort, und die Kugel sitzt Ihnen im Hirn. Wo haben Sie Ihren Mann versteckt?“ Meine Knie zittern. Nur ruhig bleiben, ruhig bleiben, sage ich zu mir selber. „Ich lüge nicht. Mein Mann ist nicht zu Hause. Aber bitte erst mein Kind, dann mich. Und treffen Sie gut.“ Und ich öffne die Tür, die ins Zimmer des schlafenden Kindes führt. Schon schicken die beiden Kerle sich an zu gehen. Endlich scheinen sie mir ja glauben zu schenken. Doch in diesem Augenblick höre ich, wie die Türe zu unserer Wohnung aufgeschlossen wird. Mein Mann kommt – er kommt, der Unglückselige, in dem Augenblick, da ich ihn gerettet wähne. Und wie er geht und steht, führen sie ihn ab. „Danken Sie Ihrem Herrgott, daß Ihrer Frau nicht die Kugel im Hirn sitzt.“

Noch einmal wagte der Bursche, das zu sagen, und er wagt es, den Namen Gottes in den Mund zu nehmen. Und sie gehen mit meinem Mann. Ich renne ihnen nach auf die Straße. „Wohin mit meinem Mann, was ist mit meinem Mann?“

Brutal stoßen sie mich zurück. „Morgen auf dem Alexanderplatz können sie ja nach ihm fragen.“ Und ich sehe, wie sie in ein Auto steigen und davonfahren mit meinem Mann in die dunkle Nacht. Unser Portier steht unter der Haustür. Er hält mich am Arm und sagt: „Hätte ich das geahnt, unter den Kohlen hätte ich unsern guten Herrn Doktor versteckt. Ja, ja, es ist ein langer Weg von Herrn von Bredow (den sie 1934 erschossen haben) bis zu unserm Herrn Doktor! Von einer Etage zur nächsten, aber das kann nicht gut ausgehen, wie sie es treiben.“ Mich aber trugen meine Füße kaum die Treppen hinauf. „Was nun?“ Ich versuche, Freunde, Kollegen telefonisch zu erreichen. Immer die gleiche Antwort: „Nicht zu Hause!“ Ich durchsuche meines Mannes Schreibtisch mit fiebernder Hast. Ich finde nichts, was ihn belasten könnte. Bei jeder Bewegung fahre ich zusammen. Ich muß ja jeden Augenblick darauf gefaßt sein, daß sie mir das Haus durchsuchen. Da fällt mir ein, in der Küche liegt das kleine Seitengewehr aus meines Mannes Militärzeit. Ich habe es gestern vom Speicher heruntergeholt, wo es mit anderen Raritäten als Andenken aufgehoben war. Juden dürfen ja keine Waffen mehr besitzen. Es steht Todesstrafe darauf.[23] Morgen wollte ich das Gewehr der Polizei abliefern. Wohin damit, wohin bis morgen? Und ich renne durch die Straßen mit dem kleinen Gewehr. Wegwerfen darf ich es nicht. Es kann ja gefunden werden und uns doppelt belasten. Ich muß auch wieder nach Hause. Es könnte meinem Jungen etwas passieren. Um Mitternacht kam eine Dame zu mir. Heim-

[23] Am 10. November 1938 hatte Heinrich Himmler als Reichsführer SS und Chef der Deutschen Polizei im Reichsministerium des Innern eine Anordnung gegen den Waffenbesitz von Juden erlassen, die Zuwiderhandlung war mit zwanzig Jahren „Schutzhaft“ bedroht. Am 11.11.1938 erließ der Reichsminister des Innern die Verordnung über den Waffenbesitz von Juden: danach waren Erwerb, Besitz und Führen von Schußwaffen sowie von Hieb- und Stoßwaffen verboten.

lich und leise. Sie hat das flackernde Licht in meiner einsamen Stube gesehen. Schweigend kocht sie mir Tee und frägt mich, was sie sonst noch für mich tun kann. Wortlos halte ich ihre Hand. „Für mich kann niemand etwas tun." Dann weise ich auf das Gewehr. „Nehmen Sie das nur bis morgen früh." Jetzt ist es gleich 3 Uhr. Völlig angekleidet sitze ich in meiner, ach so leeren Wohnung. Sie sind nicht wiedergekommen. Aus dem Nebenzimmer höre ich die regelmäßigen Atemzüge meines Kindes. Und wo mag sein Vater sein? Ich will mich legen, das Licht löschen, wie heute in mir ein heilig glühend Licht ausgelöscht wurde, mein Glauben, daß der Mensch doch gut sei.

11. November 1938

Ich habe das Kind zur Schule geschickt. „Sei vorsichtig, mein Kind", habe ich ihm gesagt. „Vati ist schon weg, er mußte ganz früh zu Patienten." Dann habe ich Kaffee gekocht und Stullen gemacht – für meinen Mann, von dem ich noch nicht wußte, wo er war. Meine alte Hausdame, Frau H. kam in aller Morgenfrühe. Sie wird nun bei mir wohnen. „Sagen Sie am Telefon, Herr Doktor ist nicht da." Die Wahrheit will ich nicht sagen, und lügen will ich erst recht nicht. Meine Schwester und ihre kleine Nichte, die in Lehnitz die Schließung des Jüdischen Erholungsheims miterlebt und mitangesehen hat, wie die Nazis die Vorräte ausgeraubt und alles für die N.S.V.[24] beschlagnahmt haben, sie holen mich ab, und nun fahren wir zum Polizeipräsidium. Unterwegs kaufte ich noch Bananen, hoffend, daß wir diese den Männern bringen dürften. Auf dem Polizeipräsidium nirgends Einlaß. „Gehen Sie

[24] Die Nationalsozialistische Volkswohlfahrt e.V. (NSV) war, im Mai 1933 gegründet, ein der NSDAP angeschlossener Verband mit der Zuständigkeit für alle Wohlfahrts- und Fürsorgeangelegenheiten, insbesondere Gesundheitsfürsorge („Hilfswerk Mutter und Kind"). Die NSV finanzierte sich aus Mitgliedsbeiträgen, staatlichen Mitteln und den Erträgen des „Winterhilfswerks", der alljährlich durchgeführten Sammelaktion. Vgl. Herwart Vorländer, NS-Volkswohlfahrt und Winterhilfswerk des deutschen Volkes, in: Vierteljahrshefte für Zeitgeschichte 34 (1986), S. 341-380.

nach Hause. Sie bekommen schriftlich Bescheid, Ihr Mann ist nicht mehr bei uns", sagt der Beamte am Portal. Schriftlich Bescheid! Das hat Frau von Bredow vor 4 Jahren auch bekommen, als man sie aufforderte, die Urne ihres Gatten abzuholen, geht es mir durch den Kopf, aber ich wage nicht zu sagen, was ich denke. In diesem Augenblick sah mich eine Dame, ein Vorstandsmitglied des Jüdischen Frauenbundes. Sie hatte wohl versucht, eine Auskunft über das Schicksal der Tausenden von Verhafteten zu bekommen.[25] „Auch Sie", sagt sie zu mir. „Aber es hat wirklich keinen Zweck, fahren Sie nach Hause, es ist nichts zu erfahren. Wir versuchen, durch die Organisation Auskunft zu erhalten. Tatsache ist, daß die Männer nicht mehr hier sind." Und sie setzt mich einfach ins Auto.

Daheim! Das Telefon geht unentwegt. „Wo ist Herr Doktor? Wer vertritt ihn?" Ich weiß nicht, was ich sagen soll. Früher, wenn mein Mann krank war, durfte ich ihn wenigstens vertreten. Das darf ich nun nicht mehr. Ich rufe die Ärztekammer an. Sie nennen mir einen Vertreter, der mir sagt, „wenn die Ärztekammer es bestimmt hat, muß ich es ja tun, aber bitte verschonen Sie mich mit Ihren Patienten."

Mein Haus ist ein Tollhaus geworden. Menschen kommen und gehen, essen hier, fragen, ob sie oder ihre Bekannten hier schlafen können. Bei mir ist es ja jetzt ungefährlich. Hier werden sie wohl nicht mehr suchen, nachdem mein Mann abgeholt ist. Die Frau eines arischen Kollegen sichtet unsere Bücher noch einmal. Es könnte vielleicht doch eins drunter sein, an dem sie bei einer Haussuchung Anstoß nehmen. Der Junge kommt aus der Schule. „Ist Vati noch nicht zu Hause, wo ist er denn?" Ich gebe keine Antwort. Ich kann mein Kind nicht belügen. Abends habe ich telefoniert mit einer Freundin in meiner Heimat. Sie schluchzt verzweifelt am Telefon. Ihr Mann ist abgeholt. Selbst meinen alten Vater haben sie trotz seines Herzleidens aus dem Bett geholt und ins Gefängnis geführt. Wir können beide am Telefon nicht mehr sprechen. Die Leitung ist unterbrochen. Wenigstens das kleine

[25] Insgesamt kamen anläßlich des Novemberpogroms annähernd 30000 männliche Juden aus ganz Deutschland in Konzentrationslagerhaft.

Seitengewehr ist aus dem Hause. Mein Portier hat es heute früh bei der Polizei abgegeben.

12. November 1938

Wieviele Menschen haben wohl heute hier genächtigt? Ich weiß es nicht. Ich weiß nur, daß ein großer Frühstückstisch gedeckt war, als ich schon in aller Frühe mich auf den Weg zum amerikanischen Konsulat machte, um eine Bestätigung zu erbitten, daß wir schon im August unser Affidavit abgegeben hatten. Unzählige Menschen standen mit mir an dem kalten dunklen Novembermorgen in dem feuchten Vorgarten des amerikanischen Konsulats. Frauen, blaß, vergrämt, Frauen aus Berlin, Leipzig, Breslau, alle tragen das gleiche Leid, und sie schweigen, handeln schweigend für ihre Männer und weinen im Herzen – Frauenkreuzzug! Stundenlang stehe ich gleich ihnen in Nässe und Kälte, in Regen und Schnee, und plötzlich fällt es mir ein ... in diesem Garten hat einst mein Mann als Junge gespielt, in den Räumen, in denen jetzt das amerikanische Konsulat sich befindet, hat er viele glückliche Stunden goldner Kinderzeit verlebt. Großvater Nathorff wohnte hier viele, viele Jahre bis zu seinem Tode. Und ich stehe heute bettelnd und frierend vor der Tür, Stunden um Stunden! Als endlich die Reihe an mir ist, daß ich meine Wünsche vortragen kann, sagt der blonde Mann zu mir und der Dame hinter mir, die wir als letzte Einlaß gefunden hatten: „Closed, es ist 1 Uhr, kommen Sie Montag wieder." Mehr als 6 Stunden habe ich gestanden, und er hat nicht noch die 2 Minuten zur Beantwortung meiner kurzen Frage Zeit gehabt. Montag muß ich zur Bank. Geld holen, geht es mir durch den Kopf. An meines Mannes Konto kann ich nicht heran. Möglich, daß sie mir meines auch noch sperren.

Wieder frägt mein Junge: „Wo bleibt denn Vati?" Nach Tisch nehme ich ihn zu mir ins Sprechzimmer und sage ihm: „Du weißt, mein Kind, daß Deine Mutti nicht lügt, und daß Du selbst mein bester Freund bist, dem ich stets alles sagen will, so wie Du auch mir stets alles sagen sollst." Und dann bringe ich ihm langsam bei, daß Vati gleichsam „eingezogen" wurde, daß er gleich so vielen anderen Väter nun auch einmal eine Kriegsübung mitmachen muß, die vielleicht einige Wochen dauern kann. „Nun mußt Du mein bester Kamerad sein." Fest tauchen meine Augen in die großen Kinderaugen, in denen heimliche Tränen brennen. Ein Kuß, ein Händedruck. „Mutti, ich bin ja bei Dir, aber ich habe es mir schon gedacht, sie haben in der Schule davon erzählt."

13. November 1938

Sonntag, und keinerlei Nachricht von meinem Mann. Wo ist er, wo? Diese Angst um sein Leben! Ganz früh schon kam mein verehrter Geheimrat mit seiner Frau. Ich soll zu ihnen kommen, bei ihnen wohnen. Verschiedene Freunde haben es mir schon angeboten. Nein – ich hüte Heim und Haus, bis mein Mann wieder kommt. Manche Freunde raten, den großen Jungen wegzugeben. Auch er schwebt in Gefahr. Was soll ich nur tun? Alle Augenblick kommt eine andere Patientin, deren Mann auch geholt ist. Was tun, was tun?, fragen alle. Die Patienten sind verzweifelt. Die Ärzte reichen nicht aus, ich weiß nicht, wie mein Mann die neuen Patienten behandelt hat. Ich weiß, daß er für einen Schwerkranken eine besondere Methode und ein neues Medikament zusammengestellt hat. Ich kann in der Kartothek die Dosierung der Spritzen nicht finden. Ich schreibe ihn an, frage bei ihm an, vielleicht erreicht ihn der Brief über das Polizeipräsidium.

Eine arische Patientin hat angerufen, ihr Töchterchen hat einen Nervenzusammenbruch. Die Greuel der letzten Tage sind dem sensiblen Kinde auf die Nerven gegangen. Es will heraus aus Deutschland, heraus aus der Hitlerjugend. Ich kann nicht helfen. Ich kann nur noch zittern und tun, als ob ich ruhig wäre. Die anderen haben mich ja noch nie weinen sehen.

14. (?) November 1938

Brief von der Ärztekammer. „Für die nächsten 4 Wochen haben wir Herrn Dr. N. als Vertreter Ihres Mannes genehmigt. Nach dieser Zeit wollen Sie sich wieder mit uns in Verbindung setzen."

Für die nächsten 4 Wochen! Das sagt genug, und ich muß weiter leben. Ich muß Kind und Haus hüten, bis mein Mann wieder kommt. Zum Konsulat konnte ich heute nicht gehen. Mein Herz ist heute so schwach, ich habe schon tagelang nichts gegessen. Wie könnte ich in dem Gedanken, daß mein Mann vielleicht hungern muß? Auf der Bank haben sie mir noch einen größeren Betrag von meinem Konto ausgezahlt. Wie froh bin ich. Nun habe ich vorläufig keine Geldsorgen. Wenn bloß nicht immer so viele Besuche kämen! Ich kann diese Kondolenzbesuche nicht ertragen, so gut sie auch gemeint sind. Und auch die Mittagspost brachte mir noch keine Nachricht von meinem Mann. Leiden bis zum Wahnsinn, ohne wahnsinnig zu werden – ich glaube, ich weiß nun, wie das ist!

16. (?) November 1938

Nun will ich versuchen niederzuschreiben, was sich ereignete, damit mein Kind einst lesen mag, was man seiner Mutter angetan hat, und warum sie ihm sagen wird: Nie mehr zurück in dieses Land, wenn wir es erst lebend verlassen haben! Doch ich will beginnen.

Montag, 14. November 1938

Ich war so müde. Gegen 1 Uhr hatte mich jemand angerufen, mir zu sagen, „Ihr Mann läßt Sie grüßen, er lebt, ich habe ihn noch heute früh vor meiner Entlassung gesprochen." Das hat mich so aufgewühlt. Ich legte mich einige Minuten aufs Sofa. Der Junge war noch in der Schule. Meine alte Köchin hinten in der Küche, meine Hausdame war für eine kurze Stunde ausgegangen, Besorgungen zu machen. Kurz vor 2 Uhr klingelte es. Ich öffnete selbst. Ein schlanker, blonder Mann steht an der Tür und fragt, ob ich die Frau Doktor persönlich bin. "Ich komme als Ihr Freund, kann mich auch niemand sehen? Ich bin nämlich Beamter, Kriminalbeamter, wenn Sie es wissen wollen. Ich komme, weil ich Ihrem Gatten helfen will." Und schon hat er den Fuß in meine Zimmertür gestellt. Ich lasse ihn ein. „Geben Sie mir Ihr Ehrenwort, über alles, was ich Ihnen sage, stets zu schweigen? Nur dann vermag ich Ihnen zu helfen. Ich bin Beamter, und Sie wissen, daß es mich Kopf und Kragen kostet, wenn man mich in Ihrem Hause sieht, wenn man erfährt, daß ich meine Hand zu Ihrer Hilfe gereicht habe?" – „Sie wollen uns helfen?" frage ich ungläubig. „Dann sagen Sie mir doch, wo ist mein Mann?" „Ihr Mann? In Tegel, im Gefängnis, eingesperrt. Angeklagt wegen § 218. Aber ich kenne den Mann, der ihn angezeigt hat, und ich weiß, es ist nur der Racheakt eines Eifersüchtigen gegen das Mädchen. Und dieses Mädchen ist die Freundin meiner Braut, die einst auch Ihres Mannes Patientin war und mich gebeten hat, Ihrem Gatten zu helfen. Die Anzeige habe ich ja leicht herausholen können. Hier ist sie." Und damit zieht er einen Brief aus der Tasche, den mir zu zeigen oder mich lesen zu lassen er sich weigert. Das könnte er als Beamter nicht tun. „Mein Mann, § 218. Ausgeschlossen", sage ich. „Dafür lege ich meine Hand ins Feuer." – „Aber Frau Doktor, seien Sie doch nicht komisch. Ein Jude hat doch immer Schuld. Denken Sie nur einmal an Dr. G. Wie lange der schon sitzt! Selbst eine Untersuchungshaft würde Ihr Mann jetzt gar nicht mehr lebendig überstehen. Wir müssen schnell handeln, dem Kerl mit Geld den Mund stopfen und ihn zwingen, daß er seine Anzeige widerruft." Mir wird eiskalt. „Mein Mann ist unschuldig", sage ich. „Und Geld habe ich auch nicht einen Pfennig", sage ich wahrheitsgemäß. „Oder draußen im Ausland!" – „Da haben wir nichts!" „Ja, wo haben Sie denn das ganze Geld?" Die Stimme wird immer lauter, der Mann immer zudringlicher. „Beeilen Sie sich schon. Um 3 Uhr muß ich meinen Dienst antreten. Und hier habe ich die Anzeige gegen Ihren Gatten, die ich dann weitergebe." Mir wird Angst. Wenn nur meine Hausdame endlich käme! Ich stehe auf. Ich suche das Telefon zu erreichen, das Telefon, neben dem meine Handtasche liegt, die Tasche mit dem ganzen Geld, das ich vor wenigen Stunden von der Bank geholt habe. Blitzartig kommt mir der Gedanke. Sollte er? Wenn ich nur um Hilfe rufen könnte? Das Fenster ist ein paar Schritte entfernt. Er errät wohl meine Gedanken. „Und Sie glauben wohl, daß ich mich in Ihre Hände gebe", höre ich ihn sagen. „Sie scheinen nicht zu wissen, daß wir Geheimbefehl haben, jeden Juden sofort totzuschießen." Und wieder sehe ich einen blitzenden Revolver auf mich gerichtet. Ich öffne meine Handtasche: „Hier nehmen Sie, was ich heute früh von der Bank geholt, wie Ihnen wohl bekannt sein dürfte. Es genügt wohl. Wenn nicht, ich stehe ja im Telefonbuch. Gehen Sie, vor mir brauchen Sie keine Angst zu haben. Ich schweige, wie ich Ihnen versprochen habe. Ich halte mein Wort auch gegenüber einem Erpresser." Er nahm das Geld, das ganze Geld, und ging. Ich höre noch die Tür ins Schloß fallen. Dann wußte ich nichts mehr. Meine Hausdame fand mich auf der Erde liegend, an der Tür vor meinem Behandlungszimmer. „Wer war der unheimliche Kerl, der so eilig die Treppe hinunterstürzte, als ich nach Hause kam? War er bei Ihnen?" fragte sie mich. Ich schüttelte nur den Kopf. Sie brachte mich zu Bett, und ich bat sie, einen mir befreundeten Arzt anzurufen.

Ich aber habe nun Angst auf Schritt und Tritt. Ob er nicht wiederkommt, ob er mich nicht heimlich verfolgt aus Angst, daß ich ihn anzeigen könnte? Noch am selben Abend ging ich zu einem Rechtsanwalt und gab ihm alles zu Protokoll. Er riet mir ab, eine Anzeige bei der Polizei zu erstatten. Erst soll mein Mann wieder zu Hause sein. Dann könnte man ja weitersehen.

Das Kind habe ich nun doch ausquartiert, bei einem arischen Kollegen schläft es sicherer als daheim. Wertsachen, Silber, Schmuck, Teppiche, ich habe es in Verwahrung gegeben. Mein Mann soll es wieder vorfinden, wenn er nach Hause kommt. Ich selbst schlafe nur noch in Kleidern, wenn dieses kurze Dahindämmern schlafen ist. Immer lausche ich angespannt, was nun wieder kommen wird. Ich weiß, daß arische Freunde oft in tiefer Nacht noch an meinem Hause vorbeigehen, um zu sehen, ob das Licht noch brennt, und ob die Lampen nicht demoliert, unsere Wohnung ausgeraubt ist, wie es so vielfach in diesen letzten Tagen geschah. Meines Mannes Arztschild haben sie abgerissen. Ich lasse kein neues anbringen. Ich fühle mich dadurch gefährdet. Wegen Bußtag sind alle Behörden heute geschlossen. Ich konnte nichts tun als warten, warten gleich den vielen, die traurigen Herzens auf ihre Männer, ihre Väter warten.

Ein Telegramm lädt uns nach Kalifornien ein. Jetzt, wo es zu spät ist. Doch ich ging mit dem Telegramm zum Konsulat. Stundenlang stand ich wieder in Kälte und Nässe. Kein Straßenmädchen hätte ich je vor der Tür meiner Klinik so stehen lassen, wie ich nun gleich anderen von Kummer zerquälten Frauen stehen mußte. 5 Stunden habe ich gestanden, ohne einen Bissen gegessen zu haben. Im Erdgeschoß des Konsulats befindet sich wohl der Wertheimsche Teeraum, doch das übliche Schild: Juden unerwünscht!, sagt uns deutlich genug, daß wir hier nicht einmal eine Tasse Tee verabreicht bekommen. Endlich bin ich im Konsulat an der Reihe. Besuchsvisum für Amerika, ausgeschlossen. Bescheinigung, daß wir das Affidavit eingereicht haben, nicht zu erhalten. Niemand erbarmt sich, niemand hilft mir – mir, deren ganzes bisheriges Leben auf andern helfen wollen eingestellt war. Ja, es ist ein trauriges Lied von den guten Freunden und den gütigen Menschen! Auf dem Nachhauseweg begegnete mir eine frühere Patientin. Sie hat mich im Augenblick kaum mehr erkannt. Auch sie weiß von den Judenpogromen und frägt mich nach meinem Mann. Ich konnte ihr nur sagen: Auch er! Sie nahm mich mit in ihre Wohnung. Ich ließ es geschehen, daß sie mich mitzog, trotzdem es eine Gefahr für sie bedeutet hätte, hätte man mich in ihrem Hause gesehen. Selbst ihr Mann war erschienen und gab mir gütige Worte. Hier in dem fremden Hause habe ich erstmals eine ruhige Stunde der Sammlung und ohne Angst, daß auch mir etwas passieren könnte, zugebracht. Es ist doch gut, daß auch hohe Funktionäre der nationalsozialistischen Partei zuweilen noch daran denken, daß auch Juden ihnen früher Gutes getan haben. Auch hier hat man mir geraten, den Jungen in Sicherheit zu bringen, da man ständig neue Aktionen befürchtet. Herr Göring und Herr Goebbels scheinen über die Vorgänge des 10. November doch nicht ganz einer Meinung zu sein. Jedenfalls fürchtet Herr Göring, daß die Aktion dem Ausland gegenüber ungeheuer geschadet hat und auch nicht ganz in seinen Vierjahresplan paßt. Umsomehr scheint es Herrn Goebbels nach neuen Taten zu gelüsten.[26] Der Junge ist wieder ausquartiert. Irgendein Fremder, der auch auf der Flucht ist, wird heute nacht in seinem Bett schlafen. Wo aber ist mein Mann?

20. November 1938

Ich bin gewarnt worden, ich soll lieber nicht zu Hause schlafen. Ich irre durch die Straßen und weiß bald nicht mehr, wohin. Ich höre von neuen Greueln, aber ich höre wenigstens, daß mein Mann lebt. Ein Entlassener hat mir Grüße gebracht. Er erzählte mir, daß viele alte Schulkameraden aus dem Wilhelmgymnasium sich nun zu einem unfreiwilligen Wiedersehen zusammengefunden haben und daß die Gemeinschaft sich gegenseitig stützt. Ich aber soll alles tun, meinen Mann sobald als möglich frei zu bekommen. Mehr kann ich von ihm nicht erfahren.

24. November 1938

Immer neue Angst und Aufregung. Ich renne zu allen möglichen Behörden. Stundenlang warte ich auf der Auswandererbera-

[26] Nicht nur Göring, auch Himmler und Heydrich an der Spitze der SS und Gestapo mißbilligten den von Goebbels entfachten Pogrom, freilich nicht aus menschenfreundlichen Erwägungen; Göring tadelte die Aktion wegen ihrer Wirkung im Ausland und bedauerte den Verlust der Sachwerte, Himmler und Heydrich fühlten sich in der von ihnen betriebenen Auswanderungspolitik gestört. Auf einer Sitzung am 12. November 1938 mit Vertretern aller Reichsministerien u.a. Stellen, bei der das weitere Vorgehen gegen die Juden besprochen wurde, verhehlte Göring, der den Vorsitz führte, seinen Mißmut über die goebbelsschen Methoden nicht. Er meinte, nachdem Gestapo-Chef Heydrich über die Höhe des Sachschadens berichtet hatte, ihm wäre es lieber gewesen, „ihr hättet 200 Juden erschlagen und hättet nicht solche Werte vernichtet", und er bat sich aus, bei künftigen „Demonstrationen, die unter Umständen notwendig sein mögen", Rücksicht auf die Sachwerte zu nehmen. Wenn jüdische Kaufhäuser ausgeräumt und angezündet würden, könne er „gleich die Rohstoffe anzünden, wenn sie hereinkommen". Sitzungsprotokoll, Nürnberger Dokument PS 1816 (IMT, Bd. 28, S. 499ff.) An der Sitzung nahmen weit über 100 Personen teil, daß Kenntnisse über die Meinungsverschiedenheiten zwischen Göring und Goebbels an die Öffentlichkeit drangen, ist auch daher nicht verwunderlich.

tungsstelle, um eine Bescheinigung für die Ausstellung eines Passes zu bekommen. Es gelingt mir nicht, trotzdem ich das Gefühl habe, daß der freundliche Beamte mir helfen möchte. „Ein Paß kann nur ausgestellt werden, wenn Sie einen ganz bestimmten Ausreisetermin angeben können", und das kann ich nicht. Ich bespreche mit Freunden, was ich tun soll. Buchen, irgendwohin, rät man mir. Ich telegraphiere in alle Welt. Ich bekomme wilde Angebote. Ein Visum nach Chile für 3000 RM, erhältlich durch einen österreichischen Nazi. So verdienen sie an unserem Unglück. Ich bin völlig verzweifelt. Ich habe ja kein Geld dafür.

Ein Patient meines Mannes, der aus England zu einer Konferenz hier ist, schickt mir seine Sekretärin, ob er etwas für mich tun kann. „Rettet mein Kind!" Mehr weiß ich nicht zu sagen. Inzwischen hat man mir auf einem Reisebüro nach stundenlangem Verhandeln eine Buchung nach Kuba für Februar angeboten. Es ist die einzige legale Buchung, die ich noch machen kann. Ich kabele nach Amerika und bitte flehendlichst, das verlangte Vorzeigegeld für Kuba zu deponieren.[27]

30. November 1938

Das Geld für Kuba soll von Amerika aus deponiert werden. Nun kann ich wieder zum Auswanderungsamt gehen, um endlich einen gültigen Paß zu beantragen.

2. Dezember 1938

Beim Auswanderungsamt stundenlanges Anstehen auf enger, winkliger, fast lebensgefährlicher Treppe, dem Extraaufgang für Juden. Aber ich bekomme die Bescheinigung für die Ausstellung eines Passes zur Ausreise nach Kuba. „Kommen Sie morgen gegen 10 Uhr, ich gebe Ihnen eine Nummer", sagt der freundliche Beamte. „Kommen Sie zu mir, und Sie brauchen nicht wieder so

[27] Das Vorzeigegeld (show-money) war das dem Staat, in den man einwandern wollte, vorzuweisende Anfangskapital.

lange zu warten.“ Wenn er wüßte, wer ich bin! Ich weiß genau, wer er selber ist, und wie er leidet unter fremdem Schicksal, daß in jedem Augenblick seines Dienstes in seiner ganzen Tragik sich ihm offenbart.

3. Dezember 1938

Ich hole die Bescheinigung vom Auswandereramt. Der freundliche Herr gibt sie mir. „Haben Sie Dank, Herr X.“, und ich spreche ihn mit seinem Namen an, und ich wiederhole: „Haben Sie nochmals Dank. Nun will ich Ihnen sagen, wem Sie geholfen haben. Der Ärztin Ihrer Freunde, Familie X.“ Er sieht mich an: „Gnädige Frau, Sie?“ Aber schon bin ich aus der Türe.

4. Dezember 1938

Adventssonntag und ganz allein. Selbst das Kind habe ich weggeschickt. Die Angst und Unsicherheit im eigenen Haus ist zu groß. Ich sitze und schreibe an Patienten und bitte, die Rechnungen zu bezahlen. Zum ersten Mal in meinem Leben muß ich um Geld bitten. Trotzdem ich Geld habe, viel Geld auf der Bank, an das ich nicht heran kann. Dann muß ich Steuern berechnen. Unser alter Berater, der besser Bescheid weiß als ich, da ich mich nie um diese Dinge sehr gekümmert habe, er hat mich schon zweimal bestellt, mir zu helfen. Das erste Mal hatte er für die Partei etwas zu erledigen und war nicht im Büro. Das zweite Mal war er sinnlos betrunken. Die Partei hatte wieder einmal etwas zu feiern gehabt.

Vetter Fritz ist gestern eilig nach England geflogen. Er will lieber dort warten, bis er nach Australien kann. Eine Stunde später wollten sie auch ihn abholen. Sie sind zu spät gekommen, sagte mir sein Bruder, der, ein getreuer Schatten, mich umgibt und immer da ist, ohne daß ich ihn rufe. Er ist einer der wenigen, die schweigend um mich sind und mich nicht mit neuen Greuelberichten und unrealisierbaren Ratschlägen quälen. An meinen Mann habe ich gekabelt, daß ich zwecks Ausreise nach Kuba Vollmachten von ihm erbitte. So wird er wenigstens, wie ich hoffe, erfahren, daß ich tue, was immer ich für ihn tun kann.

Auf der Polizei habe ich den Paß beantragt. Bei den verschiedenen Steuerämtern unsere sogenannten Unbedenklichkeitsbescheinigungen.[28] Ein alter treuer Beamter sagte zu mir: „Frau Doktor, Sie wollen fort? Da muß ich mich erst setzen." Weiter zum Polizeipräsidium. Sämtliche Papiere habe ich hingebracht. Die Bescheinigung der Buchung nach Kuba. Ich bekomme keinerlei Auskunft, wann mein Mann kommt. Noch einmal zum amerikanischen Konsulat. Und wieder vergebens! Ich sinke fast um vor Hunger und Kälte. 2 Uhr mittags. Seit 7 Uhr bin ich auf den Beinen, und um 3 Uhr mußte ich beim Anwalt sein. Ich schaffe es nicht, auch nicht im Auto, nach Haus zu fahren und wieder zurück. Aber wo, wo bekomme ich etwas zu trinken? Nur eine Tasse Tee oder einen Schluck Wasser! Wo ist kein Schild, daß ich hineinzugehen wage? Eine Zuntz-Kaffeestube am Potsdamer Platz. Ich haste über die Straße. Beinahe wäre ich in ein Auto gelaufen. Verkehrsregel nicht beachtet. Der Schupo an der Ecke warnt mich. „Aufgepaßt, Fräuleinchen, das nächste Mal kostet das ein paar Märklein!" Ich fahre zusammen. Wenn er ahnen würde, wem er das gesagt hat, hätte er mich festgestellt als Jüdin, ich wäre sofort eingesperrt worden. Und jetzt gerade muß ich doch frei sein und handeln für Mann und Kind.

Eilig trete ich in die Kaffeestube. „Fräulein", sage ich am Buffet, „schnell eine Tasse Kaffee. Ich habe es eilig, ich muß zum Zug." Es ist eine glatte Lüge, und ich schäme mich so. Aber wie soll ich denn sonst erklären, daß ich stehend am Buffet das Tässchen Kaffee hinunterspüle und nicht wage, mich an einen Tisch zu setzen. Es könnte mich ja einer sehen, wissen, wer ich bin. Selbst im großen Berlin bin ich ja so bekannt. Überall habe ich Patienten. Wie leicht könnte einer mich, die Jüdin, aus dem Lokal weisen.

[28] Vor der Auswanderung war eine „steuerliche Unbedenklichkeitsbescheinigung" des zuständigen Finanzamts vorzulegen zum Beweis, daß der Fiskus keine Forderungen an den Emigranten mehr hatte und insbesondere, daß die „Reichsfluchtsteuer" bezahlt war.

Zu Hause erwartet mich eine Patientin. Weinend erzählt sie mir, sie hat eine wertvolle Brillantbrosche verloren und den Verlust bei der Polizei angemeldet. „Die werden Sie wohl ins Ausland verschoben haben", bekommt sie zur Antwort. Sie ist ja Jüdin. Was soll sie tun? Und ihr Mann ist nicht da.

8. Dezember 1938

Endlich habe ich die längst erbetene Wartenummer vom Konsulat erhalten. Nun will ich versuchen, durch die Vermittlung englischer Freunde einen Zwischenaufenthalt in England zu erhalten. Die Kubasache scheint nicht ganz so einfach zu gehen, wie man mir versprach.

12. Dezember 1938

Fast täglich erhalte ich nun Grüße von meinem Mann. Es sind schon so viele Bekannte aus dem Lager entlassen worden. Niemand weiß, nach welchen Gesichtspunkten diese Entlassungen erfolgen. Leute, die über 50 Jahre alt sind, Kaufleute, die ihre Geschäfte arisieren müssen oder wollen.[29] Zu Weihnachten, so heißt es, sollen auf Veranlassung von Herrn Göring die Frontkämpfer entlassen werden.[30] Und ich warte und warte. Auf der Kinderver-

[29] „Arisieren" bedeutete im NS-Jargon die Enteignung jüdischen Besitzes durch Überführung in „arische" Hände, in der Regel durch Zwangskauf weit unter Wert. Die „Verordnung zur Ausschaltung der Juden aus dem deutschen Wirtschaftsleben" vom 12. November 1938 untersagte Juden ab 1.1.1939 den Betrieb von Einzelhandels- und Versandgeschäften oder Bestellkontoren und den selbständigen Betrieb eines Handwerks. Das bedeutete de facto den Zwang zur „Arisierung" dieser Betriebe. Vgl. Helmut Genschel, Die Verdrängung der Juden aus der Wirtschaft im Dritten Reich, Göttingen 1966.

[30] Die Inhaftierung der meist wohlhabenden jüdischen Bürger nach der „Reichskristallnacht" sollte als Druckmittel zur Forcierung der Auswanderung dienen. Ende Januar 1939 erging an die zuständigen Stellen der Gestapo, SS und der Konzentrationslager ein Erlaß Himmlers, nach dem jüdische „Schutzhäftlinge" grundsätzlich entlassen werden könnten, wenn sie im Be-

schickungsstelle war ich auch wiederholt.[31] Dort habe ich in vertraulicher Unterredung mein Erlebnis mit dem Erpresser preisgegeben und die Leiterin dringend gebeten, wegen Lebensgefahr mein Kind dem nächsten Transport nach England einzugliedern. So schneide ich mir selber den Lebensfaden vollends ab. Kein Beruf mehr, mein Mann im Konzentrationslager, mein Kind bald im fremden Land! Was bleibt mir noch?

15. Dezember 1938

Heute war ich auf dem Finanzamt zur Ablieferung der Sühneabgabe der deutschen Juden für den Mord, den ein Polenjunge in Paris begangen hat. Um Geld zu bekommen, lassen sie morden! Bei der Abgabe mußte ich zu meinem Schrecken erfahren, daß ich ungefähr 1000 Reichsmark – eintausend – zu wenig bei mir hatte, weil ich nur die Summe mitgenommen hatte, die ein Beamter, wie es sich jetzt herausstellte, irrtümlich mir als ausreichend berechnet hatte. Was nun? Ich hatte kein Geld mehr. „Frau Doktor, wir kennen Sie doch", sagte mir der Beamte, „bezahlen Sie den Rest, wenn Ihr Gatte zurück ist. Sie müssen dann eben die Zinsen bezahlen. Ich werde Ihnen eine Bescheinigung geben. Wir müssen Ihnen das Geld doch abnehmen. Wir Beamten können doch nichts dafür. Wir müssen tun, was man uns vorschreibt." Ich fuhr aber eilends zur Bank und habe doch erreicht, daß ich die fehlen-

sitz von Auswanderungspapieren seien. Vgl. Martin Broszat, Nationalsozialistische Konzentrationslager 1933-1945, in: H. Buchheim/M. Broszat/H.-A. Jacobsen/H. Krausnick, Anatomie des SS-Staates, Band II, Olten und Freiburg 1965, S. 93ff.

31 Es gab drei Organisationen, die bei der Auswanderung halfen. Der „Hilfsverein der Juden in Deutschland" war für die Auswanderung nach europäischen Staaten und Übersee mit Ausnahme Palästinas zuständig; in Berlin existierte als Dienststelle der Jewish Agency for Palestine das „Palästina-Amt", das (mit britischer Genehmigung) sogar Einwanderungsgenehmigungen für Palästina erteilen durfte. Die „Jüdische Wanderfürsorge" kümmerte sich um nichtdeutsche Juden aus Osteuropa. Diese Organisationen arbeiteten unter dem Dach des „Zentralausschusses für Hilfe und Aufbau" der Reichsvertretung der Juden in Deutschland.

den tausend Mark von meinem Konto noch ausbezahlt bekam, um sie vorschriftsgemäß in den Staatssäckel wandern zu lassen.[32] Ich fuhr noch einmal zum Finanzamt zurück mit dem Rest des vorgeschriebenen Betrages. Dort war immer noch Hochbetrieb. Wie viele Tausende ja Hunderttausende jüdischen Vermögens sind wohl heute abgeliefert worden?[33]

16. Dezember 1938

Mein Mann ist zurückgekehrt. Plötzlich überraschend, aber wie? Den Bart haben sie ihm abrasiert, die Haare wachsen spärlich nach, grau. Es tut nichts. Auch in meinem Haar glänzen die ersten Silberfäden. Nicht das Alter hat sie gebleicht. Mein Mann ist zu-

[32] Aufgrund einer Verordnung vom 26. April 1938 mußten alle Juden ihr gesamtes Vermögen, wenn es den Wert von 5000 RM überstieg, anmelden. In dieser Verordnung hieß es: „Der Beauftragte für den Vierjahresplan kann Maßnahmen treffen, um den Einsatz des anmeldepflichtigen Vermögens im Interesse der deutschen Wirtschaft sicherzustellen." Das bedeutete, daß das jüdische Vermögen praktisch sequestriert und der freien Verfügung der Eigentümer entzogen war. Der Oberfinanzpräsident München hatte zum Beispiel am 12.11.1938 angeordnet, daß jüdische Inhaber privater Bankkonten ab 14.11.1938 100 RM wöchentlich abheben durften. Vgl. Joseph Walk (Hrsg.), Das Sonderrecht für die Juden im NS-Staat, Heidelberg, Karlsruhe 1981, S. 255.

[33] Am 12. November (vgl. Anm. 26) wurde den durch die Pogrome der „Reichskristallnacht" geschädigten und verängstigten Juden (allein der Sachschaden wurde auf mindestens 25 Millionen Reichsmark geschätzt) eine Sondersteuer auferlegt. Görings „Verordnung über eine Sühneleistung der Juden deutscher Staatsangehörigkeit" sah eine Kontribution von 1 Milliarde Reichsmark vor. Die erste Durchführungsverordnung vom 21. November bezog staatenlose Juden mit ein, definierte die Steuer als „Judenvermögensabgabe" in der Höhe von 20 Prozent des Vermögens, die in vier Teilbeträgen vom 15.12.1938 bis 15.8.1939 zu entrichten war. Die im Frühjahr 1938 angeordnete und vollzogene Deklarierung jüdischen Vermögens ermöglichte den Behörden die Berechnung der individuell zu zahlenden Summe. Insgesamt belief sich die „Sühneleistung" auf 1,12 Milliarden Reichsmark, außerdem beschlagnahmte der Staat die Versicherungsleistungen für die durch den nationalsozialistischen Pöbel verursachten Sachschäden des Pogroms.

rückgekehrt: Hauptsache, er lebt, er ist da! „Es geht mir gut, und es ging mir gut. Und nun frage nicht weiter", sagt er.

Ich weiß ja, sie haben vor der Entlassung unterschreiben müssen, nichts zu erzählen, und ich frage nichts. Ich sehe nur seine blaugefrorenen, zerschundenen, wunden Hände. Diese einst so feinen, gepflegten Hände, die die Patienten so liebten. Hände, die nie weh tun konnten, wie sie oftmals sagten. Und nun, ich möchte weinen, wenn ich nur seine Hände sehe. Aber ich sehe noch mehr. Auch sein Gesicht ist anders geworden. Verschlossen und hart, aber Hauptsache, er lebt.

Ich weiß, wie viele hinter den Mauern zu Tode gequält, körperlich und seelisch zu Tode gequält worden sind.

Das Kind strahlt. Kleines, tapferes Seelchen! Ich habe gesehen und habe gefühlt, was der Junge wortlos gelitten hat in dem wochenlangen, vergeblichen Warten auf Vatis Kommen.

Und nun sind wir wieder zusammen, und ich kann sogar lachen über den durch die Desinfektion im Konzentrationslager völlig ruinierten Mantel, den restlos unbrauchbaren Anzug, die Lederhandschuhe, die zu Kinderhandschuhen zusammengeschrumpft sind. Heute werden wir alle einmal wieder zu Hause schlafen und hoffentlich keine Angst zu haben brauchen.

17. Dezember 1938

Mein Mann mußte noch einmal zum Polizeipräsidium, sich zurückmelden. Ich bin mitgegangen, noch einmal in dieses furchtbare Haus. Der gräßlichen Vorschrift, sich alle paar Tage auf seinem Revier melden zu müssen gleich vielen andern, ist er wunderbarer Weise entgangen. Er soll nur mitteilen, ob er Anfang Februar nach Kuba fährt. So lange wird uns nun hoffentlich nichts mehr passieren, doch die Angst, die ewige Angst bei Tag und Nacht will nicht weichen.

20. Dezember 1938

Ständig Laufereien und Unruhe. Unser englischer Freund will alles versuchen, daß wir das Permit bekommen, wenn wir nur vom amerikanischen Konsulat erfahren können, wann ungefähr wir nach Amerika reisen können.[34] Und das ist hoffnungslos. Man bekommt keinen Bescheid.

Auch über die Ausreise des Jungen ist noch nichts bekannt. Und ich bin innerlich froh, ihn über Weihnachten noch zu Hause zu haben. In diesen Tagen wird nichts passieren, sagen sie. Sie wollen ihren eigenen Leuten ein bißchen Ruhe gönnen. Mein Mann hat Besuch von Kameraden aus dem Lager. Was für feste Freundschaften doch diese Leidenswochen geknüpft haben! Sie müssen darin Furchtbares ausgehalten haben! Ich höre nur Bruchstücke der Unterhaltung. „Das Schrecklichste war doch bei den Klinkern", sagt der eine. Wenn ich nur wüßte, was das ist. Mein Mann spricht nicht darüber. Schwer schleppen hat auch er müssen. Ich merke es an seinem Gang, an seiner noch immer gebückten Haltung.[35]

24. Dezember 1938

Weihnachtsabend! Der letzte in unserem Heim. Kein Baum, kein Lichterglanz. Selbst meine alte Köchin hat es abgelehnt, in ihrem Zimmer ein Bäumchen zu haben. Auch die Weihnachtsgeschenke scheinen ihr diesmal nicht so viel Freude zu machen, wie in früheren Jahren. Sie weiß ja auch, daß es die letzten Weihnachten nach 13jähriger Tätigkeit in unserem Hause sind.

Und morgen habe ich wieder Gäste. Tischgäste – einsame Menschen, die niemanden sonst haben, habe ich gebeten zu kommen.

[34] Obwohl Großbritannien nach dem Novemberpogrom 1938 die Restriktionen der Einwanderungspolitik lockerte, wurde die Erteilung des britischen Visums häufig mit der Auflage gekoppelt, die Einwanderungserlaubnis für ein anderes Land vorzuweisen.

[35] Die im November 1938 verhafteten Juden wurden in die Konzentrationslager Dachau, Buchenwald und Sachsenhausen gebracht. Das letztere lag in der Nähe von Berlin. In Regie einer SS-eigenen Firma, der „Deutsche Erd- und Steinwerke GmbH", wurde bei Sachsenhausen ein Ziegelwerk errichtet, in dem die Arbeitskraft der Häftlinge ausgebeutet wurde. Vgl. Enno Georg, Die wirtschaftlichen Unternehmungen der SS, Stuttgart 1963, S. 47f.

Was sie zu essen bekommen werden, ich habe mich kaum darum gekümmert.

Silvester 1938

Das Jahr geht zu Ende. Es hat mir alles genommen, was mein Leben froh und glücklich machte. Die letzten Monate haben mich völlig verwandelt. Ich kenne mich selbst nicht mehr. Kein Wunder, daß auch die anderen mich nicht mehr kennen. Ich zähle nur noch die Tage, bis wir herauskommen aus dieser Hölle.

Viele Menschen gehen bei uns täglich ein und aus. Juden und wohlgesinnte Arier. Alle haben nur einen Wunsch: Heraus aus diesem Lande und scheuen sich nicht, es offen auszusprechen.

10. Januar 1939

Des Jungen Geburtstag! Noch einmal soll mein Kind Geburtstagslichter im Elternhause brennen sehen. Wie weh mir ist, als ob jedes Lichtlein mir das Herz versengen würde. Sein Geburtstagstisch, er ist so anders als in früheren Jahren. Keine Spiele, keine Blumentöpfe, die er das Jahr über dann pflegen sollte. Lauter Dinge für die Reise, nur Sachen die unbedingt notwendig sind. Nur Wäsche, Kleider und ein paar Schulbücher. Kein Spiel, keinen photographischen Apparat, nicht einmal den silbernen Bleistift oder die silbernen Manschettenknöpfe, die ihm noch kürzlich als Andenken von lieben Freunden geschenkt worden sind. Aber was liegt daran, wenn nur sein junges Leben gerettet wird. Sinnend decke ich den Tisch mit schönstem Porzellan und Silber. Mein Kind soll noch einmal einen Festestisch im Elternhause sehen. Der Kreis der Gratulanten ist kleiner geworden, und doch, ich bin erstaunt und gerührt, wer sich am heutigen Tage noch mit guten Wünschen für mein Kind bei uns einfindet.

Der Transport nach England soll in den nächsten Wochen stattfinden. Warum er sich so hinausgezögert hat? Niemand weiß es.

15. Januar 1939

Es ist unmöglich zu erfahren, wann ungefähr wir nach USA können, und ohne diesen Nachweis bekommen wir das Permit für England nicht. Überall wirft man uns Steine in den Weg, und heute erscheint wieder ein aufgeregter Freund bei uns und beschwört uns, nicht zu Hause zu bleiben. Sie haben wieder etwas vor.

19. Januar 1939

Beim Jüdischen Hilfsverein.[1] Wie bitter das ist, immer wieder stundenlang auf diesen Bänken fruchtlosen Wartens zu sitzen. Aber durch ihn haben wir die Bestätigung erhalten, daß nach Mitteilung des amerikanischen Konsulates wir im August 1939 mit der Einreise nach USA rechnen können. Sofort gebe ich diese Nachricht telegraphisch nach England weiter.

20. Januar 1939

England braucht unsere Quotennummer.[2] Wieder zum amerikanischen Konsulat. Immer neue Zwischenfälle statt Hilfe in unserer Not.

30. Januar 1939

Wir erhalten die Passage für Kuba nicht! Was nun? Was wird mit meinem Manne geschehen, wenn er mit dieser Botschaft zum Polizeipräsidium kommt? Vielleicht stecken sie ihn wieder ins Lager. Die armen Menschen, die sich da so oft melden müssen, können diese Schikanen und Gemeinheiten bald nicht mehr aushalten.

Auf die Straße komme ich nur noch, wenn ich dringende Wege zu machen habe. Ich kann die Geschäfte mit den groß bemalten

[1] Als „Hilfsverein der deutschen Juden" 1901 in Berlin zur Unterstützung osteuropäischer Juden (Betreuung bei der Durch- und Auswanderung) gegründet, leistete die in „Hilfsverein der Juden in Deutschland" umbenannte und in die „Reichsvertretung (bzw. ab Juli 1939: Reichsvereinigung) der Juden in Deutschland" inkorporierte Organisation ab 1933 wesentlich Auswanderungshilfe für deutsche Juden. Vgl. Anm. 31/1938.

[2] Nach den amerikanischen Einwanderungsgesetzen waren bestimmte Quoten aus einzelnen Ländern jährlich vorgeschrieben. Für in Deutschland und Österreich geborene Einwanderer galt eine Quote von 27000, die jedoch nur 1939 und 1940 voll ausgenutzt wurde, da wirtschaftliche u.a. Restriktionen den unerwünschten Zustrom von Immigranten bremsten. Vgl. Claus-Dieter Krohn, „Nobody has a right to come into the United States". Die amerikanischen Behörden und das Flüchtlingsproblem nach 1933, in: Exilforschung. Ein Internationales Jahrbuch 3 (1985), S. 127-142.

Judennamen nicht mehr sehen. Die meisten sind zwar schon in Arisierung begriffen. Alles ist anders geworden – nur wir bekommen unser Permit nicht.

Heute erzählte mir ein Bekannter, daß er auf der Polizei um ein für seine Auswanderung erforderliches Führungszeugnis ersucht hat. „Brauchen Sie auch ein bereinigtes?“ fragte der Beamte. „Juden, die früher irgendwelche Freiheitsstrafen – Gefängnis oder Zuchthaus – gehabt haben, werden als nicht vorbestraft in dem Zeugnis bezeichnet, um ihnen die Einreise und Aufenthaltserlaubnis zu erwirken, die Vorbestraften von den verschiedenen Ländern nicht gewährt würde.“ Solche Fälschungen begeht eine deutsche Behörde, nur um die Juden abzuschieben![3]

3. Februar 1939

Ich war nie feige, ich war nie schlecht,
Kannt Pflicht nur und Arbeit und Ehr'!
Ich habe gekämpft, so lange es ging,
Doch weiter kann ich nicht mehr.

Ich habe gelitten nun jegliches Leid,
das auf Erden möglich nur ist.
Gab Liebe, gab Heimat, gab Geld und Gut,
Gab mein Herz, das so schwer nur vergißt.

Es gilt mir nichts mehr – ich sehe kein Ziel –
Ich sehe nur Hunger und Not.
Und nirgends Hilf' – mein Herz bäumt sich auf.
Statt betteln wähl lieber ich Tod.

Ich denk an mein Kind, mein einziges Kind.
Und wieder fehlt mir der Mut.

[3] Mit einem Runderlaß desReichsinnenministeriums waren am 24.8.1938 Beschränkungen für die Ausstellung polizeilicher Führungszeugnisse für Juden, die strafbare Handlungen begangen hatten, eingeführt worden. Zum Zweck der Auswanderung konnten Führungszeugnisse jedoch ausgestellt werden. Ein weiterer Runderlaß vom 3.6.1940 war noch deutlicher, dort hieß es, für Juden würden strafvermerkfreie Führungszeugnisse zur Auswanderung erteilt.

Doch – ich muß es tun, es bleibt keine Wahl,
Es zwingt mich mein Herzensblut.
Ich tu's für mein Kind, gerade für Dich
Ich mache die Wege Dir frei.
Ich gehe aus Liebe, aus innerster Not,
Verstehe mich und – verzeih!
Ich kann nicht mehr, es wurde zu viel
Die Welt, sie will mich nicht mehr.
Ich gehe schon, ich mache ja Platz
Das ist meine – letzte Ehr'.

Ich glaube, ich bin bald wahnsinnig vor Warten, Sorgen und Angst. Wir kommen nicht hinaus, nicht einmal den Jungen bringen sie in Sicherheit. Vielleicht wird das „Mutterlose" eher berücksichtigt, wenn sie erkennen, wohin sie mich getrieben haben.

Hier ist es nicht mehr auszuhalten. Immer Unruhen, Gerüchte, Verhaftungen. Jetzt werden den Juden sogar bestimmte Straßen verboten. Da und dort dürfen sie nicht mehr gehen – da und dort sollen sie bald nicht mehr wohnen dürfen.[4] Vielleicht müssen wir bald mit dem gelben Fleck am Mantel herumlaufen.[5] Ich halte es nicht mehr aus. Die Praxis macht mich wahnsinnig. Ich selbst darf nichts anfassen, nicht ordinieren. Mein Mann ist ihr noch nicht völlig gewachsen. Er hat das KZ noch nicht verwunden. Und die armen Patienten – sie bräuchten uns beide so nötig. Ich vergehe vor Sehnsucht nach meinem Beruf. Das Permit aus England kommt nicht, mein Mann muß nächster Tage zur Staatspolizei. Was wird dann passieren?

[4] Am 28. November 1938 hatte der Reichsinnenminister eine Polizeiverordnung erlassen, die den Rahmen für lokale Verbote für Juden bildete, bestimmte Plätze oder Bezirke zu betreten oder sich zu bestimmten Zeiten in der Öffentlichkeit zu zeigen. In Berlin wurde der „Judenbann" am 3. Dezember 1938 vom Polizeipräsidenten angeordnet: Bestimmte Stadtbezirke sowie Badeanstalten, Schwimmbäder und Unterhaltungseinrichtungen durften Juden nicht mehr betreten. Vgl. Joseph Walk (Hrsg.), Das Sonderrecht für die Juden im NS-Staat, Heidelberg, Karlsruhe 1981, S. 260, 262.

[5] Ein „Gelber Fleck" an der Kleidung war im späten Mittelalter fast überall, nicht nur in Deutschland, den Juden als Erkennungszeichen vorgeschrieben.

11. Februar 1939

Das Permit für England ist da! Der Aufenthalt für ein halbes Jahr ist genehmigt. So lange brauchen wir ja gar nicht dort zu sein, da wir ja im August schon nach Amerika weiter können. Endlich, endlich ein Hoffnungsschimmer! Alle Freunde, denen ich es mitteile, freuen sich mit uns, ja, sie beneiden uns. Aber auch sie werden uns bald nachfolgen. Das ist ein Trost in all unserem tiefen Leid.

25. Februar 1939

Mein Junge hat zum Abschied noch einmal fünf Freunde eingeladen. Wie ernst die jungen Gesichter geworden sind, und was sie reden! Wo sie hingehen? Nach Amerika, nach Chile, nach Bolivien, nach Shanghai, jeder woanders hin. Aber alle haben ein Ziel: Vati und Mutti helfen so schnell wie möglich. 14- und 15jährige Jungens, sie überlegen sich jetzt schon, wie sie am schnellsten ihre Eltern ernähren können.

In Deutschland galt die Vorschrift bis ins 18. Jahrhundert. Darauf anspielend hatte die Jüdische Rundschau als Reaktion auf den Boykott am 1. April 1933 am 4. April 1933 einen Artikel veröffentlicht, der unter der Überschrift „Tragt ihn mit Stolz, den gelben Fleck" noch eine selbstbewußte jüdische Antwort auf die beginnende Diskriminierung zu geben versuchte. Die Einführung einer persönlichen Kennzeichnung der Juden als diskriminierende und polizeiliche Maßnahme wurde auf der Besprechung über die Judenfrage, die unter Görings Vorsitz am 12. November 1938 stattfand, erwogen. Heydrich hatte den Vorschlag gemacht, die Juden sollten ein Abzeichen tragen, er erhoffte sich davon einen günstigen „psychologischen Einfluß auf die öffentliche Meinung", und meinte, das sei eine Möglichkeit, „die viele andere Dinge erleichtert" (Göring plädierte für Uniformen). Die Kennzeichnung in Form des gelben Davidsterns, der an der Kleidung angenäht zu tragen war, wurde im Deutschen Reich am 2. September 1941 (mit Wirkung ab 19.9.1941) verfügt, in den besetzten polnischen Gebieten war der Judenstern bereits am 23. November 1939 eingeführt worden.

1. März 1939

Nun ist alles gepackt. Morgen fährt mein Junge mit einem Kindertransport nach England. Noch einmal ging ich mit ihm durch die dämmernde Stadt, durch die altvertrauten Straßen zum Tiergarten, zum Spielplatz, wohin sein täglicher Weg war, zum Zoo und zurück zur Kaiserallee zu seiner alten Schule. Noch einmal hat er seinen Lieblingslehrern Lebewohl gesagt. Sie wissen und bestätigen mir, daß sie überzeugt sind, daß der Junge seiner Schule und uns allen auch draußen Ehre machen wird. Darauf will ich hoffen und will daran denken, daß er morgen schon um diese Zeit draußen ist, im fremden Lande bei guten Menschen und in Sicherheit. Und ich erzähle ihm, daß wir bald nachfolgen werden, und wie er mir dann helfen wird, und ich lache, und mein Herz möchte aufschreien vor Weh! Weinen kann und darf ich nicht. Aber oft geht ein Schütteln durch meinen ganzen Körper – ein einziger großer Schmerz!

Morgen gebe ich mein Kind, mein letztes, tiefstes Glück, auch dieses haben sie mir genommen. Weh ihnen, wenn Muttertränen sich einmal an ihnen rächen!

Ich habe den Jungen zu Bett gebracht. Zum letzten Male daheim in meinem Arm ist er eingeschlafen, wie einst als kleines Kind.

Du schläfst in meinen Armen
Wie einst als kleines Kind;
Ich spüre Deinen Atem,
So süß, so leis und lind.

Ich wag mich nicht zu rühren
In tiefem Mutterglück,
Ich will Dich nur behüten
Mit treuem Mutterblick.

Du schläfst in meinen Armen
Heut' noch ein letztes Mal;
Dann wirst Du von mir gehen
O herbe Mutterqual!

Ich wag mich nicht zu rühren,
So laut die Seel auch schreit,
Du darfst es niemals ahnen,
Mein tiefes, tiefes Leid!

Du schläfst in meinen Armen
Du großer, kleiner Mann
So ruhig und ohne Ahnung
Was man uns angetan.

Ich wag mich nicht zu rühren,
– In Leid und Weh noch groß –
Du schläfst in meinen Armen –
Und wir sind – heimatlos!

2. März 1939

Mein Kind ist fort! Früh um 6 Uhr haben wir den Jungen zum Schlesischen Bahnhof gebracht zum Kindertransport nach England. Wie erschütternd das war! Schon der Beamte der Gestapo, der uns empfing und alle beaufsichtigte, hatte mir wieder alles Erlebte aufgewühlt. Wegen dieser Gesellschaft müssen wir leiden, glücklos und heimatlos werden. Wir und unsere Kinder! Und wen ich alles traf an diesem Morgen! Eine Kollegin in tiefer Trauer – ihr Mann starb drei Tage nach der Entlassung aus dem Konzentrationslager. Sie schickt ihren Jungen weg. Eine Patientin von mir bringt ihr vierjähriges Mädelchen. Ein anderer Patient sein Töchterchen, dessen arische Mutter bereits im Ausland lebt. Immer mehr Bekannte kommen!

Und die Kinder, sie stellen sich an mit ihren Köfferchen, die sie ja selber tragen müssen. Jedes Kind bekommt eine Nummer, und die Kinder, sie kommen sich so wichtig, so interessant dabei vor, während es uns das Herz zerreißt.

Bald müssen wir uns verabschieden. Die Kinder sollen reihenweise zum Zug geführt werden. Begleitung der Eltern zum Bahnsteig ist verboten. Ich küsse meinen Jungen und flüstere ihm zu, „schau am Bahnhof Zoo aus dem Fenster“, mehr nicht.

Ein Gedanke ging mir durch den Kopf. Ich will versuchen, ihn zur Tat werden zu lassen. Ich weiß, der Zug hält am Bahnhof Zoo noch einmal. Vielleicht erreiche ich ihn und erhalte auf dem Bahnsteig noch einmal einen letzten, allerletzten Abschiedskuß von meinem Kinde. Ich werfe mich ins Auto, ich rase zum Zoo, löse die Bahnsteigkarte, stürze hinauf und bin vor dem Zug noch da.

Ich kaufe noch einige Keks, eine illustrierte Zeitschrift und schon sehe ich den Zug heranbrausen. Der Bahnsteig ist ziemlich leer, niemand verbietet mir, an den Zug heranzugehen. Und mein Junge sieht aus dem Fenster und sieht seine Mutti noch einmal. „Einen feinen Platz hab ich, Mutti", zwitschert er mit seinem frohen Kinderstimmchen. Ich aber sage: „Schau Junge, wie schön die Frühlingssonne über dem Planetarium heraufkommt und wie fein die Gedächtniskirche von hier oben aussieht. Einen herrlichen Reisetag habt Ihr, Ihr Glückskinder!"

Noch einmal halte ich meines Jungen geliebte Hände, er beugt sich aus dem Fenster, noch ein Kuß und der Zug entführt ihn mir.

Nun sitze ich zu Hause an seinem Schreibtisch. Nicht weinen, nicht weinen! Zu Tisch wird ein Schulkamerad zu uns kommen, er hat uns versprochen, wie bisher allwöchentlich an diesem Tage unser Gast zu sein, solange bis auch er mit seinen Eltern nach Bolivien fahren wird.

3. März 1939

Ein Telegramm aus London: „Gut angekommen". Wie froh bin ich. Mein Kind ist in Sicherheit. Nun kann ich beginnen, unsere Wohnung aufzulösen, das Heim, in dem wir uns schon nicht mehr zu Hause fühlen.

12. März 1939

Wir waren wieder einmal unterwegs auf der Flucht. Wir hatten eine Warnung bekommen, auf alle Fälle lieber nicht zu Haus zu schlafen. Wo wir diese Nacht verbrachten, ich möchte es nicht einmal diesen Blättern anvertrauen. Es möchte einem gewissen

Herrn Minister doch wohl nicht recht sein, daß unter seinen Beamten und Angestellten auch solche sind, die ihr eigenes Bett zur Verfügung stellen, um einem verehrten Arzte, dem sie Dank schulden, Schutz und Sicherheit gegen seine Ver[folger zu bieten.]

Bei uns zu Hause ist nichts passiert. Niemand hat uns gesucht, doch hören wir, daß einige jüdische Männer, angeblich wegen Devisenvergehen, wieder abgeholt worden sind.

Und ich sollte eben Kleider anprobieren, Kleider, die mir viel zu weit geworden sind, und in denen ich, wie mein Schneider sagt, unmöglich herumlaufen kann. Wenn er wüßte, wie gleichgültig mir das geworden ist. Ich verschenke, verschenke und verschenke fast wahllos ... Möbel, Bilder, Bücher, Kristall, Porzellan. Ich brauche es ja doch nicht mehr. Ich stelle Listen auf, was ich mitnehmen möchte, wozu ich erst die Genehmigung einer hohen Behörde brauche. Sie schicken einen Prüfer, der zu bestimmen hat, wieviel ich noch einmal an den Staat zu bezahlen habe, um mitnehmen zu dürfen, was unser Eigentum ist. Wie lächerlich sind diese Schikanen und Vorschriften, bei denen es sich doch nur darum dreht, möglichst viel Geld in den Nazisäckel abzuliefern. Es wäre doch soviel einfacher, es einem fortzunehmen!

Nun müssen wir zum Paßamt zur gefürchteten Karlstraße. Ob sie uns auch als dreckiges Judenpack betiteln werden, wie es einem Kollegenehepaar kürzlich geschah?

Die Kennkarte für Juden, für die wir uns extra haben photographieren lassen müssen – mit links freiem Ohr für das Verbrecheralbum! – mußten wir auch abholen, trotz unserer kurz bevorstehenden Auswanderung! Es sind ja pro Person 3 Reichsmark zu entrichten dafür. Die lassen sie sich nicht entgehen – dafür haben sie jedem Juden auch den Vornamen Sara bzw. Israel verliehen![6]

[6] Am 23. Juli 1938 erging eine Verordnung der Reichsministerien des Innern und der Justiz, die alle Juden verpflichtete, „unter Hinweis auf ihre Eigenschaft als Jude" Kennkarten zu führen. Diese Personalausweise mußten bis 31.12.1938 beantragt werden. Alle Juden über 15 Jahre mußten die Kennkarte jederzeit bei sich tragen und bei Partei- oder Verwaltungsstellen unaufgefordert vorweisen. EineVerordnung vom 17. August 1938 bestimmte, daß Juden

18. März 1939

Alle Juden müssen Silber und Schmuck abliefern, abliefern in der Pfandleihe. Jetzt weiß ich wenigstens, warum schon im Vorjahr für die Steuer eine so genaue Bestandsaufnahme gemacht werden mußte. Wir haben alles so korrekt aufgezählt. Bekannte lachen uns aus. „Wie konntet Ihr nur? Wir waren klüger." Aber dafür dürfen wir jetzt auch, nachdem wir gleich allen anderen das Sühneopfer voll und ganz bezahlt haben, noch unsere anderen Gold- und Silberwerte abliefern. Drei Bestecke, nebst Löffeln dürfen wir für uns behalten – drei von den vielen kostbaren. Nicht um den wirklichen Verlust trauere ich. Die Pietät, die mir gerade dieses Familiensilber so besonders wert macht, sie will sich dagegen auflehnen. Auch ein paar kleine Schälchen, 5 Stück, jedes nicht schwerer als 40 Gramm, den Trauring und eine silberne Uhr genehmigen sie uns noch. Alles andere muß ich nun zusammenpakken.[7]

Noch einmal gleitet der alte kostbare Familienschmuck durch meine Hände. Ich selber habe ihn nie getragen – er war mir viel zu kostbar. Doch in meiner Phantasie habe ich bereits eine junge Schwiegertochter damit beglückt. Die Brillantbrosche, die meine Mutter mir geschenkt, als ich Vater in seiner schweren Krankheit behandelt hatte, den Ring vom Großvater, das erste Angebinde, das mein Mann mir an den Finger gesteckt, noch ehe wir öffentlich verlobt waren, die Kette, die er zu des Jungen Geburt mir um

ab 1.1.1939 nur „jüdische" Vornamen tragen durften (sie waren vom Reichsinnenministerium aufgelistet). Wer einen nichtjüdischen Vornamen hatte, und das traf für fast alle deutschen Juden zu, mußte seinem Vornamen „Sara" bzw. „Israel" anfügen.

[7] Am 21. Februar 1939 war die Anordnung des Beauftragten für den Vierjahresplan ergangen, nach der alle Juden die in ihrem Besitz befindlichen Gegenstände aus Gold, Platin und Silber sowie Edelsteine und Perlen binnen zwei Wochen an staatlichen Ankaufsstellen abzuliefern hatten (RGBl. I, S. 282). In einem Schreiben des Reichswirtschaftsministeriums vom 24.2.1939 hieß es: „Bei Übernahme und Verwahrung der von Juden abzuliefernden Gegenstände aus Edelmetall, Edelsteinen und Perlen kommt eine Ablehnung des Angebots durch den Juden nicht mehr in Frage." Vgl. J. Walk (Hrsg.), Das Sonderrecht für die Juden im NS-Staat, Heidelberg, Karlsruhe 1981, S. 283.

den Hals gelegt, und die ich seither als einziges Schmuckstück ständig getragen habe – Stück für Stück betrachte ich es noch einmal. Dann lege ich es traurig zu den anderen – Erinnerung an glückliche Stunden, an Zeiten des Glücks und des Wohlstands, auch ohne diese äußeren Zeichen wird sie mir nie entschwinden. Und ich packe den Koffer zusammen, er ist doch reichlich schwer geworden. Ob wohl manches meiner Erbstücke bald die Nazifrauen schmücken wird? Ob sie ihre Festestische mit meinen Bestecken und silbernen Schalen schön machen werden oder ob sie wirklich alles einschmelzen für Kanonen, wie es erzählt wird? Mir ist es gleich. Nur fort aus diesem Lande, mich schüttelt Ekel vor allem, was hier geschieht.

30. März 1939

Wir haben die Kennkarte geholt. Stundenlang haben wir wieder warten müssen. Beim Fingerabdruck fragte mich der Beamte, als er meinen Namen las, ob ich die Ärztin bin. „Ich war's", gab ich zur Antwort, fürchtend, daß er mir eine Falle stellen würde. „O", sagte er, „bleiben Sie doch, ich möchte Sie so gerne etwas fragen. Ich habe ein Kind, ein krankes Kind, in der Charité ist es am Bein operiert worden. Es geht ihm schlecht. Geben Sie mir doch einen guten Rat. Wir haben eben jetzt sonst keine tüchtigen Ärzte mehr." – „Bringen Sie das Kind zu Professor X.", sagte ich voller Erregung, denn ich hatte Angst. Es schien schon aufzufallen, daß der Beamte so lange mit mir redete.

Ich fühle die Blicke auf mich gerichtet, oder bilde ich es mir nur ein?

1. April 1939

Sechs Jahre Leidenszeit! Doch bald ist nun alles vorbei. Täglich gehen fremde Menschen durch mein Haus, wühlen in allem, was mir lieb ist. Leichenfledderer, möchte ich sagen. Aber es ist ja alles so gleichgültig.

Die Listen für unser Umzugsgut sind genehmigt. Alles ist bezahlt. Die Unbedenklichkeitsbescheinigung vom Finanzamt ist in unseren Händen. Was kann noch kommen? Ich habe immer noch Angst.

Heute kam eine alte Patientin von der Straße heraufgestürzt. Sie hat gesehen, daß man mein Lieblingszimmer, einst Großmutters Musiksalon abgeholt hat. „Was ist hier los? Ich kam zufällig vorbei, das ist doch Ihr Zimmer, das man da herausgetragen hat."

Ich ziehe sie eilig in mein Speisezimmer. Man darf sie ja bei uns nicht sehen, sie ist Beamtin. Und ich sage ihr, was uns geschah und daß wir in wenigen Wochen das Land, das unsere Heimat war, verlassen werden. Und sie weint fassungslos.

6. April 1939

Alles ist gepackt. Vier Tage waren Packer und Zollinspektoren im Hause. Es war furchtbar.

Ich selbst durfte nichts anfassen. Jedes Stück haben die Beamten durchschnüffelt und durchwühlt.

Auf einer Briefwaage haben sie kontrolliert, ob nicht etwa eines der fünf genehmigten Silberschälchen mehr als 40 Gramm wiegen könnte. Doch alles war korrekt.

Aber furchtbar war es für mich doch, daß jeden Abend die Beamten, ehe sie gingen, einige Zimmer meiner Wohnung versiegelten. Vielleicht, so dachten sie wohl, hätte ich sonst noch etwas Unerlaubtes hineingepackt! Doch jeden Tag wurden die Beamten etwas freundlicher. Und am letzten Tag habe ich von dem einen Beamten gehört: „Frau Doktor, Sie sind doch wohl arisch?" „Nein, warum?" habe ich gefragt. „Ach, ich dachte nur so – und eigentlich ist es doch ein Jammer, daß Sie von hier fortgehen!"

Und nun schlafen wir auf einem alten Sofa und auf einer Matratze in einem Hause, das einst unser „Daheim" war. Aber bei Freunden wohnen wollen wir nicht.

Ein alter Tisch, ein paar Stühle sind auch noch vorhanden – und immer noch Gäste zu Tisch, zum Kaffee – und Blumen, überall Blumen in der sonst so leeren Wohnung.

Unser Lift[8] – er ist auf dem Wege nach Holland. Wann werde ich ihn wieder auspacken und wo werde ich einmal wieder ein Daheim haben?

Und meine leeren Räume – sie flüstern: Arbeit, Ehre, Daheim, Glück, es war einmal!

7. April 1939

Nun haben wir unsere Ausreise endgültig festgelegt: Noch knapp 3 Wochen. Niemandem sage ich den genauen Termin. Aber bei vielen, die heute sagen: „Ich sehe Sie doch bestimmt noch einmal", weiß ich, daß es schon zum letzten Mal ist, daß ich sie nie, nie mehr wiedersehen werde, und daß ich bald lebendig tot für sie sein werde, denn schreiben von draußen, ich kann es nicht, darf es nicht, ich würde sie ja in Gefahr bringen.

Ich „hause" in unserer leeren Wohnung. Die leeren Räume bedrücken. Es ist alles so leer. So „gewesen".

Die Koffer für die Reise sind plombiert von Zollbeamten, ich habe kaum etwas anzuziehen. Und es ist so kalt geworden, wie gerne hätte ich noch eine warme Jacke – aber kann ich, darf ich sie noch kaufen? Mache ich mich strafbar, wenn ich es tue? Ich müßte sie ja dann auch erst genehmigen lassen und ein zweites Mal bezahlen bei der hohen Behörde – und Geld! Ich habe ein Vermögen auf der Bank und kann nichts damit anfangen, ich kann nicht heran, nur einen bestimmten Betrag im Monat für das Notwendigste zum Leben haben sie uns zugebilligt, wie allen anderen Juden und ich muß rechnen, sparen, einteilen. Da sind noch so viele Arme, die zu Ostern ihr gewohntes Paket haben sollen!

Meinem Jungen nach England darf ich nichts schicken, keine Tafel Schokolade, kein Osterei. „Es tut mir leid", sagte der freundliche Beamte auf unserem Postamt, der mich nun auch viele Jahre kennt.

8 Gemeint war das Umzugsgut im Speditionsbehälter.

10. April 1939

Noch einmal in der alten Heimat! Meine guten Eltern sind so „alt“ geworden. Das Haus, in dem sie lebenslang nun gewohnt haben, unser Stolz, unser liebes altes Elternhaus – es muß verkauft werden. „Juden dürfen keinen Grundbesitz mehr haben!“[9] Das Haus ist irgendeinem Parteimitglied zum Einheitswert zugesprochen worden. Auf der Behörde hat man meinem Vater gesagt, wenn er es nicht „freiwillig“ gebe, dann – das nennen sie „FREIWILLIG“.

Unseren schönen Garten haben sie verwüstet, es soll eine Straße – ganz sinn- und zwecklos – hindurchgeführt werden – nur weil eben überall gebaut werden muß.

Das Geschäft – nein, Vater verkauft es nicht. Generationen haben es besessen, in Ehren weitergeführt, die alte, angesehene Firma, sie soll ausgelöscht sein, ausgelöscht, wie wir es selber bald sind. Wie freute sich früher die ganze Stadt, wenn ich kam. Ich „gehörte“ ihnen allen – ich, die einzige Ärztin aus ihrer Stadt. Ich war ihr Stolz, ihr besonderer Liebling, und heute grüßen sie kaum noch! Und wie ein Traum hat es mich angemutet, daß ich auf dem Spaziergang über die Höhenanlage – allein – denken mußte: „Zum letzten Mal gehst Du diesen Weg, den liebsten von allen, den Weg, der in jedem Urlaub mein erster und mein letzter war. Abschied – Abschied für immer!“ Ich nehme mich zusammen, so gut es geht, die alten Eltern sollen nicht wissen, daß es mein letzter Besuch ist, wohl mögen sie es ahnen. „Von ihr bekomme ich eben eines Tages einen Brief, daß sie fort ist“ – diese Worte meines Vaters zu meiner Freundin, die sie mir wiedergab, sie zeigen mir, wie genau mein Vater mich kennt, und wie der kluge, gütige alte

[9] Auf Vorschlag Görings hatte Hitler am 28. Dezember 1938 u.a. entschieden, „die Arisierung des Hausbesitzes an das Ende der Gesamtarisierung zu stellen“. Vordringlich war „die Arisierung der Betriebe und Geschäfte, des landwirtschaftlichen Grundbesitzes, der Forsten u.a.“ (IMT, Bd. 25, S. 132ff.). Diese Entscheidungen, in einem Geheimerlaß Görings festgelegt, bildeten de facto die Ausführungsbestimmungen der Konferenz vom 12. November 1938 (vgl. Anm. 26/1938).

Mann die Kraft hat, mit mir die Komödie meines obligaten Osterbesuches daheim zu spielen!

Auf dem Marktplatz kurz vor unserem Hause hat mich ein Herr angesprochen, auch ich habe ihn sofort wiedererkannt, einer aus meiner Schulklasse – 20 Jahre oder mehr haben wir uns nicht gesehen. „Hertha, Du? Wie geht es Dir?"

„Franz, Du wagst es, hier mit mir zu sprechen? Wird Dir das nicht gefährlich sein?"

Doch er, ein guter alter Zentrumsmann, er sagt zu mir: „Du bist mir heute noch mehr als diese Maulaufreißer ... Ich habe oft an Dich gedacht. Glaub mir, nach dieser Zeit kommt auch wieder eine andere. Wir warten alle darauf! Wir, das sind die alten treuen Katholiken, deren Häuser sie in meiner Heimat auch mit unflätigen Worten bemalt, deren Schaufenster sie auch besudelt haben."

Wir wechselten noch ein paar Worte. Leb wohl, ein Händedruck, meine frohe Schulzeit, meine sonnige Jugend, sie hat mich noch einmal gegrüßt.

12. April 1939

Die alte, im Dienst ergraute Anna, die seit mehr als 20 Jahren bei meiner Freundin in Stellung ist, sie kommt am frühen Morgen ganz außer Atem zu uns. Sie bittet mich und meinen Mann: „Kommen Sie doch schnell, schnell, der Herr ist wieder so schlimm, schnell, sonst passiert etwas." Ich renne mit ihr ohne Hut und Mantel die wenigen Schritte bis zu ihrer Wohnung.

„So ist es fast jeden Tag, seit er aus Dachau zurück ist", keucht Anna, die arme Frau, sie hält es nicht mehr aus. Ich weiß es längst, aber es erschüttert mich urgewaltig, als ich den Mann von 60 Jahren, einen gebildeten, reichen und früher wohlangesehenen Kaufmann weinen und schreien höre in wilder Verzweiflung.

Wiederholt hat er versucht, sich aus dem Fenster zu stürzen vor den Augen seiner Frau, jetzt tobt und schreit er. Er hält es nicht mehr aus in diesem Lande der Mörder und Diebe, händeringend beschwört ihn meine Freundin zu schweigen, jedes Wort, das auf die Straße dringt, oder im Hause gehört wird, bedeutet ja Lebensgefahr für alle. Als er mich sieht, klammert er sich an mich und bittet flehentlich um Gift: „Lieber tot als weiterleben in diesem Lande!"

Ich weiß, sie haben ihn geschlagen und geschunden im Konzentrationslager, andere Leute haben es mir erzählt, auch er ist krank nach Hause gekommen, und seither ist sein Leben zerstört, auch er ein Opfer des Dritten Reiches, eine glückliche Familie. Er hat zwei reizende junge Söhne – ist glücklos und elend geworden – wieder einer!

14. April 1939

Abschied von daheim! Noch einmal war ich auf dem Friedhof an den Gräbern der Ahnen und Freunde. Wenigstens die demolierten Steine sind zum größten Teil wieder aufgerichtet.[10] An die schöne alte Synagoge, die sie ja auch im November niedergebrannt haben, gemahnen nur alte Steine, Schutt und Geröll. Der nahe Park, er atmet erstes Frühlingsahnen, schöne, stille, kleine Heimatstadt, wie habe ich Dich geliebt, wie lieb ich Dich noch, auch heute und immer, wo mich viele Deiner Bewohner verraten haben aus feiger Angst, ich will daran nicht denken, zum letzten Male halte ich meiner Mutter gütige Hände, spüre des Vaters geliebtes Auge über mich gleiten, forschend, fragend, liebevoll.

Was wird aus den alten Eltern, die wir nun einsam und in Gefahr allein zurücklassen müssen?

Nicht denken, nicht denken!

Wozu die Qual?

15. April 1939

Wir fuhren bei Tag nach Berlin zurück. Juden dürfen ja keinen Schlafwagen mehr benützen, und wir hatten ja auch Zeit. Keine Patienten, kein Heim hat hier auf uns gewartet und kein Kind.

[10] Beim Novemberpogrom 1938 waren auch fast alle jüdischen Friedhöfe in Deutschland verwüstet worden.

Wie schön wäre dieses deutsche Land, wenn nicht überall die Hakenkreuzfahnen wehten. Fahnen, die weh tun und beleidigen mit ihrem höhnischen Geflatter zum Abschiedsgruß.

„Was haben sie alles getan, die braunen Verbrecher!" Immer muß ich es denken, auch jetzt in meiner leeren Wohnung – leer und ausgedörrt wie meine Seele.

Und heute haben sie uns wieder gewarnt![11] Nicht uns persönlich nur, alle Juden. „Seid vorsichtig, seid auf der Hut. Er tobt wieder einmal, er sucht Opfer" – und die Angst geht weiter.

20. April 1939

Des „Führers" Geburtstag! Das Volk muß jubeln! Die Straßen sind geschmückt und erleuchtet in Festesglanz! Und wir verbluten an den Wunden, die sie uns geschlagen.

26. April 1939

Abschiedsbesuch bei meinem Geheimrat, auch er packt! Auch er geht – zu spät.

Eine Bekannte erzählt mir heute strahlend, daß sie es doch erreicht haben, daß sie – trotzdem sie zur polnischen Quote gehört – auf die deutsche Quote ihres Mannes gekommen ist und schon ihr Visum hat.[12] Also, es gibt Möglichkeiten.

[11] Am 15. April 1939 richtete US-Präsident Roosevelt eine Botschaft an Hitler, die eine lange Liste von Staaten sowie die Frage enthielt, ob er bereit sei, die Zusicherung zu geben, diese Nationen nicht anzugreifen oder dort durchzumarschieren. Der „Völkische Beobachter" nannte den amerikanischen Schritt, der eine Reaktion auf die Zerschlagung der Tschechoslowakei war, ein „infames Täuschungsmanöver im Stile Wilsons", Hitler kündigte seine Antwort in Form einer Rede vor dem (nur noch zu solchen Gelegenheiten einberufenen) Reichstag an. (Vgl. Anm. 14).

[12] Vgl. Anm. 2.

27. April 1939

Seit 2 Tagen haben wir kein Licht mehr, jetzt auch kein Gas. Den Tee darf meine Köchin bei einer lieben Mitbewohnerin im Hause kochen, und mittags essen wir bei meinem Schwager. Minna weint den ganzen Tag, die treue Seele glaubt noch immer nicht, daß wir nie mehr zurückkommen. Ihr Zimmer ist noch das einzig richtig möblierte in der Wohnung, ich habe es ihr geschenkt, sie wird es erst nächster Tage abholen lassen. Sie selber wird zu einer Freundin gehen.

Es ist später Nachmittag. Ich schreibe zum letzten Mal an meinem Tisch in meinem Heim. Noch einmal gehe ich durch die Räume, das war einst mein Heim, jede Wand streichle ich noch einmal und denke, wie alles war und, wie alles kam – wie sinnlose Brutalität uns und unser Glück vernichtet hat. Tränen? Ich, ich weine doch nicht und doch: ich kann kaum aus den Augen sehen. Ein paar Getreue waren noch einmal da – Inge, eine meiner liebsten arischen Patientinnen und die dankbare Mutter, deren Töchterchen ich noch vor kurzer Zeit den Klauen eines operationswütigen Chirurgen entreißen konnte, schnell, ehe dem Kind das Bein amputiert wurde! Nun bin ich allein. Eine alte Patientin bittet meinen Mann eben noch um ein letztes Rezept, das Telephon ist seit einer Stunde abgeschnitten, abgeschnitten wie ich selber von allem, was hier noch geschieht.

Es wird Abend. Ein letztes Kerzenstümpfchen flackert in meiner Hand, so gehe ich durch mein Heim, schluchzend liegt meine Minna mir im Arm. Ruhe, nur Ruhe, die Koffer sind aufgeschichtet, das Auto bestellt, die Hausschlüssel abgeliefert – ein paar Stündlein noch und alles ist überstanden. Alles? Ich kauere in der dunklen Ecke meines alten Sprechzimmers – ich sehe das Kerzchen langsam erlöschen, ein heißer Tropfen fällt brennend auf meine Hand. Das Licht ist aus. Hier war ich einst Ärztin, hier war ich einst glücklich – hier war ich daheim ...

27./28. April 1939

Notizbucheintragung im Zug nach Bremerhaven.

Es ist vorbei. Um Mitternacht sind wir fortgefahren. Durch den Tiergarten, durch die hellerleuchtete Prachtstraße, in der die Pylonen zu Ehren des Führers glühen, brachte uns das Auto zum Lehrter Bahnhof. Wie dunkel und unfreundlich die Halle aussah, wie ein Sarg! Mein Schwager und ein treuer Vetter meines Mannes kamen zum Zug – die letzten Blumengrüße, rote Tulpen liegen in meinem Schoß. Traumhaft zieht mein ganzes Leben an mir vorbei – bin ich das, die nun hinauszieht, bettelarm, in die unbekannte Welt? Heimatlos, ohne Aussicht je wieder in den geliebten Beruf zu kommen und die leben muß – aus Pflicht gegen Mann und Kind. Bin ich das, die so jung einst war, und so herzlich lachen konnte? Was tat ich, daß mir solches geschieht? Nichts, aber ich lebe gleich zahllosen anderen „Rassegenossen“, für die keine Stimme spricht – im Augenblick wenigstens nicht. Durch wieviel Not und Angst sind wir gegangen, um nichts, als weil wir leben! Wo ist der Große, der für uns eintritt, der uns rächt, der rächt all die zahllosen Verbrechen der braunen Mordbuben, die ein Volk, nein, eine Welt irregeleitet und unglücklich gemacht haben?

Der Zug rattert durch die Nacht. Schlafen kann ich nicht. Ich bin nicht mehr gewöhnt, ruhig zu schlafen. Überall lauert Angst und Gefahr, bis ich endlich dieses Land, das meine Heimat war, verlassen habe …

Zum letzten Mal fahr' ich durch lang vertraute Straßen
Um Mitternacht. Und die Pylonen glühen.
Ein Volk muß jubeln, seinen Führer ehren,
Indess' wir heimatlos von dannen ziehen.

Mein Herz ist schwer, doch tränenlos mein Auge.
Es starrt ins Weite. Und mit Seherblick
Steht vor mir – grauenhaft und dunkel
Des Landes Zukunft und des Volks Geschick.

Und Fackeln, Fackeln seh ich glühen
Wild lodernd schon in kurzer Zeit.

Und Menschen, Menschen seh ich ziehen
Und sehe nichts als Krieg und Leid.

Und ahn' und weiß in dieser Stunde,
Daß Schicksal ewig Rache sinnt.
Wo heute Jubel, Volksbeglückung, –
Der Untergang bereits beginnt.

28. April 1939

Bremerhaven! Paßkontrolle! Der SS-Mann sieht meinen Paß. „Geboren in Laupheim. Sie sind ja Süddeutsche." „Genau wie Sie", wage ich zu sagen und langsam: „So schickt mir die Schwabenheimat noch einen Abschiedsgruß!" Und soeben habe ich den Abschiedsbrief an meine guten Eltern in den Briefkasten geworfen. ... Die Zollkontrolle war kurz und bündig. Wir hatten ja nur ein Handköfferchen. Alles andere war ja in Berlin schon versiegelt worden. Wenn mir einmal jemand gesagt hätte, daß ich mit plombierten Koffern in die Welt fahren muß, geglaubt hätte ich es nie ...

Leibesvisitationen haben sie bei uns nicht gemacht – mir wäre auch das gleichgültig gewesen – es liegen so viele Schikanen hinter mir, daß es auf diese eine nicht mehr angekommen wäre.

Auf der „Bremen"! Ein schönes Schiff, aber wenig Passagiere. Noch ein paar Auswanderer und, wie es scheint, eine süddeutsche Reisegesellschaft. Alle mustern sich scheu, reden tut keiner. Der nette Stewart sagt zu mir: „Bald wird der Kasten auch Herrn Ley für seine K.d.F.-Fahrten gehören, wir können ihn so nicht mehr lange halten."[13] Und er hat es so bitter gesagt. Jetzt hören alle die Hitler-Rede im großen Festsaal, ich nicht.[14] Ich kann diesen hy-

[13] Die Freizeitorganisation „Kraft durch Freude" (KdF) der Deutschen Arbeitsfront besaß eine eigene Flotte von zwölf Passagierschiffen, mit denen sehr beliebte Kreuzfahrten unternommen wurden. (Nach Kriegsausbruch wurden die KdF-Dampfer als Lazarettschiffe und Truppentransporter verwendet).

[14] In der Rede vor dem Deutschen Reichstag am 28. April 1939 rechtfertigte Hitler, auf die Botschaft des US-Präsidenten Roosevelt antwortend, die An-

sterischen Schreier, dieses widerliche Organ nicht mehr hören. Das Schiff ist wie ein Gespensterschiff. Kein Passagier, niemand von der Besatzung, niemand ist zu sehen, nur ich gehe suchend durch die Gänge. Was suche ich eigentlich? Ruhe? Frieden?

Wieder flüchte ich mich zum Schreiben, die jagenden Gedanken zu ordnen. Wir fahren verspätet ab – natürlich wegen der Rede noch ein paar Stunden länger in diesem Lande der Angst und Erniedrigung. „Seelenmörder, Diebe, Mörder", klingt es mir aus dem Stampfen der Maschine, aus dem Rauschen der Wellen. Doch ich, ich fahre in die Freiheit, ich fahre zu meinem Kinde, daran will ich denken.

Im Speisesaal ziemlich unauffällig, aber doch, die „Judenecke", in der für uns gedeckt ist. Ich bringe kaum einen Bissen herunter. Essen vom letzten selbstverdienten Geld, tönt es mir im Herzen. Bald werde ich Schulden machen müssen, und auf der Bank liegt ein Vermögen, und ich kann mir nicht das Stück Brot kaufen, das ich zum Leben brauche, für wie lange Zeit wohl? Jetzt beginnen neue Demütigungen anderer Art, ich fühle es, denn ich bin stolz und ich war noch nie abhängig. 20 Jahre Arbeit, 20 Jahre umsonst gearbeitet!

Warum schauen sie mich alle so mißtrauisch an? Den ganzen Tag hab' ich mich's gefragt. Jetzt weiß ich es: Beim Abendbrot hat es mir eine Dame gesagt. Sie wissen nicht, wohin mit der blonden Frau in der Judenecke. Die arische Frau eines Juden? Aber, wo ist der Mann? Daß er neben mir sitzt, ja, er sieht doch auch nicht jüdisch aus! Und die schöne Perlenkette, die sie trägt. Juden dürfen doch keinen Schmuck mitnehmen. Sie sehen nicht einmal, daß es die gute Imitation ist, der Ersatz für die abgelieferte Kette, die ich als einzigen Schmuck stets trug. Bewußt habe ich sie gekauft und angelegt – ich will nicht so „nackt" herumlaufen – jetzt erst recht nicht. Selbst ein Ersatzring blinkt an meinem Finger. Heute

nexion der Tschechoslowakei unter Bruch des „Münchner Abkommens". Hitler kündigte in dieser Rede sowohl das deutsch-britische Flottenabkommen als auch den Nichtangriffsvertrag mit Polen aus dem Jahre 1934. Vgl. Max Domarus (Hrsg.), Hitler. Reden und Proklamationen 1932-1945, Band II, Würzburg 1963, S. 1147ff.

abend – bei Licht sieht er wirklich wie ein echter aus! „Sie ist doch wohl gar eine Spionin!" fürchten die armen Arier, die mitfahren und endlich in der Fremde wieder einmal aufatmen und frei reden wollen, noch flüstern sie. Viele schauen scheu um sich, ob auch keiner hört, keiner hinsieht, keiner denunzieren kann. Wie sie Angst haben, diese guten Deutschen, Angst vor mir, einer harmlosen, unglücklichen Frau, die nichts will als Ruhe und Frieden. Ich lächle bitter und hochmütig, als ich mit kurzem Nicken den Speisesaal verlasse. Ja, es sind nicht alle, die ihrer Ketten spotten, ich aber, ich fahre in die Freiheit. Kein Blick geht mehr zurück nach diesem Lande, das mir immer mehr entschwindet, arm, bettelarm, zerrissen an Leib und Seele, so gehe ich in die unbekannte Ferne, voller Sorge um die, die zurückgeblieben, voller Sorge um das eigene Geschick, aber ich bin frei, ich darf schlafen ohne Angst, gehen ohne Gefahr, und ich darf hoffen, hoffen auf Arbeit und Aufbau für mich und mein Kind, in einem freien Lande, dem ich dienen will, wie ich einst der Heimat diente.

Ich will mir eine neue Heimat verdienen!

1940

22. Februar 1940

Unbeirrbar fuhr unser „fliegender Holländer", die „Volendam" ihrem Ziel entgegen. Februarstürme tobten über das Meer, peitschten die Wellen hoch und der Regen glich einer Sintflut. Kaum einer der Passagiere wagte sich noch auf Deck, im Speisesaal, wo Teller und Gläser klirrend von Tischen rollten, herrschte gähnende Leere. Selten nur kreuzte ein Schiff unseren Pfad, und wenn schon nur abgeblendet, es war ja Krieg und mir war, als ob alle Lichter dieser Welt erloschen wären. Zitternd und elend lag ich in meiner kleinen Kabine, kaum wagte ich, den Kopf zu heben, unerträgliches Schwindelgefühl machte mir die Überfahrt zur Hölle. Mir war, als ob diese dunklen Tage nie zu Ende gehen würden. Warum nur mußten wir die Heimat verlassen? Stöhnend fragte ich mich das immer wieder, und meine Gedanken gingen zurück nach Berlin, im Geiste sah ich immer wieder mein schönes, kultiviertes Heim, sah die Stätten meines Wirkens, sah Eltern, Verwandte, Freunde, liebste Menschen. Ob ich sie je noch einmal wiedersehen würde? Immer wieder quälte mich diese Frage in dem Gedanken, daß da drüben, in der alten Heimat, ein unseliger Krieg begonnen hatte. Krieg, Leiden, Tod, Leid, klang es mir aus den lärmenden Wogen des Meeres, aus dem Rattern und Knattern des Schiffes, das uns immer weiter der alten Heimat entführte, um uns einer neuen zuzuführen.

Neue Heimat? Ob es das wohl gibt, fragte ich mich zögernd, und ich konnte mir selbst keine Antwort geben.

Plötzlich, an einem frühen Morgen stürzte mein Junge zu mir in die Kabine – „Mutti, Mutti, komm' schnell, man sieht die ersten Lichter von New York." Widerwillig ließ ich mich an Deck schleppen – ich teilte nicht die freudige Erregung der übrigen Passagiere – aber ich sah Licht, schimmernde Lichter durch die frühe Morgendämmerung. Lichtschein aus den Wolkenkratzern New Yorks, die sich gigantisch, gespenstisch vom Horizont abhoben. Ich fühlte, wie mir die Tränen kamen. Wortlos wankte ich in meine Kabine zurück, fing an, die paar Habseligkeiten in meinen kleinen Koffer zu packen. Da lag obenauf mein Tagebuch. Mechanisch schlug ich es auf und schrieb, oder besser kritzelte, am schwankenden Tisch den 22. Februar 1940, auf hoher See: „Die ersten Lichter von New York winken mir am frühen Morgen willkommen. Eine leise Hoffnung erfüllt mein Herz. Gott, gib mir Liebe und Kraft, um mir und den meinen eine neue Heimat zu verdienen, ihr dienend mit Liebe und Treue so wie ich stets der alten gedient ..."

Dann schloß ich das Buch, legte es obenauf auf den Koffer und klappte ihn zu, um mich fertig zu machen für die Ankunft, für die Begrüßung derer, die uns in Empfang nehmen würden. Wir standen ganz vorn am Ausgang des Schiffes, um möglichst schnell wieder festen Boden unter den Füßen zu haben – aber, so sagte man uns: wir dürften diesen Boden erst betreten, wenn wir von Verwandten oder Bekannten gerufen und dann in Empfang genommen würden.

Wir warteten, warteten, so viele Passagiere waren schon gerufen worden – nicht aber wir. Fragte denn niemand nach uns? War denn niemand da, uns abzuholen?

Endlich! Fast als die letzten konnten wir das Schiff verlassen. Verwandte und Freunde waren zu unsrer Begrüßung erschienen, aber warum sie so lange nicht gerufen haben, weiß ich nicht. Es hat sich wohl jeder auf den anderen verlassen und so rief uns keiner!

Zuerst nun: Zollkontrolle, unsere kleinen Köfferchen waren schnell durchgesehen – wir durften ja nur das Nötigste mitnehmen – allerdings, das schwarze Papier, das ich zum Schutz über unsere Sachen gebreitet hatte, schien dem Zollbeamten verdächtig. Mit Hilfe einer Dolmetscher spielenden Cousine konnten wir dem Mann erklären, daß wir mit diesem Papier in England unsere Fenster abgedunkelt hatten, damit kein Lichtstrahl nach außen drang – eine kleine Schutzmaßnahme gegen die damaligen Fliegerangriffe in England, wo wir viele Monate während des Krieges verweilten, bis Amerika uns seine Pforten auftat.

Sichtlich betroffen und erschüttert ließ der Beamte uns schnell die Köfferlein wieder schließen und entließ uns mit einem herzlichen „viel Glück". Es waren die ersten guten Wünsche, die ersten freundlichen Worte, die ich auf amerikanischem Boden gehört habe.

Es berührte mich kaum, daß der Mann meiner Freundin mir schon von weitem zur Begrüßung zurief: „Näh' Dir zuerst Deinen Mantel um, mit so langen Röcken und Mänteln kannst Du hier nicht herumlaufen."

Nach dem Begrüßen, Umarmen, von dem mein Schwindelgefühl keinesfalls besser werden konnte, nach dem Hin und Her, wohin mit dem Gepäck (wir hatten Freunden von ihren Kindern aus England einiges mitgebracht, das wir ihnen gleich aushändigten), schauten wir uns ein wenig mutlos um, und dann hörten wir die Frage: „Wo wollt Ihr denn jetzt wohnen?"

Keiner hatte ein noch so einfaches Zimmer für uns gemietet, für Unterkunft gesorgt, wohl aus Angst, daß sie dieselbe hätten bezahlen müssen!

Ich konnte es einfach nicht fassen, und ich sah das Erblassen meines Mannes, er blickte zurück auf das Meer, auf das Schiff am Ufer und hinüber, dahin, wo wir einst Heimat, Heim, ein Zuhause hatten.

Meine Freundin Friedel flüsterte mir zu, „hätte ich geahnt, daß die Verwandten es nicht getan, ich hätte Euch ein Zimmer besorgt." Meine Cousine muß es wohl gehört haben, sie war mir lieb wie eine Schwester und während ihrer Studienjahre in Berlin war ihr unser Heim, so wie unser Herz stets geöffnet. „Well", sagte sie plötzlich, „mein Mann ist über das Wochenende nicht hier, so lange kannst Du mit dem Jungen bei mir wohnen", während meines Mannes Kindheitsfreund meinen Mann zu beherbergen sich anbot. Wir mußten annehmen, denn wir hatten ja kein Geld, um in einem Hotel auch nur für ein paar Tage Unterkunft zu suchen, so waren wir zumindest zwei Tage und Nächte „geborgen" und danach, so dachte ich, würde ich schon irgendwie Arbeit finden, so daß wir ein möbliertes Zimmer würden bezahlen können. So trennte das neue Land uns schon in den ersten Stunden unserer Ankunft, welch ein trauriges Omen. Krampfhaft verbissen wir unsere Enttäuschung, bald sind wir wieder zusammen, flüsterte mir mein Mann beim Abschied zu, aber ich las die Traurigkeit seines Herzens in seinen Augen, so wie er mein Leid spürte. Ich schwieg und ließ alles mechanisch mit mir geschehen, aber ich weiß, daß mein Herz, das sonst so leicht vergibt und vergißt, immer wieder bluten wird, wenn ich auch noch im tiefen Traum die Frage höre: „Wo wollt Ihr denn jetzt wohnen?"

25. Februar 1940

Die beiden Tage und Nächte bei der Cousine waren qualvoll und düster. Zum ersten Mal in meinem Leben habe ich ein „Geduldetsein" empfunden. Und der Bissen blieb mir im Halse stecken, mein Magen war ohnehin von der Hungerzeit in England und dann von der Schiffsreise von Speise und Trank entwöhnt. Nun muß ich langsam erst wieder essen lernen.

Nun haben wir dank einer Bekannten, die wir zufällig trafen, Unterkunft in einem „Asyl für Obdachlose" gefunden. Ein Rabbiner, Stefan Wise, der einstens auch aus Europa gekommen war, hat ein Haus für die Unterbringung unbemittelter Einwanderer eröffnet. Das Congresshouse in der 68. Straße nahe dem Centralpark ist nun für 3-4 Wochen – denn so lange darf man bleiben, bis man Arbeit und Wohnstätte gefunden hat – unser Heim.[1] Wir schlafen, Männer und Frauen getrennt, in engen Schlafsälen, wir essen unten im Speiseraum an kleinen, nett gedeckten Tischen – wir bewegen uns in einem Kreis von Menschen unseres Kulturkreises. So viele Bekannte sind hier, auch eine Tante mit Tochter und Schwiegersohn – warum haben sie nicht dafür gesorgt, daß wir hier gleich bei unserer Ankunft Unterkunft fanden? Wieviel Demütigung wäre uns erspart worden.

[1] Rabbi Stephen S. Wise (1874-1949) war in Budapest geboren, seit 1882 in USA, Gründer (1907) einer Reformgemeinde der Free Synagogue in New York, galt als einflußreichster amerikanischer Jude seiner Zeit und Vater des Zionismus in USA, war mit Woodrow Wilson befreundet. Das Congress House, in dem mehr als 4000 jüdische Flüchtlinge aus Europa erste Unterkunft fanden, wurde von Louise Wise geleitet, der Frau des Rabbiners, einer bekannten Porträtmalerin, die den Frauengruppen des American Jewish Congress präsidierte.

Und nun haben wir den ersten Sonntagsspaziergang in New York gemacht, hier im nahen Centralpark! Wie schön er ist, tief verschneit, wie feiner Silberstaub fällt der Schnee von den Bäumen, an denen glitzernde Eiszapfen hängen, es ist bitter kalt und die Menschen, die uns begegnen, haben rote, lachende, frohe Gesichter. Frohe, lachende Menschen – wie lange haben wir sie nicht gesehen! Gleich verzauberten Kindern stapfen wir durch den verschneiten Säulensaal der Bäume und suchen uns den Weg, wobei uns die Wolkenkratzer die Richtung geben. Wie faszinierend ist doch diese Stadt, wie groß, wie weit, wie schön.

Würde sie uns Arbeit und Brot geben? Gleich morgen werde ich mich auf den Weg machen. Ich will mir eine neue Heimat verdienen!

27. Februar 1940

Das Spießrutenlaufen hat begonnen, d.h. das Vorsprechen bei verschiedenen Organisationen, um Rat, Hilfe für den Aufbau einer neuen Existenz und vor allem, um Arbeit zu bekommen. Denn das ist mir klar: von „Wohltätigkeit“ will ich nicht leben, nicht ich, nicht mein Mann, nicht einmal mein Kind. In langer Schlange stehen wir an, warten, bis wir endlich mit jemandem reden, unsere Lage klar machen können. Klar machen? Ja wie? Ich selbst, einst Schülerin eines humanistischen Gymnasiums habe nie englisch gelernt und wieweit die Kenntnisse meines Mannes ausreichen? Es wird sich herausstellen. Und diese Berater, zum Teil wirklich hierzulande geboren, nur der englischen Sprache mächtig, zum Teil einige Jahre früher als wir und darum mit weniger Sorgen beschwert hierher gekommen, sie tun, als ob sie kein deutsches Wort mehr verstehen. Unsere Lage ist verzweifelt. Unser Bürge war gestorben, kurz ehe wir hierher kamen. Seine Erbschaft, wohl sehr verwickelt, bedurfte einer langen Regelung. Vieles war noch nicht geklärt, die Erben, sicher gewillt, des Vaters Erbe – ein Millionenvermögen – anzutreten und damit auch seine Verpflichtungen, versuchten von Anfang an, diese so klein als möglich zu halten und vor allem – verständlicherweise – keine neuen zu übernehmen.

Und außerdem, ich hatte ihm bei einer persönlichen Begegnung in der alten Heimat vor etlichen Jahren einmal gesagt, daß ich ihn nicht in Anspruch nehmen würde. Ich glaubte ja damals noch, daß, wenn es schon sein mußte, wir zumindest einen wesentlichen Teil unseres Vermögens, unseres Hab und Gutes mitnehmen könnten.

Wie sehr hatte ich mich geirrt – völlig mittellos waren wir gekommen und die Hoffnung, zumindest noch unsere Lifts, die unser ganzes Inventar, Möbel, Hausrat, Geschirr, Wäsche, Kleidung, Bilder, Teppiche, kostbare Sammlungen von Porzellan, Glas und vieles mehr, nicht zuletzt eine zweifache komplette medizinische Einrichtung enthielten, zu erhalten, erscheint mir trügerisch zu sein, trotzdem ich mir alle Mühe gebe, das Lösegeld – 72 Dollar – hier geliehen zu bekommen. Als ich es endlich der Sozialarbeiterin bei unserer Unterredung verständlich gemacht habe, sagt sie zu mir: „Möbel, Hausrat – wozu? Sie hängen nur an Ihrem guten Leben und an Ihrer eleganten Wohnung! Die brauchen Sie hier nicht mehr. Ärztin wollen Sie wieder werden? Schlagen Sie sich das aus dem Kopf. Wir haben hier Ärzte genug, wollen keine mehr und Ärztinnen schon gar nicht. Gehen Sie mit Ihrem Mann in einen Haushalt als Dienerehepaar, da haben Sie ein Dach überm Kopf und Essen und außerdem bekommen Sie Gehalt und können anfangen zu sparen!"

So also sah die Hilfe aus, die wir zu erwarten hatten! Erschüttert schwieg ich über so viel Unverständnis und Kaltherzigkeit. Dann sagte ich stotternd: „Gut, wir werden als Couple in einen Haushalt gehen, aber nur mit meinen zwei Händen. Ich kann arbeiten für zwei, denn mein Mann wird auf alle Fälle studieren, wieder Arzt werden, und wer weiß, trotz Eurer vielen hier, seid Ihr auch an mir noch einmal froh." Und ich bat, mir sofort eine Stellung nachzuweisen, und morgen werde ich sie also antreten.

7. März 1940

Lange habe ich nicht geschrieben, dafür habe ich „Erfahrungen" gesammelt. So wie viele andere Neueinwanderinnen, und wir alle sagen übereinstimmend: wenn wir unser Personal so behandelt hätten, es wäre nicht so treu gewesen, wir hätten es nicht jahre-, ja jahrzehntelang gehabt. Ich lächle manchmal, wenn ich daran denke, was wohl meine gute Minna sagen würde, wenn sie mich so sehen würde. Wie oft hat sie mich aus der Küche geschoben mit den Worten, „das ist keine Arbeit für Sie", wenn ich ihr nur ein wenig zur Hand gehen wollte. Heute: keine Arbeit ist mir zu schwer oder zu schmutzig, ich lasse mich oftmals „dirty refugee" nennen, ich habe ja zwei Ohren, ich arbeite, arbeite um das bescheidene, tägliche Brot für uns zu verdienen. Qualvoll und schmerzlich ist nur das von zu Hause weg sein, auch über Nacht, wenn ich irgendwo neben der Hausarbeit noch wie jetzt eine alte Kranke betreuen muß, die mich dutzende Male in der Nacht ruft, oft nur, um mich zu schikanieren, weil sie selbst nicht schlafen kann.

Heute habe ich mich um eine neue Stellung beworben. Als die „Dame" mich sah, hatte sie nur die Worte für mich „lousy Nazispy" und schlug mir die Türe vor der Nase zu. Was sollte ich auch antworten auf so viel Borniertheiten.

11. März 1940

Heute bin ich wieder einmal zu Hause, das Baby, das ich gepflegt habe, neben der Betreuung von vier weiteren Kindern und der ganzen Hausarbeit, braucht mich nicht mehr.

Erst übermorgen muß ich den nächsten Job antreten.

Wie schön das ist, einmal wieder frei zu sein, ausruhen zu können, d.h. mit dem Ausruhen wird es nicht viel sein. Das Zimmer ist zu scheuern, die Wäsche zu waschen, einzukaufen und zu nähen – und ein bißchen englisch möchte ich doch auch nebenbei lernen!

Der Junge geht in eine Schule weit von hier, Fahrgeld und was er sonst noch nötig hat, verdient er sich durch Austragen von Paketen nach der Schule. Der arme Kerl, er ist jetzt oft so still und neulich kam er bei der Kälte ganz blau gefroren nach Hause.

Mein Mann arbeitet still und verbissen auf das Sprachexamen, das er erst bestanden haben muß, um zum medizinischen Staatsexamen zugelassen zu werden. Er arbeitet, studiert und nie kommt eine Klage über seine Lippen, nur seine Augen blicken ernst und traurig und das liebe Leuchten, wenn ich nach Hause komme, erlischt bald wieder.

Unser Zuhause! Eine schäbige Bude, ich habe sie gemietet, weil ich die Feuerleiter mit dem Gitter für einen Balkon hielt. Ein Bett für uns beide, so schmal, wie zu Hause jeder eines für sich hatte, zu Hause, das war so breit und bequem. Der Junge schläft auf einer kleinen Pritsche hinter einem Verschlag ohne Fenster. Die sogenannte Küche ist, wie die meisten hier, ein ganz kleiner Raum, daher Kitchinette genannt, das Badezimmer, es mag aussehen wie es will, es ist für uns allein und wenn wir die Türe zumachen, dann ist es unser Zuhause, kein möbliertes Zimmer, in dem wir ständig auf die Wohnungsinhaber Rücksicht nehmen müssen.

Stühle haben wir nur zwei und die sind wackelig, aber es macht nichts. Ich bin ja kaum je „zu Hause", so können Vater und Sohn zu den „üppigen Mahlzeiten", die sie sich selber bereiten, wenigstens gemeinsam an dem kleinen Tisch sitzen.

Mit ein paar Deckchen aus dem Handkoffer habe ich versucht, es ein bißchen wohnlich zu machen. Es hilft nicht viel, der Arme-Leute-Geruch, der einem schon auf der engen Treppe entgegenschlägt, erfüllt das ganze Haus. Besuch bekommen wir hier keinen – wer würde schon solche Treppen laufen, wer die armen Verwandten oder Kollegen besuchen? Oh, ich schäme mich so, nicht für mich, aber für die anderen, die uns so wohnen lassen und uns nicht ein paar Dollars vorgestreckt haben, damit wir ein menschenwürdigeres Obdach hätten nehmen können. Dieses Domizil hier, es kostet nur 8 Dollar in der Woche und ist damit reichlich überbezahlt. (Warum sollen die Menschen hier nicht auch vom Unglück der anderen profitieren?) Aber ich verdiene nur 10 bis 15 Dollar pro Woche, davon geht Fahrgeld, kleine Reparaturen an Schuhen etc. ab und dann erst können wir an Essen und Trinken denken – im Durchschnitt dürfen wir 1 Dollar pro Tag verbrauchen. Nun sage ich gar manches Mal, „ich habe schon bei den Leuten gegessen" und überschlage eben eine Mahlzeit. Man kann ja auch seinen Magen noch erziehen.

2. April 1940

Von einem Job zum anderen. Wie wird man doch gehetzt in diesem Lande. Es bleibt nicht einmal Zeit, all das Schöne, das diese faszinierende Stadt bietet, zu sehen. Schon die Technik, die hohen Häuser, die Brücken, Tunnels, die Untergrundbahn – ich staune immer wieder, aber: wo bleibt Zeit zu sehen? In ein Museum zu gehen oder gar in ein Kino oder Konzert – wo bleibt Zeit und das Geld dafür?

Mein Mann ist noch schweigsamer als in früheren Zeiten. Ich spüre, wie es ihn demütigt, von meinem Verdienst leben zu müssen. Ich tröste ihn, bald wird er wieder in seinem Beruf sein und dann werde ich es gut haben und immer bei ihm und dem Kinde sein können und sogar dann noch nebenbei studieren können. Was er wohl sagen würde, wüßte er, daß ich heimlich mir von seinen Notizen mitnehme und in den Nächten, in denen ich doch nicht schlafen kann, zu lernen versuche.

Heute kam der erste Brief von den Eltern. Sie versuchen, so zuversichtlich zu erscheinen, uns unsere Sorge um sie da drüben in der alten Heimat zu nehmen und sie geben uns Mut, nicht zu verzagen. Liebe, gute Eltern, wenn ihr wüßtet ... Ich gehe wieder in meinen Dienst. Nachtwache diesmal – und ich weine, weine bitterlich. Mein Mann darf die Tränen nicht sehen, er ist so eigenartig, und ich spüre eine gläserne Wand zwischen uns – nein, nein, das darf nicht sein!

6. April 1940

Mutter ist entschlafen. Die Nachricht trifft mich schwer. Der arme Vater nun so ganz allein. Erich versucht, mich zu trösten, bittet mich, heute nicht zur Arbeit zu gehen. Wie könnte ich das? Wir hätten dann noch weniger zu essen, es wäre nicht in Mutters Sinn. Sie war eine Frau, die nur für andere lebte und das eigene Ich zurückstellte. Ich will meiner guten Mutter würdige Tochter sein. Ich gehe zur Arbeit und trage meinen Schmerz für mich allein – selbst mein Mann kann mich nicht mehr ganz verstehen. Wohin steuern wir?

10. Mai 1940

Die Tage vergehen in rastloser Arbeit. Wie entwürdigend sie ist – nicht die Arbeit an sich, es ist mir ganz egal, was ich tue, wenn ich nur unseren bescheidenen Lebensunterhalt verdiene, aber die Art und Weise, wie man behandelt wird. Lüsterne Männer, die es wagen, den Arm um einen zu legen, mit denen werde ich noch fertig, aber diese „Damen"-sein-wollenden-Frauen, die frech, rücksichtslos und taktlos sind, weil ihnen jede Kinderstube, jedes Feingefühl abgeht. Manche staunen einen an, als ob man irgend ein Tier oder ein Untier – wer weiß es – wäre, und für unser Schicksal haben sie kaum Verständnis. Wie könnten sie es auch, und was da drüben – so weit weg – vorgeht, Krieg, Morden, Unmoral – so weit weg – aber ich fürchte, daß auch dieses So-weit-weg einmal Nähe werden könnte. Ich selbst, ich habe kein Vertrauen mehr, keine Hoffnung, daß es noch einmal anders werden könnte. Jetzt ist Hitler auch in Holland einmarschiert. Ich habe es prophezeit und sie haben mich über meine Wahnidee ausgelacht. Ich weiß, für mich ist nun meine ganze Hoffnung zu Ende. Ich habe gebettelt, helft, ehe es zu spät ist, rettet meinen Beruf, er bedeutet mein Leben. JETZT wollen sie mir die lächerliche Summe leihen, unsere Lifts aus Holland herüberkommen zu lassen. JETZT, wo es zu spät geworden ist. Alles ist verloren, ich spüre es, nie mehr werde ich Ärztin sein und doch: ich will darum kämpfen, aber vorläufig habe ich wieder einmal keinen Job. Ich glaube, ich pflege, arbeite zu gut und dann brauchen sie mich bald nicht mehr, außerdem: die Leute, zu denen ich geschickt werde, sind nicht wohlhabend, sonst würden sie ja nicht Hilfskräfte von einer Immigranten-Organisation verlangen, Kräfte, die billig sind, fleißig, Menschen, auf die man sich verlassen kann. Das sind sie von den Hilfen hier – zumeist Schwarzen – nicht gewöhnt. Es war so heiß, und ich schlich durch die Straßenkanäle auf kaputten Schuhsohlen – Geld zum Reparieren habe ich nicht – auf der Suche nach Arbeit. Auf dem Broadway traf ich eine Jugendbekannte. Vor langen Jahren schon ging sie nach Amerika, ich weiß nicht, warum. Sie erkannte mich wieder. „Arbeit suchst Du, gleich welcher Art?" Und sie fügte hinzu: „Ich bin Aufsichtsdame in einem großen Konzern von Speisehäusern. In der Küche können sie immer Hilfe gebrauchen. Hier, nimm die Adresse und sage, ich schicke Dich. Es ist keine sehr feine Gegend", fügt sie hinzu, „in Harlem, aber die Schwarzen sind sehr nett da, sie werden Dir nichts tun."

Ich fuhr gleich hin, und morgen soll ich anfangen als Küchenmädchen.

29. [Mai] 1940

Mein Küchenmädchenjob ging jäh zu Ende. Es war eine kurze Freude. Acht Stunden lang mußte ich Kartoffeln und Zwiebeln schälen – schnell, schnell – aber ich habe es schnell gelernt, und ich saß still und bescheiden in der dunklen, muffigen, fensterlosen Küche. Meine Mitarbeiterinnen, zwei niedliche schwarze Negermädchen, waren nett und freundlich, und nichts störte die Harmonie, bis eines Tages unten im Speiseraum ein Mann kollabierte. Alles war in Aufruhr. Ich hörte die Kellnerin sagen, er hat doch eben erst sein Insulin genommen, was er nur hat? Mir war es sofort klar – Insulinschock. Gebt mir Zuckerwasser, Apfelsinensaft, schnell, schnell, rief ich, und schon war ich dabei, ihm die rettende Süße einzuflößen. Sie rissen mich zurück – sie wird ihn töten, die Weiße, sie will ihm Zucker geben. In diesem Augenblick kam meine Bekannte, die kontrollierende Aufsichtsdame, „laßt sie gewähren", brüllte sie die Schwarzen an, „sie versteht es besser als ihr. Sie ist ja Ärztin."

„Ärztin?" Verwirrt, verwundert sahen die kleinen schwarzen Mädels mich an. Der Mann hatte sich schon langsam zu erholen angefangen und ich war zumindest beruhigt, nicht als Mörderin angeklagt zu werden. Aber meine kleinen schwarzen Freundinnen, sie sprachen kaum noch mit mir. Mißtrauen las ich in ihren Augen. „Ein Doktor bist Du? Warum arbeitest Du dann hier?" Sie dachten wohl, daß ich irgend etwas angestellt habe und mich in meiner augenblicklichen Arbeitsstätte verberge. Wie weh es doch tat, aber sollte ich ihnen erzählen von unserer Armut, von meiner Verzweiflung bei vergeblicher Arbeitssuche in einem etwas gehobeneren Berufe? Sie würden es wohl kaum verstanden haben, aber eines bin ich überzeugt, wenn ich sie früher gekannt, ihnen alles erzählt hätte, sie hätten die damals nötigen 72 Dollar für mich zusammengebracht, aus ihren Reihen, die lieben dunkelhäutigen Mädelchen, sie hatten ja so weiße Seelen. Aber weiter dort arbeiten – ihretwegen konnte ich es nicht. Mit Tränen, die diesmal nicht vom Zwiebelschälen kamen, verließ ich abends die dunkle kleine Küche. „Lebt wohl Mädels", sagte ich und nicht wie an früheren Tagen auf Wiedersehen. Traurig ging ich weg, den Job verloren, wieder eine in dem großen Heer der Arbeitslosen, aber – und mein Herz hüpfte bei dem Gedanken – ein Leben habe ich gerettet, und wer weiß, vielleicht, vielleicht werde ich doch noch einmal Ärztin sein, helfen, heilen, mein ureigenstes Ich erfüllen ...

5. Juni 1940

Mein Mann hat das Sprachexamen bestanden – ich bin froh, aber trotzdem, ich kann nicht Schritt halten, wie ich es gewöhnt war. Ich muß arbeiten gehen, während er mit Kollegen auf das Sprachexamen arbeitet.

Es ist mein Geburtstag heute. Mann und Kind haben versucht, mir mit ein paar Kleinigkeiten eine Freude zu machen. Ich tue so, als ob – Liebe kann zuweilen auch heucheln. Wenig Post von drüben, die Sorge um die Verwandten, die Freunde, sie läßt mir neben der um die eigene Existenz keine Ruhe. Tag und Nacht denke ich daran, was wohl drüben geschieht, und wenn hier des Nachts die Hochbahn mit Gerassel durch die Straße fährt, erwache ich aus dem unruhigen Halbschlaf und denke an die Bombenangriffe, die ich noch in England miterlebt habe. Wie mag es den Menschen drüben ergehen? Ob sie alle noch am Leben sind?

Wir bewegen uns hier in einem Immigrantenkreis, fast nur Menschen, die wir von früher kennen und die uns ebenso ein Stück Heimat sind wie wir ihnen. Wir sind viele Mischehler, wie es so schön heißt – deutsche Frauen, die mit ihren jüdischen Männern ausgewandert sind und die nun gleich mir ihre Männer ernähren, für sie arbeiten, bis diese wieder in den Berufs- oder Arbeitsprozeß eingereiht werden. Es dauert lange, sehr lange, und die deutschen Männer mit ihren jüdischen Frauen, sie sind lieber ihretwegen und mit ihnen ausgewandert, als daß sie nach einer Scheidung drüben geblieben und der Heimat gedient hätten. Wir halten treue Freundschaft und versuchen, uns gegenseitig Halt zu geben. Aber die ungeweinten Tränen zittern in der Stimme, wenn wir von drüben sprechen.

Ich selbst habe ein bißchen Glück, ich fange morgen an, als Nachtschwester in einem Krankenhaus zu arbeiten. Wie mag es wohl sein? Aber wie dankbar bin ich meinem alten berühmten Professor, der mich, so lange ich seine Assistentin war, so viele Dinge tun ließ, die nicht in das rein ärztliche Feld gehörten. „Eine Frau muß alles tun", sagte der eigentlich Ärztinnenfeindliche, heute tut diese Frau wirklich alles, was von ihr verlangt wird.

Mein Mann schüttelt den Kopf und schweigt. Spürt er meine ganze Herzensnot, ahnt er, daß, wo ich auch hinkomme, Männer sich um mich bemühen – vergebens, mein Herz gehört ihm, auch wenn es traurig und kleinmütig ist.

14. Juni 1940

Bronxexpreß – so hieß einmal ein Theaterstück, das man in Berlin gesehen haben mußte. Jetzt erst weiß ich, was Bronx-Expreß bedeutet, denn ich fahre täglich zur Arbeit. In rasender Schnelle legt er die Strecke von Manhattan nach der Bronx zurück. Ich fahre am Abend in Gesellschaft einer Schweizerin, eigentlich ist sie Schauspielerin, zur Zeit sind wir beide Nachtschwestern im Hospital. Es ist ein schwerer Dienst, und ich habe es nicht leicht, weil ich manches tue, was den anderen nicht in den Kram paßt. Du machst es hart für uns, wenn Du immer gleich beim ersten Klingeln zu den Patienten rennst, sagt mir die eine, die andere schimpft mich aus, weil ich in der nächtlichen Sommerhitze und drückenden Feuchtigkeit die Patienten zu oft mit Alkohol-Wassergemisch abwasche, und ein Arzt wies mich zurecht, daß ich wagte, ihn wegen eines Kindes, das Blinddarmentzündung hatte, zu rufen. „Wie kannst Du es wagen, eine Diagnose zu stellen? Diagnosen stelle ich", fauchte er mich an – ich stotterte leise, „ich werde es gewiß nicht wieder tun, aber das Kind hat doch keine Lungenentzündung, wie auf der Krankengeschichte steht, sondern es ist ein typischer Blinddarm." – „Mach das Kind fertig und bring es in den Operationssaal."

Ich eilte natürlich und fuhr den kleinen Mann hin, wollte mithineingehen, die Operation mitansehen. Wieder wurde ich angefaucht: „Geh' zurück auf Deine Station, Du wirst gerufen, wenn das Kind operiert ist und kannst es abholen. Operationssaal, Operation, das ist nichts für Dich. Du könntest das gewiß nicht aushalten." Er hat wohl recht – ich könnte es vielleicht nicht aushalten, daneben zu stehen, zuzusehen, ich stürze weg, ich fühle die Tränen kommen, nur fort, fort, nicht denken, mechanisch die Pflicht tun.

Wie lange ist es her, daß ich selbst am Operationstisch stand? Nur nicht denken. Und da kommt ein Arzt, jede Nacht taucht er auf, wo immer ich auch bin und heute hat er mich angesprochen. Er suche eine Sprechstundenhilfe und ob ich nicht Lust hätte – „darf ich meinen Mann fragen, was er darüber denkt?"

Ich lache, lache noch droben auf dem Dachgarten, wo wir Nachtwächter uns eine Stunde ausruhen, erholen dürfen. Wie schön sind diese Nächte und der Blick vom hohen Turm auf die schimmernden Lichter der Stadt – es ist fast wie ein Märchen – aber nur ein paar Stockwerke tiefer, da ist Arbeit, Krankheit, Schmerz und Leid. Auch hier.

29. Juni 1940

Die Arbeit im Hospital hat aufgehört. Ich muß packen, zu Hause Ordnung schaffen. Der Junge und ich gehen über den Sommer in ein Camp. Ich kann mir zwar nicht so richtig vorstellen, was das ist und was ich da zu tun haben werde. Der Abschied vom Hospital und den Schwestern wurde mir schwer, auch der von der guten, spätabendlichen Mahlzeit, die man dort bekam. Ich habe allerdings immer nur hartgekochte Eier und viel Brot verlangt. Und die Blicke blieben manchmal fragend auf mich gerichtet, weil nämlich immer nur die Schale von einem Ei auf dem Teller blieb.

Ob sie wohl gedacht haben, daß ich das zweite oder gar dritte mitsamt der Schale verspeist habe? Oder ob sie beobachtet haben, daß ich jedes Ei mit viel Geschick in meine Tasche gleiten ließ, zum Frühstück für Mann und Kind. Der kleinen Schweizerin habe ich es gebeichtet, als sie in der überfüllten Untergrundbahn sich im Gedränge in ihrer Übermüdung gar zu fest an mich lehnte. „Drück mir ja das Ei nicht kaputt", flüsterte ich ihr zu. „Von morgen ab wirst Du noch eines mehr haben", sagte sie lachend, „ich gehe täglich in die Küche und hole Futter für meine Katzen, von morgen an werden sie auch harte Eier nötig haben, da sie bald Babies kriegen, werd' ich dem Küchenjungen erzählen, oder magst Du lieber rohe Eier haben?" Mir waren sie in jeder Form willkommen, und ich habe sie bekommen und angenommen, ohne Gewissensbisse zu haben. Was jenen Katzen recht ist, ist auch Meinen billig – gewesen, denn vom Camp werde ich ja keine Eier an meinen Mann schicken können. Mir graut, wenn ich seine „Wohnstätte" während unserer Abwesenheit betrete, um sie wohnlich zu machen. Das große Zimmer können wir so lang wir weg sind nicht behalten bzw. bezahlen, mein Gehalt im Camp ist nur ein Taschengeld, so muß mein Mann in ein Zimmer ohne Fenster mit nur Licht von der Decke ziehen, ein enger schmaler Raum und dazu die Hitze und das Studieren auf das Examen. Wird er es gesundheitlich aushalten?

13. Juli 1940

Nun weiß ich, was Campleben bedeutet. Und auch, wie schön das neue Land ist. Die Fahrt den Hudson entlang erinnerte – ja an was? Donautal, Rhein – alles sah ich dabei vor mir, so viel ähnliches und doch alles so anders, aber schön ist die Natur und natürlich sind die Menschen zumal die Kinder hier in der Waldeseinsamkeit in ihren Hütten. Wie die Indianer hausen sie in Zelten, fast wie Halbwilde rennen sie bergauf, bergab, hübsche, frische Kinder, die all das Städtische, das sie gewiß oftmals quälen mag, abgestreift haben. Sie sind so unbeschwert, aber auch so sehr nur auf sich und ihr Wohlergehen bedacht. Wenn ich ihnen erzählen will, daß da drüben, im ihnen ach so fern erscheinenden Land, Kinder hungern und frieren, weil Krieg ist und Leid, so interessiert sie das kaum. Ich selbst – hier ein Mixtum Compositum von Doktor, Schwester und Hausmutter, d.h. Mädchen für alles, bin für sie ein kleines Wundertier. Sie wissen nichts von dem Geschehen drüben, sind unbeschwert, aber eine Frau aus fremdem Land, wie interessant, voll Neugier drücken sie sich an mich, aber unsere Unterhaltung ist mangelhaft, so wie mein Englisch. Nur ich lerne von den Kindern, was aber lernen sie von mir? Deutsche Ordnung, deutsche Gründlichkeit?

Mein Mann und ich schreiben nun wieder Liebesbriefe. „Briefe der Liebe", wie einst, nur nicht mehr an jedem Tag, wir haben nicht so viel Geld für das Porto und wir sind beide müde, so müde, und wir wollen einander unseren Alltag ersparen. Ich weiß, er arbeitet zäh, denn all sein großes, tiefes Wissen bedeutet noch nicht, daß man das Examen besteht, es ist alles so anders hier – anders und komisch für uns, zum Weinen komisch!

Und es ist etwas Quälendes in unseren Briefen. Sehnsucht und Angst spricht daraus, soll ich mich verlieren? Ihn verlieren? Und dann kommt der furchtbare Gedanke: wie anders wäre alles, wäre er nur früher mit mir fortgegangen, fort von daheim, weg aus der Heimat, um eine neue Heimat zu suchen. Jetzt suchen wir und wir finden sie nicht.

16. Juli 1940

Die Tage sind voller Arbeit und Ärger, die Nächte qualvoll, wir haben Mumps- und Masernkinder im Camp. Der junge Arzt, dem ich ja unterstehe, kümmert sich nicht viel darum. „Harriet", so heiße ich hier, „wird es schon machen mit ihrer deutschen Gründlichkeit." „Fussy", nennen sie mich, weil ich die kranken Kinder isoliert habe. Ich schlafe mit ihnen in einem Extraraum, direkt an der steilen Treppe liegt er, ich zittere die ganze Nacht, daß ich nicht hören könnte, wenn eines der Kinder aufstehen und im Halbschlaf die Treppe hinunterfallen würde. Ich trage die ganze Verantwortung, denn ich habe ja auf der Isolierung bestanden.

Dann kommen die Eltern zu Besuch, und gegen meinen Rat nehmen sie die Kinder im Auto dahin und dorthin, einige sogar mit nach Hause, sehr zum Ärger der Campbesitzerin, weil sie dann für die restliche Saison nicht bezahlt wird. Und der Behauptung, daß ich es erlaubt habe, kann ich kaum widersprechen, trotzdem es nicht wahr ist, im Gegenteil, ich habe die törichten Eltern beschworen, die Kinder isoliert und in ihren Betten zu lassen. Der junge Doktor gibt mir eine weise Lehre: „Versuch doch nicht die Eltern zu belehren, wenn sie Dich fragen. Sie wollen Deine Meinung gar nicht hören, sie wollen nur eine Zustimmung zu ihren eigenen Wünschen." Aber die Campbesitzerin, sie schreit und zankt mit mir, ich könne meine Koffer packen und heute noch gehen, wenn ich ihr das Geschäft verderbe. Ja, trotz aller Schönheit der Natur, trotz aller Waldeseinsamkeit, ich würde gehen, wüßte ich nur wohin, aber in New York würde ich nicht einmal ein Bett, ein Zimmer haben, denn da, wo mein Mann jetzt haust, ist kein Platz für mich. Ich habe mich ins Gras geworfen und habe den Mund eingegraben in die duftende Feuchte, um nicht laut zu schreien vor Weh. Tränen laufen mir übers Gesicht, aber ich darf ja nicht weinen, ich bin ja eine Angestellte, und für die heißt es nur keep smiling – „lache Bajazzo!"

Als ich heim kam in mein elendes Quartier – ich schlafe meist unterm geöffneten Regenschirm als Schutz gegen Regen, der durch das schlechte Dach hereinrieselt – lag Post da. Ein Brief von meinem Mann. Es wird ein Wort der Liebe sein, das mir Mut gibt, hier auszuhalten.

Ich habe den Brief gelesen, darin die Nachricht von Vaters Tod. So schnell ist er der Mutter gefolgt – und nun ruhen sie beide in Heimaterde.

Vaters Heimgang schlug mir eine neue Wunde. Wir waren zutiefst verbunden, und ich war stets sein Sonnenkind, Erfüllung seiner eigenen Wünsche in dem Beruf, zu dem ich berufen schien. Immer habe ich gehofft, den Vater noch herholen zu können, und ich bin froh, daß ich ihm noch schreiben konnte, daß ich bereits Schritte dafür unternommen hatte trotz seines Sträubens. Jetzt, wie warm und gut ist der Brief meines Mannes – er weiß, was ich mit Vaters Tod verloren habe. Nun hast Du nur noch mich, schreibt mein Mann, und ich will Dir nicht nur Mann und Freund, sondern auch Vater sein, und wir wollen uns noch enger zusammenschließen, wenn Du nur erst wieder bei mir bist. Die ganze, große Sehnsucht meines Mannes klingt aus seinem Brief, und ich, ich habe Angst vor der Rückkehr, vor der Enge in einem häßlichen möblierten Zimmer.

Manchmal kämpfe ich mit mir selbst in endlosen Nächten, in denen ich nicht schlafen kann. Ist es nur Mitleid mit dem schweren Los, das uns getroffen hat, daß ich innerlich so leide? Nein, nein, schreit es in mir. Ich liebe, liebe meinen Mann mit der ganzen, großen Inbrunst meines Herzens, mit seinem grenzenlosen Reichtum an Liebe. Und doch, die Quelle scheint verschüttet, kann nicht mehr nach außen sich verströmen ...

3. August 1940

Eine grenzenlose Überraschung – mein Mann kam zu Besuch. Die Eltern eines Jungen, den ich in schwerer Krankheit im Camp pflegte, haben ihn mitgebracht, über das Wochenende. Haben sie meine Traurigkeit bei ihrem letzten Besuch gemerkt, als ich sagte, mein Mann kann mich nicht besuchen, wir haben dazu kein Geld, und da haben sie ihn in New York angerufen und ihn diesmal mitgebracht. Er ist so blaß und schmal. Die Hitze in New York muß unerträglich sein. Er erzählte mir, daß er nachts in eine sog. Cafeteria gegangen ist, als ob er jemanden suche, um dort schnell ein Glas eisgekühlten Wassers zu trinken. Wie ein Dieb kam ich mir vor, sagte er, aber das Leitungswasser ist ungenießbar.

Aber nun ist er hier, wortlos halten wir uns an den Händen. Ich habe sogar für den Nachmittag dienstfrei bekommen, das erste und einzige Mal seit ich hier bin, und wir sind durch den Wald gelaufen, so als ob alles noch wie früher wäre, und wir haben uns für eine kurze Stunde einmal wirklich gefreut an all der Schönheit um uns – der dichte Wald, die lieblichen Hügel, die Blumen, die Vögel, die stille Schönheit – einmal wieder hat sie uns gehört, und wir haben uns gehört für eine kurze Stunde nur ...

31. August 1940

Zurück aus dem Camp. Der Abschied von den Kindern ist mir doch schwer geworden. Aber sonst, es gab keine tiefe Bindung, zwei Welten, die sich berührten und keine Berührungspunkte fanden.

Mein Mann ist froh, daß wir wieder da sind, und auch der Junge scheint trotz aller Armut und Enge wieder gern daheim zu sein.

Und für übermorgen habe ich schon einen Job in Aussicht. Ein Kollege will mich für eine Pflege haben. Zum ersten Mal, daß ein Kollege an uns und unsere Armut denkt! Es ist ein trauriges Lied, das Lied von den guten Freunden. Die früher hierher kamen, meiden uns, sie haben offenbar Angst, wir könnten sie anpumpen, und die das gleiche Schicksal haben wie wir, sie sind in der Tretmühle, arbeiten, arbeiten, wie sie es nie gewöhnt waren.

Und die Nachrichten aus Europa, dieser unselige Krieg. Bomben fallen, Menschen werden getötet – wozu das Ganze? Warum stehen die Frauen nicht auf wie ein Mann und suchen das Morden zu verhindern?

12. September 1940

Ich gehe von einem Job in den nächsten. Man hat angefangen, mich zu empfehlen, ja, ich bekomme sogar Zeugnisse von meinen Damen: fleißig, anständig, zuverlässig, geschickt im Umgang mit Patienten, von größter Geduld und – ich muß lachen – eine gute Köchin! Das alles habe ich nun schwarz auf weiß. Wenn ich es doch einmal meiner guten Minna zeigen könnte, die mich schnell aus der Küche wies, wenn ich einmal etwas tun wollte. „Das ist nichts für Sie, davon versteh' ich mehr", habe ich mir so oft von ihr sagen lassen müssen, und ich habe es mir so gerne gefallen lassen.

21. September 1940

Wieder habe ich eine Stelle angetreten, wo vor mir eine andere Immigrantin war, und warum hat man sie entlassen? Die Patientin sagte wörtlich: „Sie hatte von Pflege überhaupt keinen Dunst, sie hatte zwar guten Willen, aber man merkte bei allem, daß sie eben nichts gelernt hatte und früher wohl große Dame war." Ich konnte nicht widersprechen. Man schickt die armen Frauen aus, ohne zu fragen, was sie können oder nicht können. Resultat: Mindestgehalt und meist Herauswurf. Wenn ich doch etwas für diese Frauen tun, sie unterrichten könnte, aber wo? Wie? Nicht einmal einen Stuhl habe ich, wenn ich sie zu mir bitten würde, und wer würde auch die häßlichen engen Treppen zu mir hinaufsteigen wollen?

21. November 1940

In Great Neck.[2] Ich pflege einen Herrn, der eine Coronarthrombose hatte. Zum ersten Mal in einem sog. hochherrschaftlichen Hause. Die Dame, eine entzückende Französin, aber der Mann aus Berlin, er kennt mich, meine Familie. Und all die Freunde, die zu Besuch kommen. Ich empfange sie in weißer Schwesternuniform und stelle mich vor: „Ich bin Schwester Harriet" (die Kinder im Camp haben meinen, ihnen zu fremden, deutschen Namen in eine Harriet umgewandelt, und dabei ist es geblieben) und ich tue, als ob ich eine ganz Fremde wäre. Und sie respektieren meinen Willen, aus Hochachtung oder aber, vielleicht weil die reich Gebliebenen nichts mit mir armen Luder zu tun haben wollen?

Mit meinem Mann wechsle ich wieder Briefe. Telephonieren ist zu teuer. Nicht einmal die Stimme des Kindes kann ich am Telephon hören, und ich sehne mich so nach einem lieben Wort, einem Kuß. Gut, daß die Hunde im Hause sind. Ich muß sie täglich ausführen, und die Tiere kennen mich, haben mich lieb, lassen sich streicheln, so ein bißchen Wärme, wie gut es doch tut.

8. Dezember 1940

Der 2. Adventsonntag. Du hättest wohl gewünscht, daß ich heute bei Dir bin, endlich einmal wieder bei Dir und dem Kinde. Du

[2] New Yorker Vorort auf Long Island.

hast sogar angerufen, um mir zu sagen, daß Du glaubst, das Staatsexamen zumindest zu einem großen Teil bestanden zu haben. Die Resultate kommen in diesen Tagen heraus.

Ich konnte aber den Patienten nicht allein lassen, es wäre gegen mein Empfinden gewesen, und ich sagte Dir wohl am Telephon, daß ich meine Pflicht tue, wie stets.

Und da lese ich nun Deinen Brief, in dem es heißt: „Ich tue meine Pflicht weiter, tue Du die Deine – diese Worte, die Du zu mir sagtest in all Deiner Elendigkeit und Deinen Schmerzen, diese Worte könnte auch Deine gute Mutter gesprochen haben. Auch sie hat stets nach dieser Maxime gehandelt und ihr Leben gelebt, wie Du es tust. Aufopferung bis zum letzten, ohne Schonung der eigenen Kräfte. Mich aber haben Deine Worte aufs tiefste bewegt und erschüttert, ich werde sie niemals vergessen. Mich haben diese Worte wieder aufgerichtet nach den irren, grausamen Tagen und Nächten der Verzweiflung, der Sorge um Dich und der Sehnsucht nach Dir. Nun habe ich mich wieder gefunden. Hab' keine Bedenken, Liebste, ich versorge hier alles in Deinem Sinne ...

Ich tue meine Pflicht weiter, tue Du die Deine, diese Deine Worte sollen immer Leitstern sein – auch für Deinen, für unseren Sohn, wir werden danach streben, Deiner würdig zu sein.

Unsere Liebe ist viel größer, als Du wohl annimmst.

Ich zähle die Stunden, bis ich Dich in meine Arme schließen kann – wenn Du kommst, bin ich beglückt. In innigster Liebe. Dein Mann."

Liebster, ich schäme mich so. Vor Dir und Deiner Großmut, und ich danke Dir für Brief und gute Worte, ja, ich weiß um Deine Liebe – so wie Du um die meine – und wenn ich manchmal aufbegehrt habe in meinem Weh, verzeih' mir und sei gut zu mir, wenn ich komme, ich bin in großer Unruhe, bis ich bei Dir bin – aber: ich werde meine Pflicht hier weiter erfüllen, und das Adventlicht brennt heute in meinem Herzen, eines für Dich, das andere für unser Kind, den Jungen.

13. Dezember 1940

Du hast mir geschrieben, daß Du kommen würdest, um mir die frohe Botschaft des bestandenen Examens, so bald Du sie in Händen hast, zu bringen, und ich habe Dir geantwortet, daß Du den Weg in das einsame Waldhaus gar nicht finden würdest.

Und hier liegt ein neuer Brief: Herzallerliebste Du, wie liebe ich Dich. Es treibt mich, das niederzuschreiben – denn meine Liebe erfüllt mich so ganz – Du glaubst, ich würde den Weg zu Dir nicht finden, ich weiß, ich werde ihn finden und zu Dir eilen und wäre es bis ans Ende der Welt. Und dann sehe ich Deine strahlenden Augen vor mir wie leuchtende Sterne, und Dein Blondhaar golden schimmernd im Glanz der Mittagssonne. Ich hoffe, Du kannst es ermöglichen zu kommen und der Einladung Deines alten Nennonkels Folge leisten. Es werden viele Bekannte da sein und wir werden endlich wieder einmal unter Menschen kommen, uns richtig „anziehen", so wie einst. Und ich weiß, daß ich mit einer so strahlenden und so schönen Frau kommen werde, wie kein anderer Mann. Frau, Du bist wie die Sonne – Leben und Wärme spendend, Du Mittelpunkt meines Lebens. Noch drei Tage und Du wirst hoffentlich kommen. In tiefster Liebe. Dein Mann.

Werde ich in drei Tagen wirklich zu Hause sein? Einen Tag Urlaub von der schweren Pflege – es täte auch mir so gut – dem Patienten geht es besser. Ich werde Ninette um Vertretung bitten. Mein Platz ist an der Seite meines Mannes, zumindest für den kommenden Abend, ich fühle, daß er mich braucht, so wie ich ihn, um weiter machen zu können, durchzuhalten, bis endlich das Examensresultat da ist – warum quälen sie einen auch noch mit dem endlosen Warten?

20. Dezember 1940

Mein Mann hat das Examen bestanden – ganz bestanden, gleich beim ersten Mal. Kaum einer will es glauben und mir selbst ist es noch unfaßbar. Das Examen bestanden, wieder Arzt, bald in der Praxis. Ich träume, träume, vielleicht daß auch ich ... nein, ich vermag nicht, es niederzuschreiben.

Ich weiß nur, daß ich jetzt noch viel intensiver arbeiten werde, um Geld zu verdienen, denn wir haben ja keine Einrichtung mehr, nichts, nichts zur Niederlassung, aber: wir werden es schaffen und noch vier Tage bis Weihnachten. Ich werde zu Hause sein, sie haben mir versprochen, daß sie Vertretung für mich nehmen, wie lieb. Ich kann nicht sprechen, nicht schreiben, ich kann nur stumm die Hände falten, daß das Schicksal es doch noch gnädig mit uns meint.

25. Dezember 1940

Weihnachten. Gestern Abend brachte uns eine deutschamerikanische Bekannte, eine der wenigen, die wir hier bis jetzt kennengelernt haben, einen Kranz mit Lichtern. So leuchtet uns doch wieder ein Licht nach all den dunklen, trüben Tagen. Wir saßen still und friedlich daheim, alle drei auf dem schmalen Bett, fest aneinandergeschmiegt und wir versuchten, die alten Weihnachtslieder anzustimmen. Und die Gedanken wanderten weit, weit hinüber in die alte Heimat. Die armen Menschen, denen unsere Liebe und Sorge gilt, wo mochten sie sein? Ob sie auch unserer gedachten? Ja, ich habe es gefühlt, denn es gibt eine Treue, für die es keine Schranken, keine Barrieren, keine trennenden Weltmeere gibt. Weihnachten, Frieden auf Erden – wo? wo?

Wir wollen nicht von drüben sprechen, wir wissen, es tut so weh, und heute ist Weihnachten. Feiertag. Wir gingen durch den Central Park. Er ist so schön in seiner winterlichen Pracht, und all die frohen, lachenden Menschen, denen wir begegnet sind, sie haben auch mir das Herz leichter gemacht. Vielleicht werden auch wir später einmal lachend und froh durch den Central Park streifen, am späten Abend dort still auf einer Bank sitzen und den Blick auf das Lichtermeer, auf die flimmernden Lichter der Wolkenkratzer ringsum, frohen Herzens genießen, und das törichte Herz wird nicht mehr so schmerzhaft zucken, wie es heute geschah.

10. Januar 1941

Unseres Kindes Geburtstag. Ich habe es fertiggebracht, ihm ein paar Äpfel, ein Stückchen Kuchen und ein kleines Buch als Geburtstagsgeschenke aufzubauen. Überschwenglich hat sich der Junge bedankt. Du hättest es nicht tun sollen, Ihr hättet mir nichts kaufen sollen, hat er gesagt, aber er hat sich doch gefreut, und nur darauf kommt es an.

Wir laufen herum, Praxisräume zu finden.

Ich bin so verzagt, ich habe angefangen, heimlich auf das Examen zu arbeiten. Mein Mann schweigt.

Ich habe wieder allen Mut verloren, die gläserne Wand ist wieder da, ich spüre sie, und es ist ein beklemmendes Schweigen zwischen uns.

15. Februar 1941

Das Office ist gefunden. Hier am Central Park als „Untermieter“ bei einem Kollegen, für ein paar Stunden täglich, für teures Geld.

Es ist aber ein Anfang, und ich weiß, es werden Patienten kommen, einige haben ja schon gesagt, wie sehr sie auf ihren alten Doktor (und auch auf mich) warten.

9. Mai 1941

Nun habe auch ich das Sprachexamen bestanden, trotz aller Arbeit, schwerer körperlicher Arbeit. Wäre ich nicht so fest, sie wäre demoralisierend, aber: ich will vollends durchhalten, ich will! Der Kampf um das Geld für den Lift oder zumindest die Arzteinrichtung und einige besonders kostbare Stücke aus unserem Heim geht weiter, das bißchen Geld, keiner will es uns geben. Und doch: jetzt „regnet“ es Einladungen zum Tee, zum Abendbrot, jetzt haben sie auf einmal alle gewußt, daß wir es bald wieder schaffen würden! Jetzt! Aber so viel Vertrauen, um uns das bißchen Geld zu leihen, nein, das haben sie nicht gehabt. Und Einladungen? Ich habe dazu keine Zeit und noch weniger Lust. Ganz offen sage ich: „Jetzt können wir uns wieder selbst so viel kaufen, daß wir uns satt essen können, aber während des vergangenen Jahres, da hättet Ihr uns einladen sollen oder meinem Kinde einmal einen Apfel oder ein Stück Brot geben müssen". Und da folgt dann betretenes Schweigen, und ich habe mich wieder einmal mißliebig gemacht. Mein Mann runzelt die Stirne, er versteht nicht, daß ich solche Dinge sagen kann, aber: es schreit eben heraus aus mir.

30. Mai 1941

Memorialday – der Gedenktag für die Toten des Ersten Weltkrieges. Konzert im Central Park, wie schön und doch wie traurig.

1. September 1941

Nun sind wir schon tief im Jahr und ich habe lange nicht geschrieben. Die Arbeit war so ermüdend, die Menschen haben es mir so schwer gemacht. Wir waren wieder in einem Camp – ich hoffe, es war das letzte Mal. Wir waren eben wieder die Refugees, die sich jede Schikane gefallen lassen mußten, die dreifach arbeiten mußten, um ein Drittel des Gehaltes zu bekommen, was ein sog. Amerikaner bekommen würde. Wer oder was sind überhaupt Amerikaner? Ich zerbreche mir oft den Kopf. Im Camp habe ich meine Studien machen können, ich glaube, ich habe bei jedem Kind sagen können, woher seine Eltern einst kamen, nur die Kinder wußten es meist nicht. „Von irgendwo aus Europa", sagten sie meistens, Kinder von Einwanderern, die einst ebenso mittellos wie wir in die Neue Welt kamen und die ihren Kindern nicht einmal erzählten, warum und wieso sie hierher kamen.

18. September 1941

Die ganze Mutlosigkeit packt mich wieder. Ich versuche nun, heimlich auch aufs Staatsexamen zu arbeiten. Aber mein Mann sieht es wohl nicht gerne, es war ihm schon drüben in gewisser

Weise „peinlich“, daß seine Frau arbeitete, Geld verdiente, er kommt nicht los von dem Geheimratssohn, dem Geheimratsmilieu, sein Stolz, sein dummer Stolz, daß er der Ernährer der Familie sein müßte und künftig sein will, quält ihn, aber er quält auch mich. „So hilf mir doch“, habe ich ein paar Mal gebeten, wenn ich irgend etwas nicht ganz verstanden hatte. „Das weiß man doch“, war seine Antwort, und dann schämte ich mich meines Unwissens und so bin ich hinausgelaufen neulich spät am Abend, und da stand ich am Wasser, am Hudson und das Wasser lockte, lockte ... Ich zog die Schuhe aus, den leichten Mantel und Hut, legte alles samt meiner Handtasche auf eine nahe Bank, und ich lief weiter und weiter, immer näher dem Wasser – und da packte mich eine Hand, brutal und fest. „Was machen Sie? Wohin laufen Sie?“ brüllte mich einer an in deutscher Sprache. Wehrlos ließ ich mich zurückführen, auf die einsame Bank legen, und ich weinte fassungslos.

Ich weiß nicht, was der Mann alles sagte und schrie, bis er dann ganz still und sanft wurde, und er küßte mich auf beide Augen, „noch so jung und hübsch“, sagte er, „und hier in Amerika, hier fängt man doch erst an zu leben, zum Sterben ist noch lange Zeit ...“

Er brachte mich bis an meine Türe, ich schämte mich fast, ihm das Haus zu zeigen, in dem wir wohnen. Er schrieb mir eine Telephonnummer auf einen Zettel und ließ sich versprechen, daß ich morgen anrufen würde, um ihm zu sagen, daß ich noch lebe. Justin heißt der Mann – Justin, mehr weiß ich nicht von ihm, als daß auch er von drüben kam.

13. Oktober 1941

Die Zeit rast und ich rase mit, von einem Job zum anderen, indes mein Mann die Rückkehr in den geliebten Beruf gefunden hat. Und seit das kleine Arztschild am Hause an der Ecke vom Central Park hängt, seither regnet es immer wieder Einladungen, und jetzt haben sie alle gewußt, immer wieder beteuern sie es, daß wir es bald wieder schaffen würden, und ich muß mich sehr im Zaum halten, ihnen nicht die gebührende Antwort zu geben. Einmal habe ich aber doch gesagt: Schiffbrüchige habt Ihr an Land gezogen, danach den nötigen Sauerstoff zu geben, das habt Ihr unterlassen. Und Unterlassungssünden wiegen schwer. Und die Einladungen? Nein, ich akzeptiere nicht, damals, als wir kamen und nicht satt zu essen hatten, damals hättet Ihr uns einladen sollen. Heute, wenn ich schon einmal Zeit habe, gehe ich zu den Freunden, die sich von Anfang an bewährt haben. Mein „neuer" Freund Justin, er läßt sich noch immer von mir anrufen, und ich tue es, weil ich es in jener Nacht versprochen habe. Es mag ein Spiel mit dem Feuer sein, aber: es wird mich nicht verbrennen, dieses Feuer, es wärmt die erstarrte Seele.

Und heute ist unser Hochzeitstag, mein Mann war zärtlich und dankbar und aufmerksam im Rahmen des Möglichen. Abends sind wir sogar ins Kino, wie „üppig" wir schon geworden sind! Aber es hat irgend etwas heute gefehlt, vielleicht ist es die ständig nagende Sorge um „drüben", das Heimweh, das an solchen Tagen besonders stark ist. Nicht denken, nicht zurückdenken, ich predige es mir jeden Tag, aber: es gelingt nicht, und darum wird auch meine Arbeit nichts Richtiges, trotz allen Strebens, allen Sehnens nach dem geliebten Beruf, und mit dem Studieren, dem heimlichen Lernen komme ich nicht so richtig voran, es ist, als ob mein Gedächtnis gelitten habe seit dem furchtbaren Erleben damals, als ich im eigenen Heim Mordwaffen auf mich gerichtet sah. Ich träume noch immer davon und von dem Erpresserversuch, und dann weine und schreie ich im Schlaf. Und das ist das Schlimmste, in fremden Häusern und bei fremden Menschen schlafen zu müssen.

Neulich bei der Pflege des alten, gelähmten Herrn habe ich die Frau des Hauses gefragt, ob sie denn keinen Paravent habe, den ich vor mein Bett – eine schlechte alte Couch – stellen könnte. Die Frau wollte sich totlachen, eine so keusche Krankenschwester habe sie noch nie in ihrem Hause gehabt, meinte sie, aber: so bin ich nun einmal, das ist Mutters Erziehung, die mir doch wohl noch nachgeht.

7. Dezember 1941

Japan hat angegriffen![1] Der Krieg nimmt immer größeres Ausmaß an. Noch mehr Leid, noch mehr Trauer und Elend, wie sinnlos ist das alles und da gräme ich mich um mein eigenes, kleines, unwichtiges Schicksal, und doch, wieviel mehr Besseres, Nützlicheres könnte ich leisten, wäre ich in meinem Beruf. „Sie waren stets eine überdurchschnittliche Ärztin, fühlen Sie nicht die Verpflichtung, es wieder zu werden", schrieb mir voll Unmut mein alter Geheimrat, dessen Assistentin ich so lange Zeit war. Ich, ja ich fühle diese Verpflichtung brennend und quälend, aber die anderen? Auch mein Mann? Sie fühlen sie nicht, und daran gehe ich innerlich zu Grunde, schweigend, lange genug habe ich gebeten, gebettelt, gefleht. Ich lerne zuweilen mit einem befreundeten Kollegen, aber: ich hemme ihn, weil ich ja soundso oft nicht kommen kann, wenn ich aus einer Pflege nicht weg kann, und ich will niemandem ein Hemmschuh sein. Aber neulich hat es mich doch wieder gepackt. Ich ging mit meinem Mann zu einer medizinischen Vorlesung. Im Fahrstuhl trafen wir eine Kollegin, ich habe ihr einst so manchen Patienten zugewiesen, als wir beide noch drüben praktizierten. Mit einem Händedruck begrüßte sie meinen Mann (wohl in dem Gedanken, er wird ihr nun wieder Patienten schicken) mit den Worten, „guten Abend Herr Kollege", und dann zu mir sich wendend, „ach, Sie sind auch da, was machen SIE denn hier?"

Glaubt sie, daß Interesse für einen ärztlichen Vortrag nur vorhanden sein kann, wenn man auch eine ärztliche Lizenz hat? Ich habe getan, als ob ich ihre kränkende Frage überhaupt nicht gehört habe, und ich blieb zurück, als sie an der Seite meines Mannes den Vortragssaal betrat. So einsam bin ich nun, so verlassen, daß

[1] Ohne Kriegserklärung überfiel am Morgen des 7. Dezember 1941 die japanische Luftwaffe den US-Flottenstützpunkt Pearl Harbor (Hawaii) und vernichtete oder beschädigte bei rund 3500 Todesopfern zahlreiche Kriegsschiffe. Die innenpolitische Wirkung des japanischen Überfalls bestand darin, daß die öffentliche Meinung in USA einmütig Roosevelts Politik des amerikanischen Kriegseintritts unterstützte. Am 11. Dezember erklärte das mit Japan verbündete Hitlerdeutschland den USA den Krieg.

nicht einmal mein Mann sich meiner erbarmt und für mich eintritt. Eine kleine Französin, eine Hautärztin, kommt hie und da zu uns, um sich von meinem Mann einiges fürs Staatsexamen erklären zu lassen. Mit Engelsgeduld sucht er der fremden Frau es einzutrichtern, während ich, die Wäsche waschend, im Badezimmer das Wasser besonders laut rauschen lasse. Nein, ich will gar nichts hören, nichts lernen, wenn man es mir versagt.

1942

9. Februar 1942

Es war so viel, was jeden Tag passierte, tausend Kleinigkeiten, die sich zu Lawinen von Leid und Schwere türmten. Nicht nur bei mir, auch bei den anderen geplagten Frauen. Vor einigen Tagen habe ich bei einer Organisation[1] vorgesprochen und habe erklärt, daß es so nicht weitergehen kann. Zum ersten Mal habe ich wieder etwas von meinem kämpferischen Mut gespürt. Und ich führte aus: Frauen und Mädchen werden ausgesandt, „Vogel friß oder stirb", damit sie das bescheidene tägliche Brot verdienen. Ohne Vorkenntnisse, ohne Erfahrung läßt man sie Kranke oder Babies pflegen und dabei die ganze Hausarbeit verrichten. Höchstleistung und Mindestgehalt, denn man weiß ja, daß sie, vor kurzem noch wohlhabende Frauen in der alten Heimat, eigentlich gar nichts können, daß man sie nur aus Mitleid und um sie nicht finanziell unterstützen zu müssen beschäftigt. Welch eine Gefahr für Kranke und Kinder, hat daran noch niemand gedacht? Und warum verlieren die meisten ihre Stellung schon nach ein paar Tagen wieder? Weil sie ihr nicht gewachsen sind. Ich bin arm, mit Geld kann ich nicht helfen, aber ich möchte helfen mit dem, was ich kann, ausbilden möchte ich die Frauen, Kurse möchte ich geben, ohne Entgelt natürlich. Wenn ich doch nur einen geeigneten Raum hätte, denn in unser „Heim" kann ich niemanden bitten. Helfen Sie mir, einen Raum zu finden, sagte ich zu der Sekretärin, ahnungslos, daß diese meinen Namen von drüben, wenn auch nicht mich persönlich, kannte. Ich will es mir überlegen, war die ausweichende, zu nichts verpflichtende Antwort. Oh, ich hätte sie schütteln mögen die Dame, die da so gemächlich ihre Zigarette rauchte. Die Audienz war wohl beendet, und ich schickte mich an zu gehen.

[1] Der German Jewish Club bzw. Deutsch-jüdische Club New York war 1924 gegründet und dann in New World Club umbenannt worden. Zu den wichtigen Aktivitäten der Organisation gehört seit 1934 die Herausgabe der deutschsprachigen Zeitung „Aufbau" in New York.

Plötzlich rief die Dame mir nach, „hören Sie, Sie sind doch die ... von drüben. Wie wäre es, wenn Sie uns einmal einen Vortrag halten würden?“ Wütend sagte ich: „Ich kam nicht hierher, um einen Vortrag halten zu können, sondern um für die armen Frauen etwas zu tun, und überhaupt, woher wollen Sie denn wissen, ob ich einen Vortrag halten kann?“ Und damit war ich an der Türe, die in den Fahrstuhl mündete. Unten angekommen, sagte ich dem Führer, daß ich noch einmal zurückfahren wolle. Er hat mich mit einem merkwürdigen Blick gemustert, aber er fuhr mich zurück. Hinein in die Höhle der Löwin. Sie stand noch am Fenster, und ich schrie ihr zu: „Ich habe es mir überlegt. Ich werde einen Vortrag halten, so Sie es wünschen, und ein Thema habe ich auch schon, über die Frau als Kamerad!“

„Gut“, sagte die Dame, „Sie werden von mir hören.“ Und nun warte ich eben.

22. Februar 1942

Heute vor zwei Jahren sind wir hier angekommen. Trotz alles Schweren, allen Kämpfens um Existenz und Lebensraum ist der Rückblick „erfreulich“. Es geht aufwärts und wir haben uns. Nie habe ich die Tiefe meiner Liebe so stark gespürt wie in diesen Tagen. Ich bin so ganz in meinen Mann hineingewachsen und er in mich, daß wir oftmals die gleichen Gedanken mit den fast gleichen Worten zum Ausdruck bringen! Wenn er doch nur wieder ein wenig freier würde. Schon einmal ist es mir gelungen, in den ersten Jahren unserer Ehe, ihn zu erschließen, zu lockern, die Fesseln der inneren Haft zu sprengen. Jetzt fehlt mir sein Lachen, er ist so sehr ernst und still geworden, und auch der Junge, wenn er zu Hause ist und die Schularbeiten beendet hat, liest still in seiner Ecke, die er sein Zimmer nennt.

Inzwischen habe ich den Vortrag gehalten. Der Saal war überfüllt. Frauen, intellektuelle Frauen, die gleich mir hier Frondienst leisten, im Haushalt, in Fabriken, hinter Schreibmaschinen, sie kamen aus dem Hunger nach geistiger Nahrung, nach einem Abend, an dem sie einmal die Sorgen vergessen wollten. Sie kamen aber auch, um sich zu überzeugen, daß ich es war, die da sprach, daß ich wirklich noch am Leben und nicht, wie vielfach geglaubt wurde, bereits unter den „Opfern“ war.

Und ich fühlte, wie ich mich selbst in Begeisterung hineinredete – ohne Manuskript sprach ich von den Aufgaben der Frau, sich jetzt zu bewähren, nicht nur als Kameradin des Mannes, nein, auch als Kamerad Frau zu Frau, um im Kampfe dieses, unseres neuen und neuartigen Lebens nicht zu unterliegen.

Ich habe so viel Beifall geerntet, viel zu viel, ich sah Tränen in manchem Auge stehen, traumwandelnd ging ich nach Hause, stürzte in die Arme meines Mannes. „Du, Du, laß mich nie allein, und ich will weiter alles für Dich tun und für unser Kind.“

Warum war plötzlich statt aller Freude eine so entsetzliche Angst in mir?

Mein Mann gab mir zarteste, schönste Liebesworte, versuchte mich zu trösten, aufzuheitern, „Dein erster Erfolg in Amerika, neben den vielen, die Du still in den zwei Jahren geerntet hast in Deiner aufopfernden Tätigkeit für mich und das Kind und auch für die, die Du betreut, gepflegt hast.“ Erfolg? Nein, mein Herz will nicht solchen Erfolg, mein Herz schreit nur nach einem ...

Nach langen Verhandlungen habe ich heute den ersten Kurs für Frauen, die Krankenpflege erlernen wollen, begonnen.

Die Organisation, bei der ich damals vorsprach, hat sich bereit erklärt, mir an einem oder zwei Abenden der Woche einen Raum in ihren heiligen Hallen zur Verfügung zu stellen, um dort die Frauen zu unterrichten – ohne Entgelt – natürlich, aber: sie haben eine Bedingung daran geknüpft. Ich soll dafür Mitglieder für sie werben. „Ich bin dazu herzlich ungeeignet, und ich übe niemals Zwang aus, aber, wenn Sie durch meine Kurse Mitglieder bekommen, so soll mich das freuen“, sagte ich kurz, und damit waren sie einverstanden. Ich bin froh, wie schon lange nicht mehr, denn nun kann ich doch zumindest in dieser Weise geben, etwas für Menschen tun, möge es zum Segen werden!

Den Abend, an dem ich eigentlich Geld verdienen oder heimlich studieren müßte, ich gebe ihn gern, ich werde das für uns Verlorene schon irgendwie aufholen ...

3. Mai 1942

Ich bin am Auspacken unserer kleinen Koffer, wir sind umgezogen, heraus aus der muffigen, schmutzigen Höhle. Nur zwei Straßen weiter, ein kleines, sauberes, möbliertes Appartement, zwei Zimmer. Ich komme mir vor, als weilte ich in einem Palast, hier kann ich wenigstens atmen, hier wird uns vielleicht auch einmal einer besuchen. Es ist alles so licht und die Sonne scheint, trotz aller Arbeit bin ich für eine Stunde hinausgelaufen in den nahen Park.

Es ist ein Duften und Blühen, so früh in diesem Jahr. Wie herrlich ist doch dieser Teil der Millionenstadt, in der Schönheit und Prunk dicht neben Schmutz, Häßlichkeit und Armut zu Hause sind.

Ich ging vorbei an den Sprechstundenräumen meines Mannes, las wieder und wieder das kleine Arztschild mit seinem Namen. Ob bald einmal, so wie einst drüben, auch das meine dort im Fenster sein wird?

Mein Herz zuckte krampfhaft, ich weiß nicht, warum ich es einfach nicht mehr glauben kann. Und dann kommt all das Weh, die Verzweiflung und auch eine gewisse Eifersucht auf meinen Mann und auf alle, die wieder im Arztberuf sind, warum sind wir nicht einige Jahre früher hierher gegangen, zu einer Zeit, als die Ärzte praktizieren durften, nachdem sie nur das Sprachexamen bestanden hatten? Jetzt müssen sie das schwere, medizinische Staatsexamen machen, gerade diejenigen, die arm, elend herüber gekommen sind.[2] Sie werden nun so maßlos gequält, denn es ist eine Quälerei, und schon manch einer hat Selbstmord begangen darum.

[2] Bis 1935 genügte die Ablegung des Sprachexamens für Ärzte, die die Einwanderungsgenehmigung für die USA erhalten hatten. Vgl. Kurt R. Grossmann, Emigration. Geschichte der Hitler-Flüchtlinge 1933-1945, Frankfurt a.M. 1969, S. 273f.

3. Juli 1942

Meine Eintragungen werden spärlich, immer spärlicher. Das Leben braust über mich hinweg, meine Tage sind voll von Arbeit. Zuweilen sehen wir jetzt auch ein paar Freunde am Abend, auch bei uns, und ich kann jetzt sogar hie und da ein Stückchen frischen Kuchen kaufen, muß nicht wie früher zwei Straßen weiter laufen zu einem Bäcker, um Brot und Kuchen vom Tag zuvor für ein paar Cents zu holen.

Es ist ja im Grunde alles so billig, und mein Mann hat nun wieder seine Honorare, zwar sind sie klein, weil seine alten Patienten zumeist auch nur wenig verdienen. Immigranten wie wir, aber, es sind doch ein paar, die viel früher herüber kamen und die glücklich sind, ihren Doktor wieder zu haben und ihn honorieren können. Der alte Landgerichtsrat, einst unser Nachbar in der Kaiserallee, sagte gestern beim Weggehen, „der Doktor ist mein bester Transfer, welch ein Glück, daß ich ihn wiederhabe". Und die Frauen, sie hofieren ihn zu einem großen Teil. Er erzählt es mir schmunzelnd, da sind zwei Amerikanerinnen, sie bringen ihm Blumen, wollen ihn einladen, wie das hier so üblich ist. Ich habe angefangen, einen Begriff von sog. Parties, Cocktailparties, zu bekommen. „Piepchen, bist Du eifersüchtig?" frägt mein Mann. „Nein, ich glaube ganz fest an Dich", erwidere ich, und es kommt aus tiefstem Herzen, und es ist doch eine Lüge, denn ich bin eifersüchtig auf alle und auf jeden, der mit ihm zusammen ist. Nur ich zeige es nicht, weil es ja nun einmal zu seinem Beruf gehört.

Heute abend waren wir zum Konzert an der Mall im Central Park. Es war so schön, unter freiem Himmel, die lachenden, frohen Menschen, das Sternengeflimmer, wir saßen Hand in Hand etwas abseits auf einer Bank, und wir küßten uns wie das jüngste Liebespaar. Wortlos – Rosenduft dringt zu uns, selbst in der Nachtluft duften die Blumen noch. „Du geliebte Frau", sagt mein Mann, „keine soll es so gut haben wie Du, warte noch ein Weilchen und wir werden wieder wohlbestallte Doktors sein." Warten, immer warten, hoffen und fürchten, der Krieg, der unselige Krieg. Sie werden sich zu Tode siegen, drüben und hier, ich spüre es kommen, und die Menschen wollen noch immer nicht einsehen, welches Unheil dieser Hitler über die ganze Welt bringt und zumeist über alle in der Heimat – drüben. Wieviel Leid ist dort, ob sie drüben überhaupt noch Freude haben können? Arme, arme Menschen, so irregeleitet, so blind, wie leid sie mir alle tun.

13. Juli 1942

Wir haben ein wenig Geburtstag gefeiert. Ein Schälchen Eiscreme bei der Hitze – 5 Cents pro Person – und mein Mann hat mir ein Kleid geschenkt. Er – mir – zu seinem Geburtstag. Einen Dollar hat es gekostet, im Ausverkauf, mein erstes amerikanisches Kleid, ein hellblaues, die Farbe, die, wie er sagte, zu mir gehört. „Du, mein blauer Himmel." Wie poetisch er sich doch auszudrücken vermag. Ich selber, mich haben sie ja in der Schule schon Dichterseele genannt, ich fange wieder an zu schreiben. Verse, die nicht einmal schlecht sind und in die ich meine ganze Seele lege. Das Kleid, ich habe es heute gleich angezogen, und selbst der Junge sagte, „Mutti, Du siehst süß aus", und mein Mann ist so glücklich, daß er es mir kaufen konnte. Früher, da bin ich meist mit einer Freundin oder mit unserem Fräulein Käthe zum Einkauf gegangen. Ich war zwar nie eine Modedame, aber ich habe mich immer gern nett angezogen, auch wegen der Patienten, denen ich einen erfreulichen Eindruck geben wollte. Nur: wenn ich nach Hause kam und die Kritik meines Mannes erwartete, dann habe ich immer 10 oder 20 oder gar 30 Mark im Preis „hinaufgeschwindelt", weil ihm immer das Beste und Teuerste für mich gerade gut genug schien, und er war von seiner Mutter Käufen an so teure Preise gewöhnt. Heute ist der 1-Dollar-Preis für das Kleid aus dem Ausverkauf geradezu fürstlich, und ich komme mir auch vor wie eine Königin. Die Königin Deines Herzens, Du geliebter Mann, möchte ich sagen, aber ich kann keine großen Worte machen. Nur die großen und echten Gefühle, die habe ich und die möchten sich verströmen. Warum habe ich die Menschen nur so lieb, trotzdem sie mir immer wieder so weh tun und mich enttäuschen?

20. Juli 1942

Wir haben eine eigene Wohnung gemietet, ein bißchen klein, nur drei Zimmer, aber wir können Wohnung und Praxis, so wie einst daheim, kombinieren. Es wird Vorteile, aber auch Nachteile haben.

Aber vor allem: ich werde einen neuen Job haben: Sprechstundenhilfe meines Mannes ... Wenn er ahnte, wie mir zu Mute ist, in welchen Konflikt der Gefühle es mich bringt – die einst selbständige Ärztin, Leiterin eines großen Heimes, eines geburtshilflichen und Kinderkrankenhauses – Sprechstundenhilfe, aber: ich werde wenigstens Patienten sehen, vielleicht ein Wort mitreden dürfen, mein Können indirekt entfalten können. Oh Mann, wie machst Du mich reich, wie machst Du mich arm und klein!

20. August 1942

Der furchtbare Krieg geht weiter. Von den Freunden drüben bin ich nun ganz abgeschnitten, nur die grausamen Nachrichten kommen über Zeitungen und Radiomeldungen zu uns. Zuweilen ein kurzes Brieflein über ein noch neutrales Land – aber, was sie uns schreiben! Wir sollen froh und dankbar sein, daß wir aus der Hölle Europas noch hinausgekommen sind – als ob wir freiwillig gegangen wären! Beinahe wie ein Vorwurf klingt es, daß wir fortgegangen sind.

Ich gebe immer wieder Kurse, die Frauen sind so dankbar, und ich sorge, daß sie Arbeit bekommen. Meine „Stellenvermittlung" wird bekannt, komisch, wie schnell sich in der Millionenstadt etwas herumspricht!

Inzwischen haben sie mich gegen meinen Willen zur Präsidentin der sog. Frauengruppe gemacht. Alle meine früheren Schülerinnen haben darauf bestanden, daß ich es tue, und nun haben wir regelmäßige Zusammenkünfte mit musikalischen und anderen Vorträgen. Es sind ja so viele Menschen der Immigration hier, die glücklich sind, einmal wieder gehört zu werden, und ich gebe ihnen nun diese Möglichkeit, so weit ich kann. Meine Mitarbeiterin, die Sekretärin des Klubs, ist eine sehr kluge, sehr energische Dame, und sie hat Sinn für „Publicity“, der mir ganz abgeht, ich hasse diese im Grunde, aber: hierzulande muß man sie haben, um etwas zu gelten. Wissen, Können allein ist nicht genug. Ich mache mit, innerlich etwas widerstrebend, um der Frauen willen, aus Dankgefühl für die Organisation, die mir den Raum zur Verfügung stellt, so daß ich für die Frauen etwas tun, sie unterrichten kann, und auch aus Liebe für meinen Mann, er ist so stolz auf mich, ich spüre es – er, dem an Äußerlichkeiten, am Lärm der Masse so gar nichts liegt, er freut sich, ist stolz, daß man anfängt, seine Frau zu kennen, mit Hochachtung, ja sogar mit Liebe und Dank sie zu nennen. Es ist ja sein Name, der damit geehrt wird – sein und des Sohnes Namen und auch der meine, und das ist das einzige, was mich darauf stolz macht. Kein Dünkel, aber das Wissen um die Zugehörigkeit zu einer alten und altangesehenen Familie, das ist's, was zählt, heute und immer ...

[Textpassage fehlt]

24. September 1942

Wir sind wieder einmal am Umziehen! Zufällig sah ich auf dem Weg zur Untergrundbahn eine freie Wohnung, ein Arzt war gerade ausgezogen. Ich blicke durch ein geöffnetes Fenster. So weit ich sehen kann: diese Wohnung könnte eine Miniaturausgabe der schönen, großen, einstigen sein. Trotz der späten Abendstunde gehe ich hinein, frage den Hausmeister, der noch da ist. Ich stürze nach Hause, bitte meinen Mann, „komm mit, sieh sie Dir wenigstens an, sie wäre wie für uns geschaffen“ – freilich, ein Schlafzimmer hätten wir auch dort nicht, aber wozu? Wir haben uns daran gewöhnt, auf einem Sofabett, jeder in einem anderen Zimmer, zu kampieren. Noch nie habe ich so hartnäckig gebeten „komm mit“, außer damals drüben, daran will ich heute nicht denken.

Mein Mann kam mit mir. Wir haben die Wohnung gemietet, und nun soll ich sie möblieren. Ja, aber wie? Die paar Stücke, die wir besaßen, waren schnell herübergebracht – aber nun? Und nun lerne ich Hilfsbereitschaft der Amerikaner kennen, sie verstehen sogar, mit Takt zu schenken. Die Eigentümerin des Laboratoriums, in das mein Mann die Patienten schickt für Untersuchungen, die wir selbst, mangels Apparaten oder anderer Utensilien, nicht oder noch nicht selbst machen können, sagt, daß sie sich gerade einen neuen Teppich angeschafft hat und wenn wir den alten, der noch gar nicht so schlecht ist, haben wollen ...

Noch spät in der Nacht haben der Junge und ich ihn abgeholt. Keiner hat gesehen, daß die Frau Doktor sich selbst bemühte. Und unser Flurnachbar, ein freundlicher, älterer Augenarzt, er gibt uns ein Bücherregal, einen Schreibtisch. Er wollte beides gerade auf die Straße stellen, daß es sich irgend jemand nehmen sollte. Und nun gibt es dem Sprechzimmer ein gewisses Niveau! Freilich, der Bücherschrank wird noch lange nicht gefüllt sein, unsere schönen, kostbaren, geliebten Bücher, sie sind ja alle drüben geblieben. Wer mag sie nun besitzen? Wie sehne ich mich oft nach meinen Büchern, meinen Freunden, oft stillen Tröstern. Auch diese habe ich verloren, wie alles andere, was mir an irdischen Dingen lieb war.

Schweig stille, mein Herz. Du hast Mann und Kind gerettet und Du hast Dich selbst zumindest nicht ganz verloren – aber die Heimat? Ob sie mir mit der neuen Wohnung hier neu gegeben wird? Wo, wo ist Heimat?

Seit einigen Wochen spreche ich am deutschen Radio[3], einmal in der Woche, ich frage mich selbst, ob ich es bin.

Wie es kam? Ein Telephonanruf: man habe von mir gehört und ob ich nicht einmal einen Vortrag halten möchte? „Ich, ich weiß ja gar nicht, ob ich sprechen kann und überhaupt Radio" – ich war wirklich ganz verwirrt. Zufällig war eine frühere Patientin bei mir, sie riß mir den Hörer aus der Hand und sagte: „Frau Dr. ist eben beschäftigt, bitte erklären Sie mir, was Sie von ihr wollen, ich bin ihre Sekretärin", und am Schluß hörte ich nur die Worte: „Sie wird morgen pünktlich bei Ihnen sein und alles weitere besprechen." Und damit wurde der Hörer aufgelegt. Meine mütterliche

[3] Eine gute Übersicht über die deutschsprachigen Rundfunksendungen in New York bietet Ernst Loewy, Rundfunk im amerikanischen Exil, in: Studienkreis Rundfunk und Geschichte. Mitteilungen 8 (1982), S. 156-166.

Freundin, denn das ist sie mir geworden, wandte sich zu mir: „Doktorchen", sagte sie, „man will Sie am deutschen Radio hören und Sie wollen nein sagen. Wissen Sie denn gar nicht, was das für eine Chance für Sie sein kann? Bitte gehen Sie morgen zu dem Herrn und verabreden Sie alles, aber sagen sie ja nicht ‚nein'!"

Wie gut die alte Frau mich kennt – für mich sage ich so oft nein, danke, daß die anderen es besser wissen und können, und ich habe mir damit schon so manche Chance entgehen lassen, aber diesmal ging ich, wie verabredet, und ich habe zugesagt. Einen medizinischen Vortrag wollten sie haben, 15 Minuten lang, so und so viele Worte. Ehe ich richtig verstanden hatte, hatte der sehr freundliche, aber offenbar sehr eilige Herr mich wieder an die Luft gesetzt.

Und am übernächsten Tag hielt ich, wie versprochen, den Vortrag. Zwischendurch hielt mir der ansagende Herr, zugleich der Direktor der Station, einen Zettel durch die uns trennende Fensterscheibe vor Augen. Mit großen Buchstaben stand darauf, „sehr schön, können wir Sie für nächste Woche wieder ansagen?" Ich konnte nur mit dem Kopf nicken, und so geht es weiter. Ich bin in einen Strudel gekommen. Anrufe von Leuten, die mich gehört hatten, Briefe mit Anfragen, Bitten, über das und jenes Thema zu sprechen, und immer wieder der Satz, „Ihre wunderschöne Stimme ..." Ja, wofür habe ich so viele Jahre Gesangstunden genommen, ich wollte ja einmal Opernsängerin werden. Aber dann kam der Erste Weltkrieg, ich ging damals noch zur Schule, und es fiel meine Entscheidung: helfen will ich, richtig helfen. Ärztin will ich werden – und so geschah es dann, aber jetzt? Heute? Ja ich will, will noch immer – aber, so lange ich noch für Neuanschaffung von Apparaten, die wir nötig brauchen, Nachtwachen machen muß, wird es schwer sein, den ganzen Stoff an überflüssigem Wissen für das Examen in mich aufzunehmen.

2. Dezember 1942

Neben der häuslichen Arbeit, der Mithilfe in der wachsenden Praxis, den zeitweisen Jobs – augenblicklich ist es wieder eine

Nachtwache – gehöre ich nun bereits etlichen Komitees, Vereinsausschüssen, an und man beginnt mehr und mehr auf meine Stimme zu hören – fast wie einst drüben.

Die Radiovorträge gehen auch weiter, und sie bringen mich auch in persönliche Berührung mit vielen Deutsch-Amerikanern. Neulich sagte jemand, wenn Sie, während sie übers Radio sprechen, durch die 86. Straße in Yorkville, dem deutschen Viertel New Yorks, gehen würden, so würden Sie aus fast jeder Etage Ihre Stimme hören können. Ja, man hört mich gerne, ich weiß es aus Zuschriften und auch aus Besuchen von Hörern. Und hier habe ich vielleicht eine Mission, denn immer wieder fragen sie mich: Warum sind Sie hergekommen? Wie geht es in der alten Heimat zu? Und ich erfahre von so manchem Konflikt des Herzens, sie lieben die alte Heimat und sorgen sich um die Menschen drüben, aber: sie sind seit Jahrzehnten hier verwurzelt, tief verwurzelt, und auch sie fragen sich nun: Heimat, wo?

Ich versuche, in guten Worten zu erzählen, was drüben geschah – ohne Haß, ohne Bitternis, aber sie hören die Trauer meines Herzens aus meiner Stimme, und oftmals breche ich ab, mitten im Satz. Ich habe so viel Willen und auch Talent zum Glück, zum Glücklichmachen, und ich muß doch von Leid und Verbrechen erzählen und von all dem Unglück, das der einzelne gar nicht voll erfassen kann.

Augenblicklich verdiene ich noch etwas „Extrageld“ für Weihnachtsgeschenke für meine Liebsten, und davon darf mein Mann nicht erfahren. Ich glaube, es wäre beinahe ein Scheidungsgrund für ihn, daß SEINE Frau so etwas tut.

Was ich tue? Ich spiele Klavier und singe eine Stunde lang, bevor ich zur Nachtwache gehe, in einem kleinen Restaurant unweit von meinem Job. Als ich vor ein paar Tagen etwas zu früh dran war, ging ich noch ein paar Schritte, und da hörte ich Musik, Klaviergeklimper aus einem kleinen Lokal. Ein alter Neger stand vor der Tür. Er hat wohl beobachtet, daß ich voll Unmut über das schlechte Spiel den Kopf schüttelte. Und er fragte mich, ob ich Klavier spielen kann. Als ich bejahte, meinte er: „Mein Enkelsohn, der da spielt, ist für den Klavierspieler eingesprungen, der ist krank geworden und nun, er wird mir die Kunden verscheuchen. Können sie nicht spielen für meine Gäste? Ich bezahle gut."

50 Cents für die Stunde, das ist die gute Bezahlung. Aber: mir ist sie gut genug, und ohne langes Überlegen willige ich ein.

Und wenn ich nun zur Nachtwache gehe (sehr zeitig, findet mein Mann), dann packe ich heimlich in mein Köfferchen das gute Schwarze und werfe mich in Gala für mein Publikum, lauter Neger, und sie hören mir stets andächtig zu – ich glaube, die große, blonde Frau hat es ihnen angetan. Und nun habe ich angefangen, kleine deutsche Lieder, Advents- und Weihnachtslieder, zu singen, und mein hoher Sopran dringt durch Rauchschwaden und Gläsergeklirr so rein wie einst, als ich im Elternhause und später in Konzerten im Chor gesungen habe. Und meine schwarzen Zuhörer, sie werden still und lauschen, und hie und da summt einer die Melodie, die er nun schon kennt.

Nur heute abend wollten sie tanzen. Tanzen – nein, das kann ich nicht: ich spiele für sie, ich singe für sie, aber tanzen, daß einer den Arm um mich schlingt, nein, DAS kann ich nicht.

Aber sonst verstehe ich mich großartig mit meinen schwarzen Freunden, und sie benehmen sich wie vollendete Kavaliere, oder bilde ich mir das nur ein? Meine geheimrätliche Schwiegermutter, sie würde wohl die Achseln zucken und sagen, so wie einmal in Berlin, „nun ja, Du und Dein Mann, Ihr habt eben plebejische Neigungen." Wie gut, daß ich sie habe und daß es mir nie im Leben auf Titel, Rang oder gefüllten Geldbeutel ankam, sondern nur auf den Menschen, den Menschen, der gut ist. Und es gibt gute Menschen überall auf der Welt, es ist nur traurig, daß die Masse der Bösen sie so häufig unterdrückt und erdrückt, ich glaube, davon kommt alles Leid und Elend in dieser Welt.

Silvester 1942

Das Jahr geht still zu Ende. Und wäre nicht der entsetzliche Krieg und all das andere, man könnte aufatmen und frohgemut in die Zukunft blicken. Jedenfalls bleibt viel Dank für das Gute im ablaufenden Jahr. Mein Mann ist wieder froher geworden, und der

Junge wächst nun etwas unbeschwerter heran. Nur ich: ich habe Angst, noch immer – und Sorgen und Zweifel sind in meiner Seele. So manches habe ich erreicht und doch nicht, was ich zumeist ersehnte, die Rückkehr in den Beruf. Es war und ist zu schwer. Eine dankbare Frau hat mir heute als Gruß einen Veilchenstrauß geschickt. Ihn nehme ich nun ins neue Jahr und meine ganz große Liebe.

1944

2. Juli 1944

Es ist so still heute abend, noch stiller als gewöhnlich, weil mein Mann zu einem medizinischen Vortrag ging. Mein Herz ist so voll, daß es die Worte – auch des Schreibens – verloren zu haben scheint.

Wie leer ist unser Heim, seit der Junge weg ist. Soldat in der Armee, und es ist Krieg.

Und ich bete, bete Tag und Nacht, daß der Herrgott mir meinen Jungen wieder gesund nach Hause schickt und daß er ihn an einen Platz stellt, wo er nicht die Mordwaffe gegen andere Menschen richten muß.

Es geht so viel neues Leid durch die Reihen unserer Freunde, wir sind so viele „Mischehler" in unserem Kreise, und wir alle: Christen und Juden erhalten so traurige Nachrichten, oft auf Umwegen. Der gefallen, dieser gestorben, jener aus seiner Wohnung aus der Stadt verschwunden. Und das Leid macht auch vor den Toren Amerikas und der Amerikaner nicht halt. Wie lange soll es noch so weitergehen?

Um mich sind Männer, die mir schön tun wollen. Mein Mann amüsiert sich darüber, mich ärgert es, aber ich kann nur tun, als ob ich es nicht merke, damit alte Freundschaftsbeziehungen nicht zerbrechen.

3. August 1944

Unser Sohn ist heute amerikanischer Bürger geworden, eingeschworen in der Armee, nun hat er also sozusagen wieder ein Vaterland und wenn er ihn braucht, auch einen Paß als freier Bürger eines freien Landes. Er hat es uns stolz am Telephon mitgeteilt. Wir sind zum ersten Mal seit vielen Jahren in „Ferien", nach all den Jahren der Qual und Arbeit der Sommerhitze New Yorks entflohen. In Pine Hill sind wir gelandet, einem kleinen Dörflein in den nahen Catshills, den nächsten, wenn auch nicht den höchsten Bergen im Staate New York. Die Landschaft ist lieblich und die Hitze erträglich, die Nächte sind sogar kühl. Und wir wohnen in einem kleinen Hotel, „Paradies" heißt es, und so fühlen wir uns. Zum ersten Mal werde ich wieder bedient, wird mein Bett gemacht. Die ganzen Jahre habe ich es für andere getan, Mann und Kind haben es zu Hause in New York selbst machen müssen, ich komme mir beinahe vor wie eine „gnädige Frau", einen Titel, den ich von jeher nicht leiden konnte, er war mir immer zu preußisch, zu formell, genau wie der Handkuß, und heute erzittere ich bis ins innerste Sein, wenn beim Abendspaziergang mein Mann oftmals meine Hände küßt und sie streichelt. Die einst so feinen gepflegten Chirurgenhände, wie sehen sie jetzt aus, immer noch zerschunden, rot, abgeschafft, Zeugen der Arbeit, die ich für meine Liebsten getan.

25. August 1944

Seit einer Woche sind wir wieder daheim. Die Freunde, Nachbarn, die Patienten, sie haben uns wohl sehr vermißt, man merkte es an der Begrüßung, und die Geschwister kamen auch schon.

Wie gut ist es, daß wir wieder in der gleichen Stadt leben, wenn auch Tätigkeit und weite Entfernung in dieser Millionenstadt häufiges Zusammensein nicht zuläßt, wozu gibt es ein Telephon? DAS wenigstens haben wir, daß wir uns sprechen können, und wenn es nur ein paar Minuten am späten Abend sind. Und die Sonntagsgespräche mit einigen Freunden, Kollegen sind schon Gewohnheit geworden. Nur nicht den inneren Zusammenhang, die langjährige Verbundenheit verlieren.

Ein Heidelberger Studienfreund sagte einmal zu mir: „Du bist treu, unanständig treu, das wollen die Menschen gar nicht mehr, und Dir wird es noch viel Herzweh bringen." Er hat wohl recht gehabt, aber, was wäre ein Leben ohne Treue?

Die Nachrichten vom Kriegsschauplatz, bzw. von den verschiedenen, sind so schaurig. Paris gefallen, wie viele Menschenleben hat es gekostet, auf allen Seiten, wie viele Bomben mögen gefallen sein? Häuser, Kirchen, Kunststätten, Kunstschätze sinnlos vernichtet – ich habe noch immer die ersten Bombenangriffe in England in Herzen und Ohr, und wenn nachts einmal eine Sirene heult, weil die Feuerwehr durch die Straßen saust oder ein Krankenauto sich den Weg frei machen will, dann schreie ich auf und fürchte mich. Neulich bin ich sogar ins andere Zimmer gelaufen im Halbschlaf, habe mich an meinen schlafenden Mann geklammert und geschluchzt, „so hilf mir doch", und dann habe ich wieder fassungslos geweint. Und mich nachher ob meiner Schwäche geschämt. Ich möchte meinen Mann verschonen, ich tue es so viel ich nur kann, ich weiß, wie sensibel er ist und ich sorge mich immer (grundlos wie er sagt) um seine Gesundheit. Er ist ja so zart, innerlich und äußerlich und ich spüre, wie Arbeit, zuviel Arbeit und Klima nach all dem früher Erlebten ihm zusetzen. Und so zittere ich Tag und Nacht um ihn, der zu meinem Leben gehört, untrennbar und den ich viel tiefer und inniger liebe, als ich sagen oder zeigen kann. Denn ich bin scheu, auch jetzt noch nach all den Ehejahren, viel zu scheu, und so sitze ich oft Abende lang in meinem Zimmer am Schreibtisch und warte, warte in stiller Sehnsucht, bis mein Mann mich in das seine holt, auch wenn es nur dazu ist, um ein Blutbild auszuzählen oder einen Krankenbericht zu schreiben. Die Sprechstundenhilfe ist immer verfügbar und auch die Kollegin, die ich trotz allem ihm bin.

14. Dezember 1944

Zuweilen erscheinen merkwürdige Patienten bei uns. Heute erst ist es mir ganz klar geworden, es sind Verwandte oder Freunde von Kollegen. Spitzel! Richtige Spitzel – sie wollen sich überzeugen, ob ich in der Mitarbeit mit meinem Mann nicht etwa selbständig praktiziere, weil ich meist dabei bin, wenn Patienten, die ich früher behandelt habe, zu meinem Mann kommen.

Heute wollte sich eine neue Patientin eine Spritze geben lassen – ich habe sie sterilisiert, und ich hätte sie wohl auch geben dürfen auf Anordnung meines Mannes. Ich habe ja mein Examen als „Nurse" gemacht. Einmal wollte ich beweisen, daß ich dazu qualifiziert bin (trotzdem ich drüben, wie eine sagte, doch NUR EIN DOKTOR war!), auch zu dem Unterricht, den ich den Frauen noch immer erteile, zum dritten – ich wollte DEN Fetzen Papier, als meine Lebensversicherung, wie ich lachend sagte, denn ich habe erkannt, daß alle Kenntnisse, alles Wissen hier keinen Wert haben, wenn man nicht ein American Certificate hat!

Ich wurde stutzig, als die Patientin in dem Augenblick, in dem ich meinem Mann die Spritze zur Injektion gab, sagte, „warum geben Sie mir die Spritze nicht selbst, Sie sind doch auch Ärztin?"

„Gewiß", sagte ich, „aber ohne Lizenz vorläufig noch, und so tue ich nichts, was mich oder meinen Mann gefährden könnte, wie könnte ich beweisen, daß ich NICHT als Ärztin praktiziere, wenn jemand mich denunzieren würde?" Die gute Dame bekam einen flammend roten Kopf, und ich weiß, warum, und ich weiß auch, welche liebe Kollegin sie als Spitzel zu uns geschickt hat. Aber ich sage es nicht einmal meinem Mann. Er würde es vielleicht nicht einmal glauben. Er hatte ja auch in Berlin, wenn einmal über Kollegen gesprochen wurde und Gegenteiliges über einen gesagt wurde, immer etwas Gutes über den Betreffenden zu sagen. Freund Felix nannte ihn daraufhin den „Aber-doch", und er ist es geblieben, auch in der Zeit, wo er hätte Abscheu vor den Menschen bekommen können. In ihm ist kein Haß, so wenig wie in mir – nur tiefes Entsetzen und stille Traurigkeit. Ich selber: nein, ich rebelliere innerlich nicht mehr so sehr wie einst, wenn auch noch genug übrig blieb. Überlasse es der Zeit, deklamiert mir mein Mann seinen geliebten Fontane. Aber ich denke manchmal, daß uns gar nicht mehr so viel Zeit geblieben ist. Und dann strömt mein ganzes Herzblut zu ihm. Ob er es spürt? Manchmal sieht er mich so merkwürdig an, und er schüttelt den Kopf – wortlos – und dann werde ich irre an ihm und an mir.

13. Mai 1945

Die geschichtlichen Ereignisse sind so welterschütternd, daß alles persönliche Erleben kaum noch Bedeutung hat.

Roosevelts Tod, die Nachrichten von den verschiedenen Kriegsfronten bis zu dem einschneidenden 8. Mai geben jedem Tag ein besonderes Gepräge, aber eines wissen wir nun: es wird nicht mehr geschossen, gemordet, es werden keine Bomben mehr abgeworfen auf Städte und Zivilbevölkerung – wenigstens so weit sind wir. Aber: Frieden, wirklicher Frieden? Es wird noch lange Jahre dauern, das ist mein untrügliches Gefühl und so, wie ich das ganze Hitler-Geschehen vorausgefühlt habe, so fühle ich auch das Kommende tief im Herzen. Sie mögen darüber lachen, selbst mein guter Mann, am Schluß habe ich immer wieder recht behalten, ohne rechthaberisch zu sein. Heute weiß ich nur eines: mein Kind wird nun bald nach Hause kommen, gesund und unverletzt, und dafür will ich dem Schicksal dankbar sein.

Heute ist Muttertag und dazu unser eigentlicher Verlobungstag. Auf meinem Tisch steht herrlich duftender Flieder – er ist fast ebenso blau wie der Flieder einst im Wildpark, aber mein blauer Himmel von damals! Wieviel Sturmwolken sind über ihn gezogen, und auch jetzt stürmt es, und der heftige Wind hat uns früh aus dem Park nach Hause getrieben.

Da saßen wir nun still im Wohnzimmer bei mir, und wir machten Pläne bis „das Kind erst wieder nach Hause kommen wird". Unser Kind, so schnell herangewachsen, oftmals denke ich, ob ich mich dem Jungen mehr hätte widmen müssen. Immer habe ich ihn in gewisser Weise zurückgestellt, immer ist mein Mann im Brennpunkt meines Denkens und Handelns und immer gab es Arbeit und Pflicht für mich, die mich dem Kinde entzog. Gewiß, ich habe es dann wieder gut gemacht in Stunden, in denen ich mich ihm ganz widmete – aber: war es genug?

13. August 1945

Endlich hat auch Japan sich der Macht des Stärkeren gebeugt – endlich.[1]

In meines Mannes Augen schimmerte es feucht, als wir die Nachricht zuerst übers Radio hörten, und das Telephon stand kaum still. Die Menschen suchen überall Menschen, mit ihnen darüber zu sprechen und sich zu freuen. Freuen? Ich weiß nicht, es ist zu viel Leid und Sorge vorangegangen – so richtig froh kann man doch nicht mehr werden. Jetzt erst wird man allmählich erfahren, was überall geschehen ist und wie es in den kriegsverwüsteten Ländern aussieht. Könnte ich doch jetzt tätige Hilfe geben. Ich träume, plane schon wieder ...

[1] Nach dem Abwurf der zweiten amerikanischen Atombombe auf Nagasaki am 9. August hatte Kaiser Hirohito am 10. August ein Kapitulationsangebot absenden lassen, am 14. August akzeptierten die Japaner die alliierten Bedingungen, der 15. August 1945 wurde in USA als Siegestag über Japan („VJ-Day") und Abschluß des Zweiten Weltkriegs begangen.

Hertha Nathorff in New York
(1987)

Fotos: Patrick Hörl

1987

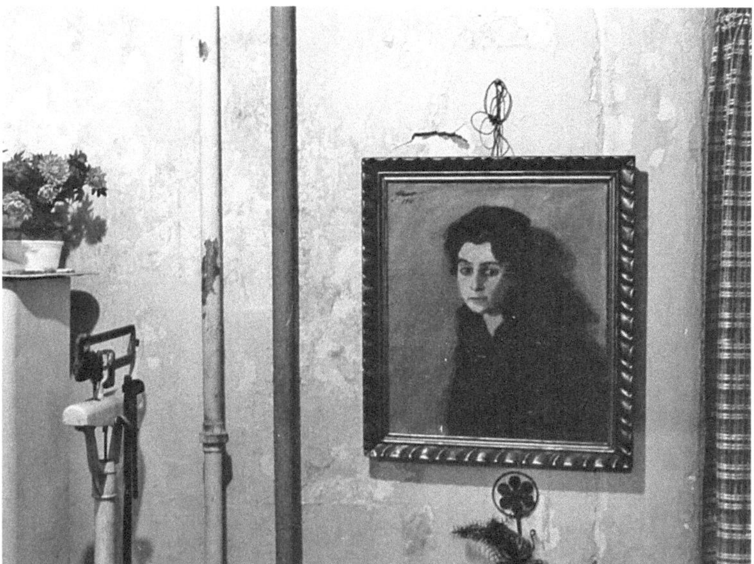

Nachwort zur Taschenbuchausgabe

Am Central Park, West 70th Street, New York City, steht das Gebäude, an dem Dr. Erich Nathorff 1942 sein Arztschild wieder anbrachte. Dort, im Parterre des zehnstöckigen Mietshauses vom Anfang des Jahrhunderts, wohnt sie jetzt seit über 45 Jahren, länger als an jedem anderen Ort und fast die Hälfte ihres Lebens. Und doch hat Hertha Nathorff sich dort nie eingelebt, ist sie nie heimisch geworden.

An der Grenze zur Armut wohnt sie in nobler Umgebung, an einer guten Adresse Manhattans. Aber ihr eigenes Ambiente ist trist geworden. Abgewohntes Mobiliar, zerschlissene Teppiche, grau gewordene Vorhänge. Dazwischen Relikte aus der Arztpraxis, wie die Personenwaage und die ewigen Erinnerungsstücke aus Europa. Die vier Porträts aus der Familie Hofmannsthal, mit der Erich Nathorff verwandt ist, hängen im Wohnzimmer und sollen eines Tages vielleicht nach Europa zurück, in die immer mehr verklärte Heimatstadt Laupheim. Um den geliebten Ort in Süddeutschland kristallisieren sich alle Sehnsüchte. Dieses Städtchen, in dem sie unbeschwert ihre Kindheit verbrachte, ist der Brennpunkt ihres Heimwehs. Seit bald einem halben Jahrhundert hat Hertha Nathorff den geliebten Ort nicht mehr gesehen, und die Wiederbegegnung wäre wohl ein Schock, etwa der Anblick des Elternhauses, das heute nicht mehr im weitläufigen Garten, sondern distanzlos am belebtesten Platz des Ortes steht, genau gegenüber dem neuen Rathaus, das – eine aus Beton gegossene Verwaltungsburg – die Szene beherrscht.

Zwischen der 70. Straße West in New York City und Laupheim gibt es Verbindungen vielfacher Art. Hertha Nathorff hat dem Gymnasium ihrer Heimatstadt einen Preis gestiftet: Die beste Abiturleistung wird alljährlich in ihrem Namen mit einem Buchgeschenk belohnt. Der Bürgermeister lud im Herbst 1987 zu einem Abend in den Ratssaal, um Hertha Nathorff zu ehren. Und nicht nur die Honorationen kamen in großer Zahl, um die

Lesung aus dem Tagebuch zu hören und sich über das Schicksal der früheren Mitbürgerin berichten zu lassen, sondern auch Laupheimer Bürger. Einige von ihnen haben sie in New York besucht und halten weiter Kontakt – das generöse Angebot freilich, zurückzukehren und in der Heimat Frieden zu finden, kann sie vermutlich nicht annehmen. Zu viele Hindernisse stehen dem entgegen, an vorderster Stelle der Gesundheitszustand und die Bindung an den Sohn, der im Staate New York im öffentlichen Dienst tätig ist.

Die Resonanz auf die erste Veröffentlichung des Tagebuchs war ganz erstaunlich. Eine historische Quelle, nach akademischem Brauch kommentiert und ediert und in der Schriftenreihe eines Forschungsinstituts im Wissenschaftsverlag publiziert, erregt gewöhnlich nur wenige Gemüter. Allenfalls ergibt sich – in gehörigem Abstand nach dem Erscheinen – ein gelehrter Disput über Editionstechnik oder, schlimmstenfalls, über Echtheit und Güte des Textes. Emotionen sind da kaum im Spiel, und wenn doch, dann eher sachfremde. Beim Tagebuch der Hertha Nathorff war das anders. Es erschien im Sommer 1986 in der vom Institut für Zeitgeschichte herausgegebenen „Schriftenreihe der Vierteljahrshefte für Zeitgeschichte" im renommierten Oldenbourg Verlag. Aber nicht nur Historiker und Gelehrte nachbarlicher Disziplinen griffen danach. Wie Anfragen beim Verlag und beim Herausgeber zeigten, interessiert sich ein Publikum aus allen Ständen und Kreisen für das Schicksal der Hertha Nathorff. Manche erkundigten sich nach der Adresse der alten Dame und fragten, ob man ihr wohl schreiben, ihr von den Emotionen berichten dürfe, die die Lektüre des Tagebuchs ausgelöst hatte.

Andere Leser suchten und fanden unmittelbaren Kontakt zur Tagebuchschreiberin, durch Briefe, durch Telefonanrufe, und sogar durch persönliches Erscheinen bei der Autorin in New York. Der Herausgeber des Tagebuchs erfuhr dies dann durch die Grüße, die Hertha Nathorff den Besuchern auftrug.

Natürlich reagierten die Freunde und ehemaligen Berliner Patienten, die in alle Welt zerstreut sind. Und es meldete sich auch eine der im Tagebuch erwähnten Personen, nämlich der in der Eintragung vom 5. Juli 1934 genannte Sohn des Generalmajors von Bredow, des engsten Mitarbeiters von Kurt von Schleicher, der mit diesem zusammen in der Nacht zum 1. Juli 1934 auf Hitlers Befehl ermordet wurde. Dem Sohn sind die Nathorffs als ehemaligen Mitbewohner des Hauses Spichernstraße 15 in Berlin trotz der langen zeitlichen Distanz (von ihren Geschikken in der Emigration wußte er nichts) im Gedächtnis geblieben: „Ich kann gar nicht sagen, wie sehr mich alles, was Frau Nathorff berichtet, berührt und welche – wenn auch sehr jugendlichen – Erinnerungen es in mir hervorruft", schrieb er nach der Lektüre an den Herausgeber.

Andere waren, ohne solche Anknüpfungspunkte zu haben, angerührt und fühlten sich gedrängt, davon zu berichten.

In der düsteren Wohnung lebt Hertha Nathorff nicht mehr allein. Im ehemaligen Sprechzimmer haust eine Untermieterin, die auch die Küche mitbenützt: eine Frau aus Guayana. Sie kam zuerst als Zugeherin, um im Haushalt zu werken, ist dann eines Tages dageblieben, weil sie anderswo kein Obdach fand. Zwischen der gehbehinderten und augenkranken Wohnungsinhaberin und der einfältig den Übungen ihrer religiösen Sekte hingegebenen Frau aus Guayana besteht nur ein Zweckbündnis. Zuneigung oder auch nur Verständnismöglichkeiten über das Elementare hinaus existieren nicht.

Telefon und Schreibmaschine bleiben die unentbehrlichen Hilfsmittel für den Kontakt mit der Außenwelt. Das Telefon hält die Verbindung zu den anderen alten Damen in New York, deren Männer lange tot sind, die sich auch nicht mehr getrauen, die Wohnung zu verlassen, weil es die Gesundheit nicht mehr erlaubt, oder weil sie um ihre Sicherheit besorgt sein müssen. Die Konversation erfolgt in deutsch, denn alle kommen aus Berlin, oder aus Wien oder aus Frankfurt und anderen Orten, in denen deutsche Juden einmal Bürger waren. Es ist ein Stück vom gewöhnlichen Exil, das sich in Hertha Nathorffs Umgebung abspielt.

Die Geschichte dieses gewöhnlichen Exils, des Existenzkampfes einfacher Leute, die entwurzelt worden waren und nicht mit offenen Armen empfangen wurden, weil man sie nicht brauchte, weil man sie in die Gastländer nicht gerufen hatte – dieses Kapitel Emigrationsgeschichte muß noch geschrieben werden. Die Geschichte der Hertha Nathorff, vermittelt durch ihr Tagebuch, jetzt auch durch einen Aufsatz in den Dachauer Heften[1], demnächst auch in einem Dokumentarfilm, bildet erst den Anfang einer umfassenden und gründlichen Beschreibung des gewöhnlichen Exils.

München 1987 Wolfgang Benz

[1] Miriam Koerner, Das Exil der Hertha Nathorff, in: Frau – Verfolgung und Widerstand. Dachauer Hefte 3 (1987), S. 231–249.

Nachruf

Spät hat Hertha Nathorff durch die Veröffentlichung ihres Tagebuchs ein wenig von der öffentlichen Aufmerksamkeit gefunden, die sie erhoffte. Menschen haben ihr geschrieben oder sie besucht und ihre Betroffenheit ausgedrückt. In Deutschland wurde ihr Schicksal bekannt. Auszüge aus dem Tagebuch wurden in Anthologien und Quellensammlungen aufgenommen. Die Berliner Ärztekammer stiftete 1995 den Hertha-Nathorff-Preis. Er wird jährlich für die besten Abschlussarbeiten im Studiengang Public Health der TU Berlin verliehen.

Im sozialen Leben des deutschsprachigen Exils in New York spielte Hertha Nathorff als Vorsitzende der Frauengruppe und zuletzt als Ehrenmitglied des Präsidiums des New World Club, als Gründerin des Open House für ältere Menschen deutscher Sprache und Kultur eine wichtige Rolle. 1966 erschien, wenig beachtet, ein Bändchen mit ihren Gedichten *Stimmen der Stille.* 1967 erhielt sie das Bundesverdienstkreuz am Bande, 1973 den „Award for Creative Literature" der Gesellschaft für deutsch-amerikanische Studien. Deutschland hat sie trotz der Einladung aus Laupheim, dort auf Kosten der Stadt den Lebensabend zu verbringen, nie wieder besucht.

Sie lebte zurückgezogen und armselig in der Wohnung am Central Park West, in der 1942 ihr Mann seine Praxis wieder eröffnet hatte. Sie litt und machte ihr Leid zum Lebensinhalt. Dass der Sohn Ingenieur wurde, keine akademischen Titel führte, nur eine bescheidene Stellung im New Yorker Staatsdienst hatte und von deutscher bildungsbürgerlicher Tradition nichts wissen wollte, nach dem Empfinden und den Maßstäben der Mutter gar auf die schiefe Bahn geraten war, sie nur selten besuchte, war Teil ihres Unglücks. Seit 1954 war Hertha Nathorff Witwe. Ihr sechs Jahre älterer Mann erlitt beim ersten Urlaub, den sie sich in den USA leisten konnten, einen Herzschlag. Dass sie den Arztberuf und damit das Herzstück ihres Selbstbewusstseins verloren hatte, war ein anderer, wohl der entscheidende Teil ihres Elends. Die Demütigung, aus Deutschland verjagt worden zu sein, erlaubte ihr keine Rückkehr, machte sie ungerecht und undankbar gegen alle, die ihr Gutes taten, die ihren Schmerz lindern wollten. Sie lebte ihr Unglück als Anklage, verbitterte dabei mehr und mehr und wurde immer unglücklicher.

Krankheit überschattete ihre letzten Jahre, mehr noch der Tod ihres Sohnes 1988 während eines Besuches bei ihr. Das war die letzte Katastrophe ihres Lebens. Am 10. Juni 1993, fünf Tage nach ihrem 98. Geburtstag, ist Hertha Nathorff gestorben.

Berlin 2009 Wolfgang Benz